Pablo Zamora - Arianna Alessandro
Eleonora Ioppoli - Federica Simone

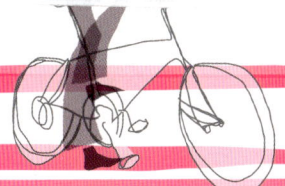

Hai voluto
la bicicletta...

**Esercizi su fraseologia e segnali discorsivi
per studenti di italiano LS/L2**

2.4. Quanti tipi di unità fraseologiche pragmatiche ci sono?

Questo ampio e significativo gruppo di unità è stato nominato con diverse etichette: formule di fissazione pragmatica, detti e cliché (A. Zuluaga, 1980), formule di comunicazione e frasi idiomatiche pragmatiche (G. Skytter, 1988), locuzioni pragmatiche situazionali (M. Heinz, 1993; cfr. I. Panadés, 1997), lessemi complessi interiettivi o espressioni cristallizzate formulari (M. Voghera, 1994), espressioni modali o interiettive (C. Fuentes, 1994), espressioni formulari (F. Casadei, 1995), fraseologismi frasali (M. García-Page, 1995), formule frasali o formule verbali, nominali, pronominali, interiettive ed esclamative o espressioni interrogative dell'affermazione (E. Cascón, 1995), formule di routine idiomatiche specializzate pragmaticamente ed enunciati di valore specifico (G. Corpas, 1996).

Tenendo conto delle varie designazioni, delle classificazioni e dei tratti di tali unità forniti dai fraseologi precedentemente citati, possiamo distinguere quattro gruppi:
1) Locuzioni idiomatiche pragmatiche;
2) Enunciati idiomatici pragmatici ed enunciati pragmatici;
3) Frasi implico-situazionali;
4) Schemi sintattici fraseologici pragmatici.

I quattro gruppi condividono +/- i seguenti tratti:
1) sono atti linguistici illocutivi[19];
2) sono enunciati completi e/o incompleti;
   Rispetto al loro tratto +/- **enunciato-atto linguistico illocutivo completo o incompleto**, si può affermare, basandoci su E. Cresti (1992 e 2000), che parte di queste unità sono enunciati complessi articolati in due unità d'informazione, cioè una sequenza bimembre con due unità tonali separate da una pausa -"E che vuoi, che non lavori!?"- . Per Mª.V. Escandell (1999), la subordinata -"che non lavori"- completa sintatticamente il costrutto precedente, cioè, l'unità fraseologica.
   Il grado +/- enunciato completo varia a seconda del tipo di unità pragmatica: le locuzioni idiomatiche pragmatiche di solito sono enunciati completi unimembri -"Ci sono i pinguini!?/ Qui si gela! Ci sono i pinguini!?"- perché i due gruppi tonali sono separati da una pausa forte. Invece, gli enunciati idiomatici pragmatici e soprattutto gli enunciati pragmatici, anche se possono apparire da soli, -"Ma dimmi te!"-, spesso nel discorso sono seguiti da costituenti complementari; quindi non sono più enunciati completi, ma incompleti-complessi bimembri poiché tra l'unità fraseologica e la parte libera complementaria non c'è una pausa e, se c'è, è molto debole: -"Ma dimmi te come si fa a sbagliare questa palla goal!"-. In realtà queste unità, proprie del colloquiale parlato, come sostiene E. Cascón (1995), sono sequenze interrotte volontariamente dal parlante perché ritiene che la parte sospesa sia prevedibile dal contesto e quindi sottintesa - "Se io ti raccontassi … / X dice delle cose …".
3) sono repliche reattive a un atto linguistico precedente[20] - "A chi lo dici!": lo usa il parlante per replicare all'interlocutore e dirgli che anche lui ha dovuto subire qualcosa di simile e sa quello che gli sta raccontando per esperienza;
4) com'è stato accennato, il loro significato non è propriamente semantico composizionale (non è cioè dato dalla somma dei significati degli elementi che li costituiscono), ma pragmatico, culturale e situazionale[21];
5) hanno una struttura frasale oppure sono sintagmi soprattutto verbali[22];
6) presentano generalmente il massimo grado di fissità morfosintattica e lessicale, non ammettono cioè, come indica M. Voghera (1994), né cambiamenti nella flessione verbale né costituenti mobili "E ti pareva!" viene usata unicamente alla terza persona singolare dell'imperfetto indicativo del verbo "parere".

Vediamo ora singolarmente le caratteristiche principali di ognuno di questi gruppi.

19 Cfr. G. Corpas (1996).
20 Cfr. M. Berretta (1984) e C. Fuentes (1994). Secondo A. Briz e il gruppo Va.les.co (2003), queste unità appaiono in turni reattivi, ma a sua volta possono diventare reattive-iniziative poiché possono originare-provocare un altro turno reattivo.

21 Cfr. A. Zuluaga (1980), S. Vietri (1990), M. Voghera (1994), F. Casadei (1995a), G. Corpas (1996) e I. Panadés (1997).
22 Cfr. M. Voghera (1994), E. Cascón (1995), G. Corpas (1996) ed I. Penades (1997)

2.4.1. Le locuzioni idiomatiche pragmatiche

Le locuzioni idiomatiche pragmatiche – es. "Ci sono i pinguini!?" = Qui fa molto freddo - condividono con le locuzioni "centrali" i seguenti tratti:
1) hanno la struttura di una frase - (soggetto + verbo + complemento) -;
2) si appoggiano su delle immagini o possiedono un omofono letterale che serve da supporto alla loro interpretazione concettuale (M. González Rey, 1998) - (immagine: i pinguini vivono dove fa freddo) -;
3) anche se presentano il massimo grado di fissità, in certi casi alcune devono attivare dei costituenti liberi -"X dillo a tua sorella!": Scema/Ignorante dillo a tua sorella!- ed accettano flessione verbale - "X sarà tua sorella!"/ "X è tua sorella!" -.
   Si distinguono dalle locuzioni "centrali", come abbiamo già visto, per il significato pragmatico-situazionale e non semantico e per il carattere esclusivo di replica.

2.4.2. Gli enunciati idiomatici pragmatici e gli enunciati pragmatici

Gli enunciati idiomatici pragmatici – es. "Ma ti pareva!"- e gli enunciati pragmatici – es. "Anche te! -, diversamente dalle locuzioni idiomatiche pragmatiche:
1) non hanno un omofono letterale né si basano su un'immagine concettuale indicata precedentemente;
2) non devono attivare nessun costituente libero e spesso non accettano trasformazioni;
3) il loro significato pragmatico, come indica G. Corpas (1996), è meno idiomatico poiché ha subito una leggera erosione a causa dell'uso frequente;
4) sono unità, come ritengono F. Casadei (1995a) e G. Corpas (1996), che hanno un valore culturale e pragmatico che rimanda alle conoscenze linguistiche condivise dai parlanti di una data lingua -il cosiddetto "sapere enciclopedico-";
5) come indica M. Voghera (1994), sono forme grammaticalizzate il cui significato semantico in parte si perde e si trasforma in pragmatico, sono cioè quasi prive di contenuto lessicale e diventano forme linguistiche che svolgono una funzione pragmatica di replica, acquistando un certo significato pragmatico collegato alla funzione-atto linguistico illocutivo che compiono: rimprovero, accordo, sorpresa, ecc. L'enunciato idiomatico pragmatico "E puoi dirlo forte!" è una replica usata dal parlante per esprimere l'ovvietà o l'accordo e acquista il suo significato soltanto nel discorso, il che lo rende appunto pragmatico. Il parlante, nel formulare l'unità, è sicuro che il suo interlocutore sia in grado di percepire le funzioni e i valori e di decodificare il significato perché entrambi hanno un sapere culturale, pragmatico e illocutivo comune.

Gli enunciati pragmatici rispetto agli enunciati idiomatici pragmatici:
1) non hanno una struttura frasale ma sono sintagmi[23];
2) sono forme più lessicalizzate-grammaticalizzate, il che fa sì che il loro significato semantico "idiomatico" diminuisca ancora di più e aumenti invece quello pragmatico-funzionale, sono cioè forme-sequenze prive di contenuto semantico e ricche di contenuto pragmatico-funzionale. Rimandando a E. Prieto de los Mozos (2001) e al gruppo Va.les.co (2003), c'è da dire che in queste unità ciò che è rilevante non è la categoria grammaticale di appartenenza, ma la funzione pragmatica svolta. C. Fuentes (1994) ritiene, rispetto alle espressioni modali, che abbiano un valore informativo e siano intensificatori dell'accordo, del dissaccordo, della sorpresa, ecc. Gli enunciati pragmatici "Ma dimmi te!", "Ma pensa te!", "E ti credo!" sono atti linguistici illocutivi usati dai parlanti per enfatizzare il loro dissenso, la loro sorpresa e il loro accordo.

2.4.3. Le frasi implico-situazionali

Le frasi implico-situazionali - es. "Tu non mi hai visto!":
1) hanno una struttura frasale;
2) si contraddistinguono per avere un significato pragmatico-esterno apparentemente letterale-trasparente basato, come indica L. Ruiz (2000) rispetto agli enunciati fraseologici in generale, sulle implicature culturali e conversazionali che rimandano al sapere enciclopedico dei parlanti e ai dati impliciti nel contesto in cui avviene la comunicazione;

---

23 Cfr. M. Voghera (1994), E. Cascón (1995) e G. Corpas (1996).

3) la loro interpretazione, come ritiene Mª. V. Escandell (1999) a proposito degli enunciati interrogativi ed esclamativi, dipende dalla conoscenza dei dati situazionali e contestuali, dall'intonazione e dalle convenzioni culturali;

4) il senso di queste unità fraseologiche periferiche, secondo quanto osservato da E. Rigotti (1984; Cfr. G. Gobber, 1992) riferendosi alle domande di decisione, comporta un complesso numero di presupposizioni e di implicature che soltanto quando si attualizzano nel discorso completano e specificano il loro significato semantico-pragmatico.

La frase implico-situazionale "Tu ti sei visto!?", adoperata dal parlante per rimproverare all'interlocutore una critica nei suoi confronti, è un'unità che si riempie pragmaticamente nel discorso interattivo e poi si ricopre di intenzioni comunicative nascoste non espresse - inferenze e implicature - (S. Gutiérrez Ordóñez, 2004). Il parlante non domanda all'interlocutore se si è visto o no, ma gli sta dicendo, con intenzioni comunicative non esplicitate verbalmente, che non si sarebbe dovuto permettere di criticarlo, visto che l'interlocutore, in realtà, non è meglio del parlante. Il parlante sa benissimo che l'interlocutore è in grado di interpretare e di decodificare il significato pragmatico e i propositi occulti nell'enunciato grazie al sapere enciclopedico e alle convenzioni culturali comuni precedentemente citate.

2.4.4. Gli schemi sintattici fraseologici pragmatici

Gli schemi sintattici fraseologici pragmatici - es. "Ma chi ti sente!?"- hanno le seguenti caratteristiche:

1) sono strutture, moduli o schemi sintattici fissi[24] -"Ma chi ti sente!?" = "Ma chi + pronome + forma verbale";

2) per i costituenti liberi/fissi e per il grado di marcatezza fraseologica - sequenze con un significato più o meno letterale e numero di implicature e inferenze - si possono suddividere in tre grandi blocchi:

a) quelli che, usando la terminologia di M. García-Page (1998a e 2001), hanno uno scheletro sintattico con un constituente fisso e uno libero, non inventariabile prima di inserirsi nel discorso -"Vogliamo stare zitti!?"[25] - dove, come si può osservare, il primo componente è fisso -"vogliamo"- e il secondo libero -"stare zitti, mangiare, alzarci, ecc."-

b) quelli che costituiscono delle strutture sintattiche fisse, ma con dei costituenti liberi -"Per essere simpatico è simpatico", dove lo schema sintattico è "Per + verbo + termine + verbo + termine" e il termine, in questo caso l'aggettivo "simpatico", è libero;

c) quelli che sono fraseologicamente poco marcati (A. Mª Vigara, 1980 e M. García-Page, 1997) e servono per rafforzare o attenuare un'asseverazione[26] -"Sei scemo, ma scemo!/ Sei scemo sei!/ Scemo, sei scemo!"-.

Gli schemi del secondo gruppo spesso si basano sulla ripetizione lessicale; come il resto delle unità pragmatiche, sono frequentemente repliche e atti linguistici illocutivi che generalmente rimandano alla memoria enciclopedica e alle conoscenze comuni a tutti i parlanti di una determinata lingua[27] -"lunedì è lunedì": il lunedì è di solito un giorno duro perché coincide con l'inizio della settimana lavorativa-, oppure alla conoscenza non globale ma individuale e comune ai soli interlocutori che partecipano a una specifica interazione comunicativa - "Il martedì è il martedì": il martedì tu, interlocutore, sai che gioco a calcetto e non salto la partita.

Come fa notare S. Gutiérrez Ordóñez (2004), il loro significato pragmatico è pieno di inferenze e di implicature, cioè informazioni e intenzioni occulte, in quanto tali sequenze dicono molto di più di quello che è codificato ed espresso; questo significato può essere fisso e univoco -"C'è pasta e pasta": c'è la pasta ottima e la pasta scadente/ "Si fa, si fa...": una cosa non è legalissima ma comunque si può fare -, ma spesso all'interno del discorso si carica di valori e l'intenzione e l'interpretazione possono essere molteplici[28] -"Il lavoro è il lavoro": il lavoro è prioritario rispetto ad altre cose / è noioso e pesante / va fatto, ecc.; o ancora "Se è rigore, è rigore": va riconosciuto / va segnalato / bisogna dirlo-.

Molti degli schemi appartenenti al terzo gruppo possono considerarsi parzialmente fraseologici perché:

1) i loro costituenti sono liberi, cioè, come dice M. García-Page (2001), il loro paradigma è aperto;

---

24 Cfr. Mª V. Escandell (1991), E. Cascón (1995), M. García-Page (1997), A. Briz (1998) e G. Patota (2003).

25 F. Casadei (1995a) li chiama schemi stereotipati aperti non saturati lessicamente.

26 Cfr. S. Ferrari (1992).

27 Cfr. M. García-Page (1997) e S. Gutiérrez Ordóñez (2004).

28 Cfr. M. García-Page (1997).

2) il loro significato semantico è fondamentalmente letterale e ruota attorno alla quantità[29] -"Il film è stato divertente divertente"-.
Altri, invece, possiedono un significato pragmatico idiomatico basato sulla qualità, sono carichi di implicature e di inferenze e subiscono una trasformazione del significato semantico[30] -"Questa sì che è pasta pasta": noi parlanti sappiamo che c'è la pasta commerciale e la pasta fresca, fatta in casa che è squisita e migliore della prima-.

Oltre alla ripetizione lessicale, e in stretto rapporto con questa, fa parte di questo gruppo anche la ripetizione dialogica[31], procedimento essenziale nella conversazione interattiva poiché si tratta di repliche che, anche se i costituenti sono liberi, hanno un certo carattere fraseologico in quanto sono meccanismi-moduli ripetuti e stabili con dei valori discorsivi e intenzioni comunicative prefissate che scattano come automatismi: - A: "X" / B: "X sarai te!" = A: "Scemo" / B: "Scemo sarai te!"-.

I quattro gruppi delle unità fraseologiche pragmatiche sopra descritte, insieme alle locuzioni centrali e ai segnali discorsivi, costituiscono i sei temi trattati nelle altrettante sezioni che compongono questo libro.

2.5. I segnali discorsivi

I segnali discorsivi sono forme linguistiche che possono appartenere a varie categorie grammaticali - verbo: "dai!"; avverbio: "ecco!"; aggettivo: "niente…"; ecc. - e che servono a far scorrere e fluire il discorso interattivo, cioè la conversazione.
Svolgono molteplici funzioni, tra le quali[32]:
• iniziare o finire una battuta dialogica -"Ecco, ti volevo dire…"/ "…, ecco tutto";
• enfatizzare o minimizzare un'affermazione -"Sei molto spiritoso, ecco" / "Sai, non è bellissimo"-;
• esprimere accordo o disaccordo -"Ecco"/ "Dai"-;
• guadagnare tempo per pianificare e organizzare il contenuto proposizionale -"Ecco, allora,…"

In linea di massima, come indica C. Bazzanella (1995), sono:
a) forme semanticamente vuote il cui significato pragmatico si carica nel discorso;
b) forme polifunzionali, che possono cioè sviluppare ed avere molti valori discorsivi interattivi.
Per lo studio e l'analisi dei segnali discorsivi, come fa notare il grupo Va.les.co (2003), non è importante la forma linguistica -verbo, avverbio, ecc.-, ma piuttosto la funzione pragmatica-discorsiva che un certo termine o una determinata sequenza svolge nella conversazione. Infatti, come osserva E. Prieto de los Mozos (2001), i segnali discorsivi sono unità appartenenti al livello pragmatico-discorsivo e non al livello morfologico, sintattico e semantico.
Come già accennato precedentemente, molte unità fraseologiche svolgono funzioni pragmatiche-discorsive[33]; detto ciò, è lecito chiedersi che divergenze ci siano tra i segnali discorsivi in senso stretto e le unità fraseologiche. Ecco le differenze:
1) i primi hanno un minore valore informativo e modale e sono delle forme più lessicalizzate, cioè più svuotate di significato (C. Fuentes, 1994), il che fa sì che possano svolgere molte più funzioni interattive che le unità fraseologiche;
2) applicando le teorie del gruppo Va.les.co (2003), i segnali discorsivi di solito si comportano come marca di una replica, ma senza costituire una replica di per sé come le unità fraseologiche pragmatiche: nella maggior parte dei casi i segnali discorsivi in senso stretto, come fa notare il gruppo citato, sono esclusivamente "sotto-atti" poiché, anche se è vero che possono essere atti illocutivi completi e indipendenti, sono enunciati sospesi, cioè il loro senso si completa con costituenti o sequenze implicite e non codificate, ossia non espresse esplicitamente. Un segnale discorsivo che apparentemente si comporta come una replica completa -"E cioè?"- di solito viene seguito da una sequenza che può essere espressa o no -"E cioè, cosa vuoi dire, che non vieni?".

---

29 Cfr. Mª V. Escandell (1991) per l'intesificazione quantitativa e qualitativa.
30 Cfr. M. García-Page (1997).
31 Cfr. C. Bazzanella (1992), E. Cascón (1995), M. García-Page (1997), A. Briz (1998) e S. Gutiérrez Ordoñez (2004).

32 Cfr. C. Bazzanella (1994 e 1995), C. Fuentes (1993, 1994 e 1995), Dizionario DISC (1997), J. Portolés, (1998) e A. Briz (1993 e 1998).
33 L. Ruiz (2005) le chiama locuzioni segnalative.

BIBLIOGRAFIA

1. FRASEOLOGIA TEORICA

Bazzanella C. (1992): *Aspetti pragmatici della ripetizione dialogica*. In *La linguistica pragmatica, Atti del XXIV Congresso S.L.I*, Roma, Bulzoni, 433-454.

Bazzanella C. (1994): *Le facce del parlare*, Firenze, La Nuova Italia.

Bazzanella C. (1995): *I segnali discorsivi*. In Renzi L., Salvi G., Cardinaletti A. (a cura di), *Grande Grammatica di Consultazione*, Vol.III, Bologna, Il Mulino, 225-260.

Berretta M. (1984): *Ribattere*, "Lingua e stile" 3, 421-449.

Berretta M. (1995): *Ordini marcati dei costituenti maggiore di frase: una rassegna*. In "Linguistica e Filologia" 1, 125-170.

Briz A. (1993): *Conectores pragmáticos en la conversación coloquial II: su papel metadiscursivo*, "Español Actual" 59, 39-56.

Briz A. (1998): *El español coloquial en la conversación*, Barcelona, Ariel.

Carneado Z. - Tristá A. (1986): *Estudios de fraseología*, Ciudad de la Habana, Academia de las Ciencias de Cuba.

Casadei F. (1995a): *Per una definizione di espressione idiomatica e una tipologia dell'idiomatico in italiano*, "Lingua e stile" 2, 335-358.

Casadei F. (1995b): *Flessibilità lessico-sintattica e produttività semantica delle espressioni idiomatiche*. In *L'italiano che parliamo*, Rimini, Fara, 11-33.

Casadei F. (1996): *Metafore ed espressioni idiomatiche*, Roma, Bulzoni.

Cascón E. (1995): *Español coloquial. Rasgos, formas y fraseología de la lengua diaria*, Madrid, Edilumen.

Corpas G. (1996): *Manual de fraseología española*, Madrid, Gredos.

Coseriu. E. (1986): *Principios de semántica estructural*, Madrid, Gredos.

Cresti E. (1992): *Le unità di informazione e la teoria degli atti linguistici*. In *La linguistica pragmatica*, Atti XXIV Congresso S.L.I, Roma, Bulzoni, 379-390.

Cresti E. (2000): *Corpus di italiano parlato. Introduzione*, Firenze, Ed. Accademia della Crusca.

Escandell Vidal Mª V. (1991): *Sobre las reduplicaciones léxicas*, LEA XIII, 71-84

Escandell Vidal Mª V. (1996): *Introducción a la pragmática*, Barcelona, Ariel.

Escandell Vidal Mª V. (1999): *Los enunciados interrogativos. Aspectos semánticos y pragmáticos*. In Bosque I. - Demonte V. (a cura di) *Gramática descriptiva de la lengua española*, Madrid, Espasa, 3928-3991.

Fava E. (1987): *Note su forme grammaticali e atti di domanda in italiano*, "Lingua e Stile" 1, 31-49.

Feilke H. (1996): *Sprache als soziale Gestalt: Ausdruck, Prägung und die Ordnung der Sprachlichen Typik*, Frankfurt am Main, Suhrkamp.

Ferrari S. (1992): *Chi l'ha visto l'italiano colloquiale*, "Italiano & Oltre" VII, 207-220.

Fuentes C. (1993): *Comportamiento discursivo de bueno, bien, pues bien*, E.L.U.A 9, 205-221.

Fuentes C. (1994): *Los adverbios en el entorno pregunta-respuesta*, "Anuario de lingüística hispánica" X, Universidad de Valladolid, 131-161.

Fuentes C. (1995): *Modalidad y conexión en el español coloquial*, "Español Actual" 63, 5-24.

García-Page M. (1991): *Locuciones adverbiales con palabras idiomáticas*, "Revista española de lingüística" 2, 233-264.

García-Page M. (1995): *Fraseologismos oracionales*, "Contextos" 25-26, 79-92.

García-Page M. (1997): *Formas de superlación en español: la repetición*, "Verba" 24, 133-157.

García-Page M. (1998): *Binomios fraseológicos antitéticos*. In *Estudios de fraseología y fraseografía del español actual*, Madrid, Iberoamericana, 195-201.

García-Page M. (2001): *Son las expresiones fijas expresiones fijas*, "Moenia" Vol. 7, 165-197.

Gobber G. (1992): *Per un'analisi testuale della domanda di decisione*. In *La linguistica pragmatica*, Atti del XXIV Congresso S.L.I, Roma, Bulzoni, 379-390.

González-Rey Mª. (1998): *La idiomaticidad en las unidades fraseológicas*. In *Estudios de fraseología y fraseografía del español*, Madrid, Iberoamericana, 57-73.

Grupo Val.es.co. (2002): *Corpus de conversaciones coloquiales*, Madrid, Arco libros.

Grupo Val.es.co., (2003): *Un sistema de unidades para el estudio del lenguaje coloquial*, "Oralia" 6: 7-61.

Guil P. (2000): *Prótasis fraseológicas en castellano e italiano*. In *Lengua y lenguaje poético*, Actas del IX Congreso Nacional de Italianistas, Universidad de Valladolid, 391-398.

Gutierrez Ordoñez S. (2004): *La subcompetencia pragmática*. In Sánchez Lobato J., Santos Gargallo I. (a cura di) *Vademécum para la formación de profesores*, Madrid, SGEL, 533-549.

Martinell E. (1992): *Preguntas que no preguntan*, "Estudios de lingüística" 8, 25-33.

Panadés I. (1996): *Las expresiones fijas desde los conceptos de centro y periferia de los linguistas praguenses*. In *I jornadas de Lingüística*, Universidad de Cádiz, 91-134.

Panadés I., (1997): *Aproximación pragmática a las unidades fraseológicas*. In *Homenaje al Prof. A. Roldán*, Universidad de Murcia, 411-426.

Patota G. (2003): *Grammatica di riferimento della lingua italiana per stranieri*, Società Dante Alighieri, Firenze, Le Monnier.

Portolés J. (1998): *Marcadores del discurso*, Barcelona, Ariel.

Prieto de los Mozos E. (2001): *Sobre la naturaleza de los marcadores discursivos*. In *Nuevas aportaciones al estudio de la lengua española*, Salamanca, Luso-española de ediciones, 197-206.

Ruiz Gurillo L. (1997): *Aspectos de fraseología teórica*, "Cuadernos de Filología" Anejo XXIV, Universidad de Valencia.

Ruiz Gurillo L. (1998): *La fraseología del español coloquial*, Barcelona, Ariel.

Ruiz Gurillo L. (2000): *¿Puede la fraseología ser relevante en cualquier situación?*. In *El discurs prefabricat*, Castellón, Universitat Jaume I, 81-103.

Ruiz Gurillo L. (2005): *Las locuciones marcadoras del español: análisis y aplicaciones*. In *Almena R. - Ramón Trives E. - Wotjak G. (a cura di), Fraseología contrastiva*, Murcia, Ed. Universidad de Murcia - Universität de Leipzig, 241-258.

Sabatini, F. - Coletti, V. (1997): *DISC - Dizionario Italiano Sabatini Coletti*, Firenze, Giunti.

Simone R. (1996): *Esistono i verbi sintagmatici in italiano?*, "Cuadernos de Filología italiana" 3, Madrid, Universidad Complutense, 47-61.

Skytter G. (1988): *Italienisch: Phraseologie*, In L*exicon der Romanistischen Linguistik*, Tübingen, Max Niemeyer Verlag, 75-83.

Vietri S. (1990): *La sintassi delle frasi idiomatiche*, "Studi italiani di linguistica teorica e applicata 1", 133-146.

Vigara Tauste A. Mª. (1980): *Aspectos del español hablado*, Madrid, SGEL.

Voghera M. (1994): *Lessemi complessi: percorsi di lessicalizzazione a confronto*, "Lingua e Stile" 2, 185-213.

Wotjak G. (1988): *Uso y abuso de unidades fraseológicas*. In *Homenaje a Alonso Zamora Vicente*, Madrid, Castalia, 535-548.

Zuluaga A. (1980): *Introducción al estudio de expresiones fijas*, Frankfurt, Verlag Petr D. Lang.

2. DIDATTICA DELLA FRASEOLOGIA

Beltrán Mª J. y Yáñez E. (1996): *Modismos en su salsa*, Madrid, Arco Libros.

Buitrago A. (1995): *Diccionario de dichos y frases hechas*, Madrid, Espasa Calpe.

Corpas G. e Mena F. (2004): *La globalización de la fraseología como convergencia cultural*. In *Estudos em torno da fraseología 135*, Letras de Hoje, Pucrs, 9-45.

Devoto G. e Oli G. C. (1989): *Dizionario della lingua italiana*, Firenze, Le Monnier.

Domínguez G. et alii (1988): *El español idiomático*, Barcelona, Ariel.

Forment Fernández M. Del Mar (1998): *La didáctica de la fraseología ayer y hoy: del aprendizaje memorístico al agrupamiento en los repertorios de funciones comunicativas*. In *Moreno F., Gil M., Alonso K. (a cura di), La enseñanza del español como lengua extranjera: del pasado al futuro* – Actas del VIII Congreso de Asele, Alcalá de Henares, ed. Universidad de Alcalá de Henares, 1998, 338-347.

García Muruais M. T. (1998): *Propuestas para la enseñanza de unidades fraseológicas en la clase de E/LE*. In *Moreno F., Gil M., Alonso K. (a cura di), La enseñanza del español como lengua extranjera: del pasado al futuro* – Actas del VIII Congreso de Asele, Alcalá de Henares, ed. Universidad de Alcalá de Henares, 1998, 363-369.

Lakoff G. – Johnson M. (1980): *Metaphors We Live By*, Chicago, University of Chicago.

Lapucci C. (1984): *Modi di dire della lingua italiana*, Firenze, Hobby.

Navarro C. (2003): *Didáctica de las unidades fraseológicas*, in *Calvi M. V. – San Vicente F. (a cura di)*, Didáctica del léxico y nuevas tecnologías, Viareggio – Lucca, Mauro Baroni Editore, 2003, 99-115.

Pittano G. (1988): *Sinonimi e contrari. Dizionario fraseologico delle parole equivalenti, analoghe e contrarie*, Bologna, Zanichelli.

Pittano G., (1992): *Frase fatta, capo ha*, Bologna, Zanichelli.

Quartu B. M. (1993): *Dizionario dei modi di dire della lingua italiana*, Milano, Rizzoli.

Radicchi S. (1985): *Modi di dire ed espressioni idiomatiche*, Roma, Bonacci.

Ruiz Gurillo L. (1998): *La fraseología del español coloquial*, Barcelona, Ariel.

Ruiz Gurillo L. (2002): *Ejercicios de fraseología*, Madrid, Arco Libros.

Penadés, I. (1997): *Aproximación pragmática a las unidades fraseológicas*. In *Homenaje al Prof. A. Roldán*, Universidad de Murcia, 411-426.

Ruiz Gurillo L. (1999a): *La enseñanza de las unidades fraseológicas*, Madrid, Arco Libros.

Ruiz Gurillo L. (1999b): *Para un tratamiento lexicográfico de las expresiones fijas irónicas desde la pragmática*, "Pragmalingüística" 7, 185-210.

Tabernero, C. (1997): *Pocas palabras no bastan*, Pamplona, Eunsa.

Valera F. - Kubarth H. (1994): *Diccionario fraseológico del español*, Madrid, Gredos.

Zingarelli N. (1983): *Il Nuovo Zingarelli*, Bologna, Zanichelli.

Widdowson, H. (2003): *Defining sigues in english language*, Oxford University Press.

Hai voluto la bicicletta...

LOCUZIONI CENTRALI

SEZIONE 1

LOCUZIONI CENTRALI

Eugenio compra il giornale ogni domenica e poi me legge tre pagine al giorno durante la settimana. Dice che così risparmia.

Quello lì è più fuori di un balcone!

Le locuzioni sono forme linguistiche che si contraddistinguono:

a) per essere fisse dal punto di vista morfologico, sintattico e lessicale.

Queste strutture, pur essendo fisse, presentano di solito un elemento libero che svolge la funzione di soggetto, complemento oggetto, complemento di termine o un altro complemento (Pietro è caduto ai piedi di Marina -il soggetto "Pietro" e il complemento di specificazione "di Marina" non sono fissi, ma liberi; la parte fissa è la locuzione "cadere ai piedi"). Anche il tempo e il modo del verbo della locuzione si adeguano al discorso: "Ho saputo che Pietro è caduto ai piedi di Marina" (passato prossimo - indicativo) "Non credevo che Pietro cadesse ai piedi di Marina così facilmente" (imperfetto - congiuntivo).

b) per avere un significato complessivo, cioè un significato che non si ottiene dalla somma dei significati di ogni singolo elemento che forma la locuzione preso singolarmente (Pietro è caduto ai piedi di Marina, cioè è inciampato e si è fatto male), ma da tutti gli elementi presi come un insieme che forma un significato unico che va al di là di quello letterale e trasparente, diventando idiomatico e figurato (Pietro è caduto ai piedi di Marina = Pietro si è arreso al fascino di Marina, cioè si è innamorato di lei).

Non tutte le locuzioni hanno lo stesso grado di idiomaticità: alcune sono più o meno idiomatiche di altre, ossia possono avere un significato più o meno trasparente e letterale: "Questa cosa è fuori discussione" -una cosa fuori discussione è chiara, cioè è così evidente che non ammette alcuna discussione- oppure "Non capire un accidente" -la forma verbale "non capire" ci dà già l'idea del significato della locuzione riferendosi a una difficoltà di comprensione ("non capire un accidente" = "non capire niente").

Quindi, le locuzioni "Essere fuori discussione" e "Non capire un accidente" hanno un grado di idiomaticità minore della locuzione "Cadere ai piedi di qualcuno", ossia hanno un significato più vicino a quello letterale.

1. LETTERALI, QUASI NESSUN PROBLEMA!

I. ENTRIAMO IN TEMA!

 I-1. Ascolta e poi leggi i seguenti dialoghi facendo attenzione alla locuzione in neretto. Scegli il significato giusto.

1) A: Ma hai sentito il capo? Ha detto che quest'estate niente vacanze per nessuno perché c'è molto lavoro da fare...
   B: Sì che l'ho sentito! E sono stufo di questa situazione! **Un giorno o l'altro** prendo e me ne vado.

   a) Oggi o domani.
   b) Prima o poi.

2) A: I calciatori sono **un giorno sì e l'altro anche** sulle pagine della cronaca rosa.
   B: Oggi come oggi sono come le star, non più sportivi ma personaggi dello spettacolo.

   a) Oggi e anche domani.
   b) Sempre.

3) A: Diciamo che lei sarebbe anche venuta, ma lui invece no e poi lei sì che viene… ma sai dopo… purtroppo il treno... .
   B: Ma cosa stai dicendo!? Senti, **non ho capito un accidente**. Spiegati meglio.

   a) Non ho capito l'incidente.
   b) Non ho capito un bel niente.

4) A: Allora, come vi trovate nella nuova casa?
   B: Niente, **è tutto a posto**, cioè, vicini simpatici, quartiere tranquillo, traffico limitato, ...

   a) La casa è tutta sistemata e in ordine.
   b) Le cose vanno benissimo.

5) A: Posso usare il tuo computer per controllare la posta?
   B: Sì, certo! Io sto andando via, il computer **è tutto tuo**.

   a) Lo puoi usare.
   b) È tuo perché l'hai pagato.

6) A: Senti che messaggio ho ricevuto: "Ke figo ke 6, xké non c vediamo?"
   B: Che la lingua stia cambiando **è veramente fuori discussione**.

   a) Non c'è dubbio: le cose stanno così.
   b) Non è un argomento di cui parlare.

7) A: Da quando Enrico ha divorziato non è più lo stesso.
   B: È vero, **sembra un altro**: prima aveva sempre il muso lungo, l'aria triste... Ora invece ogni volta che lo incontro è allegro e sorridente.

   a) È cambiato molto. Sembra un'altra persona.
   b) L'ho scambiato per un'altra persona.

8) A: Che te ne pare di Marta, la nuova fiamma del nostro caro amico Roberto?
   B: **Non mi dice niente**, ma sai, i gusti sono gusti.

   a) Non mi parla.
   b) Non ha niente di particolare, niente che mi piaccia o mi colpisca.

9) A: Ah, stasera in televisione c'è la "La stangata" con Paul Newman. Bello! Intendo Paul Newman ovviamente!
   B: Ma dai! **Ha cent'anni per gamba**, ormai è passato!

   a) Ha duecento anni.
   b) È abbastanza avanti con l'età.

10) A: Su, svegliati, che il pullman per la gita al Partenone parte alle cinque.
    B: Questa levataccia per **vedere quattro sassi!?** Vacci te, io preferisco restare in piscina!

    a) Nel Partenone ci sono quattro sassi.
    b) Non sono per niente interessato ai musei e ai monumenti storici.

II. Ora tocca a te!

II-1. A partire dalla battuta dell'interlocutore A, scrivi la risposta di B tenendo conto dell'idea espressa tra parentesi e usando le locuzioni viste nell'esercizio I-1.

Es.:
A: "Ho telefonato in ufficio e ho detto che avevo l'influenza, così possiamo andare al mare".
(Raccontare tante balle è pericoloso, prima o poi ti scoprono)
B: Tu sei pazzo! Se continui a raccontare balle, **un giorno o l'altro** ti scoprono e ti licenziano.

1) A: Carlo, che è sempre stato magrissimo, dopo aver smesso di fumare è ingrassato di dieci chili.
   (È cambiato molto)
   B: _____

2) A: Che ne dici se domenica facciamo una gita a Torino? Potremmo visitare la Mole Antonelliana e il museo egizio.
   (Vedere monumenti mi annoia)
   B: _____

3) A: Pensavo che la nuova segretaria fosse più vecchia, invece quanti anni avrà, una trentina?
   (È molto più anziana di quanto tu pensi, non hai visto quante rughe ha?)
   B: _____

4) A: Ho bisogno di fare una telefonata e ho dimenticato il cellulare a casa.
   (Puoi usare il mio, non c'è problema)
   B: _____

5) A: Allora, hai telefonato all'albergo per prenotare le camere per le vacanze?
   (Ho sistemato tutto, sta tranquilla)
   B: _____

6) A: Perché te la prendi con Antonio? Ha fatto tardi perché ha perso l'autobus.
   (Questo scansafatiche è sempre in ritardo, ogni giorno gli succede qualcosa)
   B: _____

7) A: Che te ne pare del nuovo modello della BMW? Ti piace?
   (Mi sembra molto normale, non ha niente di particolare)
   B: _____

8) A: Allora, come è andata la conferenza sulla fisica quantica? Hanno detto cose interessanti?
   (Ti confesso che non sono riuscito a seguire l'argomento e non so cosa hanno detto)
   B: _____

9) A: Che ne dici di andare una settimana a Porto Cervo con l'avvocato Ugazzi?
   (Assolutamente no, non ci penso proprio; la Sardegna è stupenda, ma Ugazzi è insopportabile)
   B: _____

2. RELAZIONI MOVIMENTATE

I. Entriamo in tema!

 I-1. Conoscete il vecchio detto "L'amore non è bello se non è litigarello"? Ascolta e poi leggi i seguenti dialoghi facendo attenzione alle locuzioni in neretto. Qual è il loro significato? Per ognuna delle battute in cui vengono usate le locuzioni ti proponiamo due possibili spiegazioni, scegli tu quella che ti sembra corretta.

1) A: È da un anno che ci provo con Cristina e finalmente usciremo insieme.
   B: Mi auguro per te che questa sia la volta buona, dopo tanti tentativi **andati a vuoto**.

   a) Cristina ha accettato sempre gli inviti di A.
   b) A aveva sempre fallito nei tentativi di uscire con Cristina.

2) A: Com'è andato l'appuntamento con Laura?
   B: Non me la nominare nemmeno quella lì! Tre ore ad aspettarla e niente, **mi ha dato buca**.

   a) Laura era felicissima di vedere B ed è arrivata puntuale all'appuntamento.
   b) Laura non è andata all'appuntamento e B è rimasto ad aspettarla come uno scemo.

3) A: Con Anna non c'è nulla da fare! Ho provato a chiederle di uscire varie volte, ma niente, mi ha sempre detto di no.
   B: Anch'io ci ho provato e **sono andato in bianco**.

   a) Ad Anna non andava di uscire con B, non è il suo tipo.
   b) B è diventato bianco dalla paura quando Anna gli ha detto "Via, vai via!"

4) A: L'ex fidanzato di Laura è pazzo da legare: **ha gridato ai quattro venti** che quando stavano insieme lei aveva un amante.
   B: Che cretino! Gli piacerà essere sulla bocca di tutti.

   a) L'ex fidanzato, un giorno ventoso, all'improvviso ha cominciato a gridare: "Laura ha l'amante!"
   b) L'ex fidanzato di Laura ha fatto sapere a tutti che la ragazza aveva un amante.

5) A: Parlare con Silvia mi mette a disagio: **mi sento come un pesce fuor d'acqua**.
   B: Hai ragione, anche a me quella sua aria da "so tutto io" mi innervosisce.

   a) A, quando parla con Silvia, si sente bene, a proprio agio.
   b) A, quando parla con Silvia, si sente a disagio, fuori luogo.

6) A: Gianni mi ha detto: "Allora ci stai? Usciamo insieme, sì o no?" **E io l'ho mandato a quel paese**.
   B: No! Ti ha detto proprio così!? Quel maniaco pensa solo a quello... Che maiale!

   a) A ha mandato Gianni al suo paese di origine.
   b) A ha cacciato in malo modo Gianni e gli ha detto di andarsene e di non farsi più vedere.

7) A: Il nostro Federico ha ancora fatto centro: quella tipa del night-club **gli è caduta ai piedi.**
   B: Detto così sembra che sia un don Giovanni, ma a me non pare proprio.

   a) La tipa del night-club si è presa una cotta per Federico.
   b) La tipa del night-club è inciampata davanti a Federico e gli è caduta davanti.

8) A: Senti, come l'ha presa Lucio che adesso tu stia con il suo vecchio amore?
   B: L'ha presa male, ieri è venuto a casa mia e **ha fatto la commedia**: insulti, grida, insomma, una tragedia...

   a) Lucio ha recitato a casa di B una commedia musicale.
   b) Lucio ha perso i nervi e ha cominciato a fare e a dire cose senza senso.

II. COMPLETIAMO!

II-1. Completa le battute dell'interlocutore B con il termine mancante delle locuzioni viste nell'esercizio I-1.

1) A: Antonello è un vero play-boy.
   B: Sarà pure un play-boy, ma ieri Carla gli ha dato _____ .

2) A: Angela è proprio bella.
   B: Direi! Gli uomini cadono tutti ai suoi _____ .

3) A: Perché sei arrabbiato con Marina?
   B: Perché ha gridato ai quattro _____ che mi ha battuto 6-0 e 6-0 a tennis.

4) A: Cosa è successo con Marco?
   B: Niente, ieri a cena ha cominciato a prendermi in giro e alla fine, scocciato, l'ho mandato a quel _____ .

5) A: A scuola non ci voglio andare! Mi fa male la pancia! Voglio restare a casa.
   B: Basta con i capricci! Smettila di fare la _____ ! A scuola ci devi andare!

6) A: Ti sei divertita alla festa di compleanno della contessa Mariangela?
   B: Troppa raffinatezza! In mezzo a tanti vip mi sono sentita come un _____ fuor d'acqua.

7) A: Giulia, immagino che avrai rimorchiato un sacco di ragazzi quest'estate.
   B: Non me ne parlare! Quest'estate zero, sono andata in _____ tutte le sere.

8) A: Allora, ci sono novità per il lavoro? Hai avuto qualche risposta?
   B: Ma va'! Ho mandato decine di curriculum e niente! Tutti i miei tentativi sono andati a _____ .

III. ORA TOCCA A TE!

III-1. A partire dalle seguenti situazioni comunicative, costruisci le battute o repliche adeguate usando le locuzioni viste negli esercizi I-1 e II-1. Ti diamo un aiuto: nella descrizione della situazione comunicativa abbiamo evidenziato la frase corrispondente alla locuzione da usare.

1) Una collega d'ufficio chiede a Lucia come è andato l'appuntamento con il ragioniere Marcomelli, per il quale ha sempre avuto un debole; Lucia le risponde che sono andati a cena, ma che purtroppo tra loro **non è successo niente**.
   Lucia: _____

2) Il tuo amico Marcello non capisce perché, quando parla di cosa ha fatto durante il week-end, tutti lo guardano e ridono. Tu gli dici che **qualcuno ha detto in giro** che sabato sera è andato a ballare con un completo bianco stile John Travolta.
   Tu: _____

3) Lo zio Aurelio dice al nipote che non vuole andare a cena con i suoi vecchi amici del quartiere perché non fanno altro che ubriacarsi e parlare di donne. Il nipote risponde che gli pare logico che **non si senta a suo agio** con gente come quella.
   Nipote: _____

4) Il marito chiede a Maria com'è andata la visita alla villa che vogliono comprare, se le è piaciuta. Maria, arrabbiatissima, risponde che il tizio dell'agenzia immobiliare **non si è presentato all'appuntamento**.
   Maria: _____

5) La tua amica Isabella ti chiede se tuo marito Enrico ha accettato il divorzio. Tu le rispondi che ieri è andato a casa dei tuoi genitori e **ha cominciato a piangere come un disperato** fino al punto che gli hanno dovuto fare una tisana per tranquillizzarlo. Una scena pietosa!
   Tu: _____

6) Martina vuole sapere se la storia della sua amica Giulia con Marcello va avanti. Giulia le dice che è da un bel po' che non stanno più insieme perché un giorno è venuta a sapere che Marcello stava con lei solo per i soldi e allora gli **ha detto di andarsene e di non farsi più vedere**.
Giulia: _____

7) Giorgio ti chiede se sei riuscito a convincere Marco ad organizzare a casa sua la megafesta di Capodanno. Tu gli rispondi che **non sei riuscito a convincerlo**: hai provato a chiederglielo un sacco di volte, ma ti ha sempre detto di no.
Tu: _____

8) Carla non crede che Antonello sia un grande conquistatore. Andrea, che conosce bene Antonello, le dice che, nonostante le apparenze, deve avere un grande fascino perché **non c'è donna che gli resista**.
Andrea: _____

3. SOSTANTIVI CARICHI E SINTETICI

I. Entriamo in tema!

 I-1. Ascolta e poi leggi i seguenti dialoghi facendo attenzione alla locuzione in neretto.

1) A: Scusa se ti disturbo, ma ho bisogno di parlare con qualcuno... Sono disperato perché non riesco a dimenticare Gisella, penso a lei in continuazione, la sogno di notte, non riesco più a lavorare... Io senza di lei non posso vivere...
B: Sì ti capisco, ma ora basta, sempre **le solite storie**! Sono passati sei mesi da quando vi siete lasciati, la vita continua!

2) A: Oggi niente lavoro, si va al mare?
B: Sì! Tutto il giorno a prendere il sole e a rilassarci. **Che pacchia**!

3) A: Mi sa che ho combinato un guaio... Mi sono sbagliato: ho fatto il pieno di benzina invece la mia macchina è diesel.
B: Ma che sei scemo!? Non è roba da poco, **mica sono noccioline**. Per me hai rovinato il motore.

4) A: Non ci credo proprio che ogni sabato tu faccia la spesa per la casa, falci il prato e annaffi i fiori. Proprio tu che hai sempre detto che ti saresti fatto servire a vita!
B: Eh! Ma tu non conosci mia suocera! Se non lo faccio, **sono guai**!

5) A: Come è andata la cena con Paolo? Di cosa avete parlato?
B: Di cosa vuoi parlare con lui! Tutta la serata **la solita musica** con la storia della sua eredità, non ne potevo più!

II. A ciascuno il suo!

II-1. Abbina le locuzioni della colonna A con il significato corrispondente indicato nella colonna B.

A	B
1. Le solite storie...	a. Una noia...
2. La solita musica...	b. La solita tiritera...
3. Che pacchia...	c. Sono problemi...
4. Mica sono noccioline...	d. Non è una cosa da poco...
5. Sono guai...	e. È fantastico...

III. Ora tocca a te!

III-1. **La tua amica Stefania è stata quattro mesi a Roma. Un giorno ti telefona e ti racconta il suo soggiorno nella città eterna. Rispondi esprimendo l'idea contenuta tra parentesi ed usando le locuzioni viste nell'esercizio I-1.**

1) Stefania: Tutte le mattine facevo colazione al bar con cappuccino e brioche alla crema. Buonissimi!
   (È fantastico poter iniziare la giornata con una colazione all'italiana)
   Tu: _____

2) Stefania: Mia madre mi telefonava ogni sera e mi chiedeva cosa avevo mangiato, con chi ero uscita, se avevo studiato; insomma, un interrogatorio...
   (I genitori sono tutti uguali! Sempre a ripetere le stesse cose)
   Tu: _____

3) Stefania: Un giorno ho perso la borsa con dentro cellulare, soldi e tutti i documenti; per fortuna, quando sono andata al bar, Giuseppe mi ha detto che l'avevo dimenticata lì.
   (Se non ritrovavi il passaporto avresti avuto dei problemi seri)
   Tu: _____

4) Stefania: Ho conosciuto Marco Aurelio, un bel ragazzo. Siamo usciti un paio di volte, ma niente di serio. Una sera ha cominciato a dire che ero la donna della sua vita, che mi voleva sposare, che lasciava il lavoro e che si sarebbe trasferito pur di vivere con me...
   (Che noia un ragazzo che appena conosciuto inizia a far progetti per tutta la vita)
   Tu: _____

5) Stefania: Ho avuto un colloquio di lavoro e mi volevano assumere come traduttrice: nonostante mi pagassero tremila euro al mese, ho rifiutato. Sai che il mio sogno è fare la scrittrice.
   (Uno stipendio di tremila euro non è una cosa da poco)
   Tu: _____

4. CHE PAZZIA!

I. Entriamo in tema!

I-1. **Ascolta e poi leggi i seguenti dialoghi; in ognuno di essi compare una locuzione che serve per esprimere l'idea di una situazione o di un atteggiamento particolare, fuori dal comune. Cerca di individuarla e sottolineala.**

1) A: Sara, a quarant'anni, ha deciso di farsi i capelli rasta e il piercing al naso e alla lingua.
   B: Questa qua è fuori dal mondo! Quando la metterà la testa a posto!?

2) A: Pina, siccome ha questa fissa di non raffreddarsi, porta sempre la sciarpa, anche d'estate.
   B: Quanto è strana! È veramente più unica che rara.

3) A: Eugenio compra il giornale ogni domenica e poi ne legge tre pagine al giorno durante la settimana. Dice che così risparmia.
   B: Quello lì è più fuori di un balcone!

4) A: Ho deciso: il prossimo mese lascio lavoro, casa e tutto quanto, me ne vado in Tibet e mi faccio buddista.
   B: Cosa!? Sul serio!? Ti sei bevuto il cervello!? Ma dai, non dire cavolate!

II. COMPLETIAMO!

II-1. Ognuno è come è... Completa le descrizioni seguenti con la locuzione adeguata a riassumere le abitudini o gli atteggiamenti di ogni personaggio.

a. fuori dal mondo	b. bevuto il cervello
c. più unico che raro	d. più fuori di un balcone

1) Carlo, che è ancora convinto che non sia giusto che le donne lavorino perché devono stare a casa e dedicarsi al marito e ai figli, è _____

2) Marcello, che dorme sul pavimento anche d'inverno perché dice che il materasso è scomodo e gli fa venire il mal di schena, è _____

3) Marco che, a quarant'anni suonati, si compra le scarpe due numeri più grandi perché dice che sta crescendo e in futuro gli staranno strette, è _____

4) Marina, la perpetua di Don Giovanni, dopo anni di onorato lavoro in parrocchia, ha deciso di dare una svolta alla sua vita e ha cambiato mestiere: ora fa la cubista in una discoteca di Rimini; i suoi ex-parrocchiani pensano che si sia _____

III. ORA TOCCA A TE!

III-1. Cosa diresti a...? A partire dalle seguenti situazioni comunicative scrivi le repliche adeguate usando le quattro locuzioni viste negli esercizi I-1 e II-1.

1) Il tuo amico Carlo, detto il Nuvolari della Garbatella, si vanta di aver raggiunto i duecento chilometri orari con la sua nuova macchina su una strada statale molto trafficata.

Replica: _____

2) Piero, agricoltore bresciano, ti dice che vuole piantare aranci e limoni nella fredda e umida campagna lombarda.

Replica: _____

3) Tua cugina Roberta è una persona davvero strana, ha la fissa di vestirsi sempre tutta di nero perché è convinta che le doni.

Replica: _____

4) Francesco, il tuo vicino di casa, crede che il palazzo dove vivete sia infestato dai fantasmi e dice che la notte sente le voci degli spiriti.

Replica: _____

5. ORA SI MANGIA!

I. ENTRIAMO IN TEMA!

 I-1. Ascolta e poi leggi i seguenti dialoghi; scegli, tra le opzioni indicate, il significato o la parafrasi corretta delle locuzioni evidenziate in neretto.

1) A: Buone le tagliatelle! Chi le ha preparate?
   B: La mia cara suocera che perlomeno in cucina **ha le mani d'oro...**

   a) Mia suocera è una cuoca bravissima.
   b) Mia suocera porta tanti anelli d'oro grossi e pesanti.

2) A: Ma lo sai che Gianni è diventato vegetariano!? Lui, il divoratore di bistecche alla fiorentina! Incredibile!
   B: Di che ti stupisci!? **Non è né il primo né l'ultimo!** Non sai che l'alimentazione vegetariana va di moda!?

   a) Non è né il primo né l'ultimo: è il secondo.
   b) Sono sempre più numerosi quelli che decidono di eliminare carne e pesce dalla loro alimentazione.

3) A: Com'è andata la serata con i tuoi compagni dell'università?
   B: Bene, cenetta in trattoria e poi al bar: insomma, **ridendo e scherzando**, abbiamo fatto le tre di notte.

   a) Raccontando cose buffe e facendo scherzi a tutti...
   b) Senza renderci conto, tra una chiacchiera e l'altra...

4) A: Quel tirchio di Luca **ha fatto la solita figuraccia**: ordina, mangia e beve alla grande e poi quando bisogna pagare, sparisce.
   B: Lo conosci Luca, è fatto così... Bisogna prenderlo per quello che è.

   a) Il suo atteggiamento ha causato un brutto effetto davanti a tutti.
   b) Gli amici di Luca sono ben contenti perché lui non paga mai.

5) A: Una pizza fatta al forno a legna non ha niente a che vedere con quelle cotte nel forno elettrico.
   B: E certo! **Su questo non ci piove!** Sono due cose completamente diverse.

   a) È una cosa certa, evidente; su questo non ci sono dubbi.
   b) Oggi è una bella giornata di sole; non ci sono problemi per andare in pizzeria, di sicuro non piove.

6) A: Senti bello mio, se non ti piace come cucino, da domani da mangiare lo fai tu!
   B: Cosa? Io in cucina!? **Ma in che mondo siamo!?** A casa mia mi hanno insegnato che la donna cucina e l'uomo va a lavorare!

   a) Ma di quale pianeta stai parlando!?
   b) Non mi risconosco più in questa nuova società in cui i ruoli si sono invertiti!

II. A CIASCUNO IL SUO!

II-1. Ricostruisci i seguenti dialoghi collegando ogni battuta della colonna A con la replica corrispondente. Attenzione! La replica è formata dalla locuzione e dalla battuta contenuta nella colonna B.

A	Locuzioni	B
1. Cavolo, dopo il massaggio non mi fa più male la schiena! Complimenti e tante grazie!	a. **Ho le mani d'oro io!**	a. Una sessione con me e ti rimetto a nuovo!
2. Com'è andata la Mostra dei vini della Toscana?	b. Benissimo! **Ridendo e scherzando**	b. Pensa te che si è addormentato durante l'ultimo intervento! Russava pure!
3. La sai l'ultima? La moglie dell'ingegnere Martini lo ha cacciato di casa perché ha scoperto che lui aveva una storia con la segretaria.	c. **Non è né il primo né l'ultimo!**	c. ci siamo scolati quattro bottiglie di Chianti e due di Brunello.
4. Ci sarai al matrimonio di tuo fratello!	d. **Ha fatto la solita figuraccia!**	d. Non si può certo dire che sia un tipo originale; i casi di tradimento con la segretaria sono un classico!
5. Mamma, Federico e io abbiamo deciso di affittare un appartamento per andare a vivere insieme.	e. E certo! **Su questo non ci piove!**	e. Tu, finché non ti sposi in chiesa, non vai a vivere con nessuno, capito!?
6. Allora, il Prof. Martinelli ha presieduto bene il convegno medico: "Sonniferi o terapia rilassante: due modi per addormentarsi"?	f. Cosa!? Ma stai scherzando! **Ma in che mondo siamo!**	f. Non posso mancare anche perché sono il testimone di nozze.

III. ORA TOCCA A TE!

III-1. A partire dalle seguenti situazioni comunicative, scrivi il possibile dialogo tra i due personaggi citati in modo tale che nelle battute di uno dei due compaiano le locuzioni indicate tra parentesi.

1) Andrea come ogni domenica va a pranzo dai suoceri. Quando arriva si accorge che il rubinetto del bagno gocciola e dice al suocero che lui di rubinetti se ne intende e si offre di aggiustarlo, ma combina un casino: rompe un tubo e allaga il bagno. Il suocero, arrabbiato, gli dice che di lui non ci si può fidare, che è proprio un imbranato e che non ne fa mai una giusta. Andrea, mortificato, si scusa.
(Avere le mani d'oro - Fare la solita figuraccia)

2) Giovanni racconta al suo amico Nicola che durante le vacanze trascorse a Venezia ha deciso di fare una pazzia: una sera è andato al casinò e lì, senza rendersene conto, tra un partita di poker e una puntata alla roulette russa, purtroppo ha perso parecchi soldi. Giovanni dice di essere pentito e che non lo farà mai più. Nicola lo consola dicendogli che per una volta non è tanto grave e che può capitare a chiunque, l'importante è che non si traformi in un vizio.
(Ridendo e scherzando - Non essere né il primo né l'ultimo)

3) Giovanna telefona alla sua amica Marina e si lamenta del marito Aurelio dicendo che è un gran maschilista: l'altro giorno le ha fatto una scenata perché, quando lei è tornata dalla palestra, la tavola non era apparecchiata e la cena non era pronta. Marina si stupisce di un comportamento del genere affermando che al giorno d'oggi è una cosa da non credere; chiede poi a Giovanna come ha reagito e lei risponde che aveva detto ad Aurelio che lei non era la sua schiava e che la prossima volta che agiva così lo cacciava di casa e lo rispediva alla sua cara mamma.
(Su questo non ci piove! – Ma in che mondo siamo!?)

6. QUALIFICO E SONO CRUDELE!

I. Entriamo in tema!

 I-1. Ascolta e poi leggi i seguenti dialoghi facendo attenzione alle locuzioni evidenziate in neretto; come noterai, queste hanno tutte una stessa funzione: si usano per descrivere o qualificare una persona. Per ognuna delle locuzioni seguenti, prova ad indicare a quale tipo di persona si riferiscono scegliendo tra le opzioni fornite.

1) A: Michele mi sta veramente antipatico, non lo sopporto.
   B: Hai proprio ragione, **è un pallone gonfiato**, sempre in giro a vantarsi dei soldi dei suoi genitori e delle sue conquiste.

   a) Michele è un gran presuntuoso, che pensa di essere il massimo.
   b) Michele è il solito tipo da palestra: tutto muscoli.

2) A: Carlo ha venduto l'appartamento; per me non riusciva a pagare il mutuo. È possibile che lui e Marina si siano separati e con i soldi della vendita ne comprino uno ciascuno, forse...
   B: Ma **sei un ficcanaso**! Perché ogni tanto non ti fai gli affari tuoi!

   a) A è uno che si impiccia sempre degli affari altrui.
   b) A è una persona alla quale in cucina piace annusare tutti gli odori.

3) A: Hai visto Ettore? Tre promozioni in quattro anni e adesso, eccolo amministratore delegato!
   B: **È un leccaculo**! E pensare che ci ha messo una vita a laurearsi.

   a) Ettore è una persona molto fortunata.
   b) Ettore è una persona che lusinga e fa sviolinate al suo capo per fare carriera.

4) A: Io, quando ho fame, cerco un ristorante in cui si festeggi un matrimonio e mi mimetizzo tra gli invitati.
   B: E se ti beccano? Comunque bisogna **avere** una bella **faccia tosta** per imbucarsi nei matrimoni di sconosciuti.

   a) A è una persona che ha la pelle del viso dura e piena di rughe.
   b) A è una persona che non si vergogna di niente e che si approfitta degli altri.

5) A: Ragazzi! È mezzanotte, tutti a casa che disturbiamo i vicini.
   B: Cavolo! **Sei il solito guastafeste**.

   a) A è la persona incaricata di decidere l'ora in cui finiscono le feste.
   b) A è solito rovinare i programmi degli altri e interrompere il divertimento.

6) A: Certo che quel tipo che abbiamo conosciuto al ristorante indiano era proprio strano: diceva che aveva paura di essere avvelenato e non mangiava se prima gli altri non avevano assaggiato i cibi!
   B: Sì, altro che strano... **Quello era tutto un programma**!

   a) Il tipo del ristorante indiano era una persona un po' particolare, strana.
   b) Il tipo del ristorante indiano era una persona tutta programmata, che non cambia mai idea.

II. A CACCIA DI ERRORI!

II-1. Carlo ed Eugenio sono due tipi un po' pettegoli; un giorno, mentre stanno facendo colazione al bar, si mettono a parlare dei loro colleghi di lavoro. I due sono però un po' confusi rispetto all'uso delle locuzioni, tanto che commettono vari sbagli. Leggi le loro affermazioni e, basandoti sul contesto, trova gli errori e correggili, indicando la locuzione adatta per descrivere i vizi o i difetti di cui parlano.

1) **Carlo**: L'avvocato Martelli è un guastafeste: si fa sempre dare un passaggio a casa e non prende mai la macchina, dice che non vuole inquinare; in realtà è un taccagno, non vuole spendere i soldi della benzina.

2) **Eugenio**: Rosa, la secretaria del direttore, è tutta un programma: non fa altro che controllare cosa dicono e fanno gli altri e non perde occasione per sparlare di tutti.

3) **Eugenio**: Il ragioniere Sandrellino è un grande faccia tosta: ogni volta che vogliamo festeggiare il compleanno di un collega dice che in ufficio si lavora, mica ci si viene a divertire.

4) **Carlo**: Claudio, l'addetto alle pulizie, è un pallone gonfiato: pulisce il nostro ufficio in cinque minuti, invece quello del direttore lo fa in un'ora, lucida tutti i soprammobili e ci mette addirittura i fiori.

5) **Carlo**: Marco, l'autista dell'amministratore delegato, è un leccaculo: dice che al mondo non c'è nessuno come lui, che guida meglio di un pilota di Formula Uno.

6) **Eugenio**: Certo che il direttore è proprio un ficcanaso: quando deve concludere un contratto importante, mette la bandana che portava il giorno che ha conosciuto sua moglie perché è convinto che gli porti fortuna.

III. ORA TOCCA A TE!

III-1. Cosa diresti nelle seguenti situazioni a proposito dei personaggi descritti? A partire dalle tracce fornite, scrivi la tua battuta per qualificare ogni personaggio usando le locuzioni viste in quest'unità.

1) Giuseppe ha vinto il campionato di tennis della parrocchia e pensa di essere un fuoriclasse. Dice che il prossimo torneo che giocherà sarà il Roland Garros.

   Tu: _____

2) Manlio, il tuo fidanzato, è proprio strano: si depila i peli delle gambe per correre meglio perché è convinto che meno peli, meno peso.

   Tu: _____

3) Il tuo capo ti dice arrabbiato: "Fatemi andare via perché altrimenti non so cosa succede!", invece tu e i tuoi colleghi sapete che lo dice perché vuole andare al bar a prendere il caffè.

   Tu: _____

4) Per il fine settimana hai dei programmi molto divertenti, ma il tuo amico Enrico ti dice che lui preferisce restare a casa a guardare la tv.

   Tu: _____

5) È domenica e, come sempre, anche oggi ti è toccato il pranzo di famiglia a casa dei suoceri; la signora Lia, come d'abitudine, non perde occasione per impicciarsi degli affari tuoi e di tua moglie, e vi fa il solito interrogatorio.

   Tu: _____

6) Giulio, pur di far carriera all'università, è disposto è tutto: è famoso per essere l'assistente "tuttofare" del professore di Geografia.

   Tu: _____

7. PARAGONO

I. OGNI DISEGNO AL SUO POSTO!

I-1. Ci sono delle locuzioni che si basano su un paragone con oggetti o esseri viventi molto comuni. Rifletti sulle qualità, proprietà o caratteristiche degli elementi rappresentati nelle immagini e completa le locuzioni seguenti con il sostantivo adeguato scegliendo tra quelli indicati per ciascun disegno.

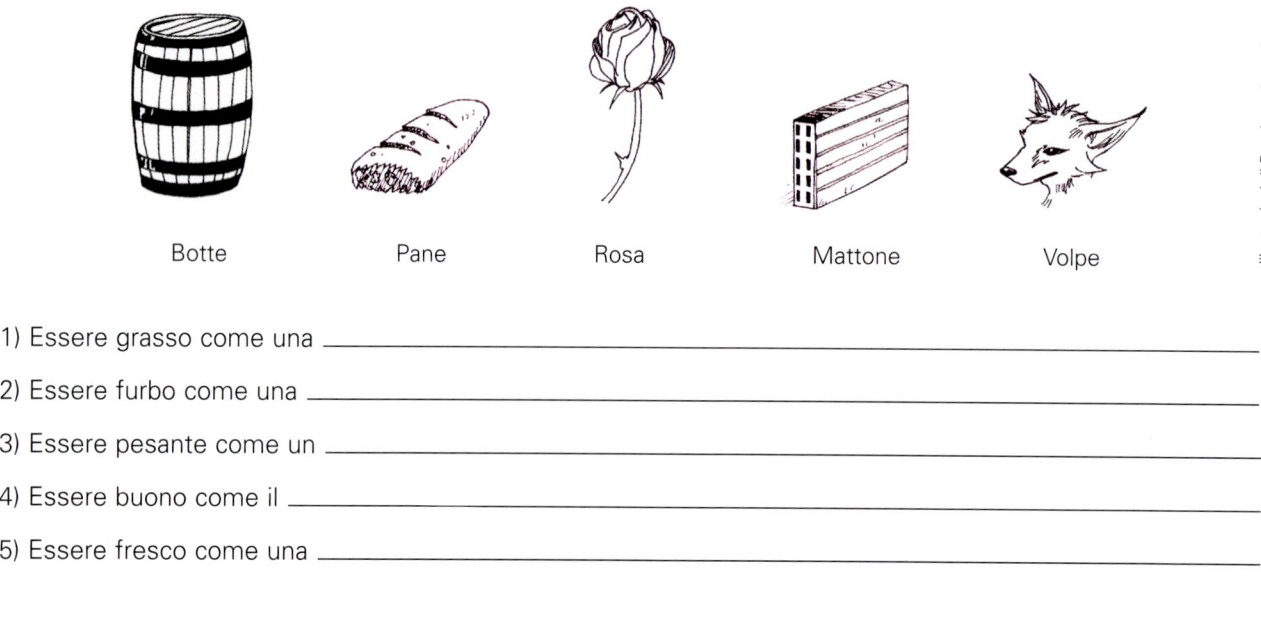

Botte   Pane   Rosa   Mattone   Volpe

Illustrazioni di Domingo de la Villa

1) Essere grasso come una _____

2) Essere furbo come una _____

3) Essere pesante come un _____

4) Essere buono come il _____

5) Essere fresco come una _____

II. ORA TOCCA A TE!

II-1. A partire dalle seguenti tracce, qualifica le persone e/o gli oggetti descritti usando le locuzioni viste nell'esercizio I-1.

1) Mario si è appena alzato tutto bello riposato dopo aver dormito per dieci ore di seguito → Mario è

_____

2) Giulio ha il senso degli affari: ha comprato un terreno a un prezzo stracciato e l'ha rivenduto una settimana dopo al doppio → Giulio è _____

3) Paolo passa ore ed ore seduto in poltrona davanti alla tv, non fa sport e mangia tantissimo → Paolo è

_____

4) La zia Angela, quando trova un barbone per la strada, lo invita a mangiare a casa sua e gli dà dei soldi → La zia Angela è _____

5) Il libro "Storia della filosofia: da Socrate ad oggi" è lunghissimo: più di tremila pagine → Il libro è

_____

III. A CIASCUNO IL SUO!

III-1. Collega ciascuna descrizione della colonna A con la locuzione corrispondente della colonna B.

A	B
1. Chi si dà molto da fare e s'impegna nel lavoro	a. lavora come una bestia.
2. Una persona che quando mangia la pasta al pomodoro si sporca la camicia e poi si pulisce la bocca con la manica	b. è cieco come una talpa.
3. Una persona che porta gli occhiali spessi come un fondo di bottiglia	c. è stupida come un'oca.
4. Una persona che si è mangiata tre piatti di tagliatelle	d. è sordo come una campana.
5. Una ragazza bella e un po' sciocchina	e. mangia come un maiale.
6. Una persona alla quale non fai mai cambiare opinione	f. ci è cascato come un pollo.
7. Chi si è fatto fregare per essere troppo ingenuo	j. è testarda come un mulo.
8. Chi non ha un buon udito	h. mangia come un maiale.

IV. A CACCIA DI ERRORI!

IV-1. Luigi abita nel centro di Milano, non è mai andato in una fattoria e non sa nulla di animali. Un giorno con i suoi amici comincia a ipotizzare le caratteristiche che questi rappresentano e le corrispondenti locuzioni, ma commette vari sbagli. Leggi le affermazioni di Luigi e trova gli errori, sottolineali e correggili usando la locuzione corretta.

1) Ieri a cena la nonna ha preparato un bel piattone di spaghetti, una bella bistecca, poi coniglio e patate al forno, insomma ho mangiato come un elefante.

2) Marco ha deciso di passare l'estate in montagna e non gli farai cambiare idea, lo sai che è testardo come un bue.

3) Abbiamo fatto uno scherzo a Maria: le abbiamo detto che oggi era il mio compleanno e lei mi ha dato un regalino; la poveretta ci è cascata come un'oca.

4) Giulio, per carità, abbassa il volume della televisione! La sente l'intero quartiere, sei sordo come una talpa!

5) Enrico, da buon lavoratore, va in banca la mattina alle sette e torna a casa la sera tardi, cioè lavora come un maiale.

6) Il tennista ha detto all'arbitro che la palla era sulla linea, e non fuori, e che se non l'ha vista è cieco come un coniglio.

7) È l'ultima volta che inviti a cena il tuo amico Roberto! Che schifo vederlo succhiare la zuppa e mangiare la carne con le mani! Per non parlare poi dei rutti... Mangia come un vero ippopotamo!

8) Carla non la sopporto più! Il suo atteggiamento e quel modo di parlare così snob... Insomma, è stupida come un'anatra.

8. IN CERCA DI LESSEMI

I. Entriamo in tema!

I-1. Ci sono alcune locuzioni che possono corrispondere, avere cioè lo stesso significato di un solo termine, che può essere un sostantivo, un verbo, un aggettivo o un avverbio. Nelle frasi seguenti ti presentiamo evidenziate in neretto delle nuove locuzioni. Basandoti sul contesto in cui compaiono, cerca di capirne il significato ed indica il termine unico corrispondente ad ognuna di esse, scegliendo tra quelli contenuti nel riquadro come nell'esempio.

Es.: Carlo vuol lasciare la moglie per scappare con una ballerina di danza del ventre! Decisamente **si è bevuto il cervello** → Carlo è impazzito.

a. comanda	b. tutti	c. pochi	d. molto	e. poco	f. è morto
g. sono fuggiti	h. lontano	i. vicino	j. straordinario		k. ha spopolato

1) Ormai lo yacht in Sardegna **ce l'hanno cani e porci** →
2) Caterina ha un caratteraccio, in casa di sicuro è lei **che porta i pantaloni** →
3) Ronaldo è un calciatore **di un altro pianeta** →
4) Al corteo per la difesa della balena bianca **c'erano quattro gatti** →
5) Il nuovo cd di Eros Ramazzotti **si è venduto come il pane** →
6) Non serve la macchina per andare alla pizzeria "Da Nino", **è dietro l'angolo** →
7) All'improvviso il vecchio calzolaio, fumatore accanito, si è sentito male: ha cominciato a tossire e **ci è rimasto secco** →
8) Dopo aver scassinato porte e finestre, i ladri **hanno tagliato la corda** →
9) La nuova megadiscoteca "Ballo e danzo" **è fuori mano** →
10) Per poter pagare le vacanze ho venduto la mia moto **per quattro soldi** →

II. Completiamo!

II-1. Completa gli enunciati seguenti unendo le frasi della colonna A con quelle della colonna B, in cui sono contenute le locuzioni viste nell'esercizio I-1.

A	B
1. Marco è troppo buono, invece a Marina piace imporre le sue idee. Nella coppia, è lei che	a. ce l'hanno cani e porci.
2. Dobbiamo prendere la macchina, la spiaggia non è vicinissima. Anzi, direi proprio che	b. porta i pantaloni.
3. Se faccio jogging alle tre del pomeriggio sotto il sole di agosto con quaranta gradi,	c. di un altro pianeta.
4. Non mi piace comprare i vestiti di questa marca perché ormai ce l'hanno tutti, cioè	d. c'erano quattro gatti.
5. Il perizoma tigrato è andato di moda quest'anno. Lo hanno comprato tutti,	e. si è venduto come il pane.
6. Mi accompagni al mercato? Dai, ci mettiamo cinque minuti,	f. è dietro l'angolo.

A	B
7. La polizia non è riuscita a fermare i rapinatori perché sono fuggiti prima che scattasse l'allarme, così sono riusciti a	g. ci rimango secco.
8. Francesco de Gregori è molto bravo, ha qualcosa di speciale. È un cantante	h. tagliare la corda.
9. Su internet abbiamo trovato un albergo ai Caraibi che costa pochissimo. Ci danno una doppia	i. è fuori mano.
10. Stanno chiudendo tanti cinema all'aperto perché non ci va più nessuno, l'altra sera	j. per quattro soldi.

III. LASCIA UN MESSAGGIO DOPO IL BIP...!

III-1. Lorenzo ritorna a casa dopo le vacanze di Natale; la prima cosa che fa è accendere la segreteria telefonica ed ascoltare i messaggi registrati. Ascoltali insieme a lui; quale sarà la sua reazione o risposta per ognuno dei messaggi ricevuti? Scrivi quale potrebbe essere, secondo te, la replica di Lorenzo ricordandoti di usare una delle due locuzioni indicate (entrambe le opzioni sono possibili, la scelta dipenderà dal significato che tu vuoi dare alla risposta o reazione di Lorenzo).

Messaggio 1:
Ciao Lorenzo! Sono Marco. Immagino che in questo momento sarai in vacanza. Non appena torni chiamami, ho una bella sorpresa per te: finalmente mi sono comprato quella moto della Honda che ci piaceva tanto a tutti e due! Sono sicuro che, quando la vedi, creperai dall'invidia... Dai, che se fai il bravo ti faccio fare un giretto...

Lorenzo: _____

  a. Ce l'hanno cani e porci...
  b. Per quattro soldi...

Messaggio 2:
Ciao bello! Allora, come sono andate queste vacanze? Hai rimorchiato? Già lo so, niente di niente eh... Comunque non ti preoccupare, sabato prossimo ci penso io: seratona in quella discoteca nuova che hanno aperto al lago! Che ne dici? Sei dei nostri? Fammi sapere. Ah, sono Giulio, se per caso non mi hai riconosciuto.

Lorenzo: _____

  a. È dietro l'angolo...
  b. È fuori mano...

Messaggio 3:
Lorenzo! Come stai? Spero bene... Purtroppo ho una brutta notizia. Per il concerto degli U2 niente da fare: tutto esaurito! Ho cercato i biglietti ovunque, ma sono stati tutti venduti. Che peccato... Lo dicevo io che dovevamo prenotarli prima... Vabbè, pazienza, sarà per la prossima volta. Fatti sentire quando torni. Ciao.

Lorenzo: _____

  a. Vendersi come il pane...
  b. Essere di un altro pianeta...

Messaggio 4:
Lorenzo, sono Giovanni e sono nei guai! Mi devi aiutare! Quella pazza della mia ex fidanzata continua a perseguitarmi: mi spia, mi segue dappertutto, mi fa le telefonate anonime in piena notte, e ora è arrivata persino a minacciarmi e a dire che, se non torno con lei, me ne pentirò... Io comincio ad aver paura... Che faccio? Ho bisogno di un consiglio. Chiamami appena rientri, anche se forse sarà troppo tardi...

Lorenzo: _____

  a. Tagliare la corda
  b. Rimanerci secco

9. BINOMI

I. ENTRIAMO IN TEMA!

I-1.   In questa unità trattiamo un nuovo gruppo di locuzioni dette binomi perché sono formate da due termini appartenenti alla stessa categoria grammaticale (possono essere due sostantivi, due aggettivi, ecc.) uniti dalla congiunzione "e".
Tra le opzioni fornite, scegli il binomio adatto a rendere l'idea espressa in ognuno dei seguenti enunciati:

1) Una ragazza semplice, che non si trucca, ecc. è:

   a) acqua e sapone   *b) olio e aceto*   *c) sapone e deodorante*

2) Un convalescente ripresosi dopo una brutta malattia è:

   a) vivo e sano   *b) vivo e vegeto*   *c) sano e guarito*

3) A chi, nonostante la sua età, non vuole prendersi delle responsabilità, gli ricordi che è:

   a) maggiorenne e vaccinato   *b) forte e responsabile*   *c) grande e forte*

4) Una cosa appartenente a un passato lontano e del tutto dimenticata è:

   a) passata e dimenticata   *b) morta e sepolta*   *c) schiacciata e cancellata*

5) Due persone unite da una grande amicizia sono:

   a) camicia e pantalone   *b) giacca e cravatta*   *c) culo e camicia*

6) Una cosa che si fa o succede quasi sempre, capita:

   a) spesso e sempre   *b) spesso e volentieri*   *c) sempre e sempre*

7) Un pilota che sopravvive a un terribile incidente è:

   a) sano e ripreso   *b) beato e fortunato*   *c) sano e salvo*

8) Una persona che esce raramente e non fa vita mondana è tutta:

   a) casa e santuario   *b) casa e chiesa*   *c) casa e oratorio*

9) Quando esprimo qualcosa in modo esplicito e senza mezzi termini lo dico:

   a) chiaro e tondo   *b) dritto e chiaro*   *c) dritto dritto*

10) Una persona, la cui vita è perfetta, è:

   a) felice e allegra   *b) felice e contenta*   *c) pimpante e allegra*

II. A CIACUNO IL SUO...

II-1. Costruisci degli enunciati collegando gli elementi delle tre colonne in modo che abbiano un senso logico e completandoli con costituenti liberi come nell'esempio.

Es.:
Luisa e Marco / spesso e volentieri / mangiano il pesce crudo
Battuta: A Luisa e a Marco piace molto la cucina giapponese e **spesso e volentieri** mangiano il pesce crudo.

1. Gianni	casa e chiesa	mai andato in discoteca
2. Marina	acqua e sapone	mai usato il rimmel
3. Elena e Sofia	culo e camicia	escono sempre insieme
4. Enrico	felice e contento	ha una nuova fidanzata
5. La storia d'amore con Maria	morta e sepolta	per Giorgio
6. Gianna	viva e vegeta	abita a Pisa e ha due nipoti
7. Paolo	sano e salvo	dopo l'incidente
8. Marco	maggiorenne e vaccinato	sapeva ciò che faceva

III. ORA TOCCA A TE!

III-1. Ecco la famiglia della signora Giovanna. In base alle indicazioni fornite, indica come sono i suoi familiari o qual è il loro comportamento riassumendo ognuna delle seguenti descrizioni con il binomio adeguato tra quelli visti negli esercizi I-1 e II-1, come nell'esempio.

Es.: Il marito Enrico è molto religioso, lavora in banca e ama passare tutto il suo tempo libero in casa con la famiglia, non esce mai con gli amici → Il marito Enrico **è tutto casa e chiesa**

1) Giulia, la figlia, veste in modo molto tradizionale, non segue la moda, non si trucca e non si farebbe mai né un piercing né un tatuaggio → _____

2) Carlo, il figlio piccolo, ha un'ottima amicizia con Aurelio: sono compagni di banco a scuola e il fine settimana vanno insieme agli scout → _____

3) Matteo, il nonno, è in pensione; ha avuto gravi problemi di salute ma ora si è ripreso completamente e sta benissimo → _____

4) La nonna Rosa ha un carattere molto forte e non sopporta l'ipocrisia. Spesso ha dei problemi con le amiche perché dice quello che pensa senza mezzi termini → _____

5) Il fratello Giuseppe, colonnello dell'aeronautica, qualche mese fa, durante una missione, ha avuto un incidente e l'aereo che pilotava è precipitato, ma per fortuna aveva il paracadute → _____

6) La sorella Pia è rimasta vedova a cinquant'anni. Dopo aver superato una forte depressione, ha conosciuto Paolo nella scuola di ballo che frequenta ed ora finalmente ha ritrovato la felicità e si gode la vita → _____

7) Per Gianni la lite con il suo collega Marcello per la direzione del progetto è acqua passata, l'ha dimenticata completamente e ora i due sono di nuovo amici come prima. La lite per Gianni → _____

10. LOCUZIONI ELATIVE

I. ENTRIAMO IN TEMA!

I-1. In questa unità trattiamo un nuovo gruppo di locuzioni formate dalla preposizione "da" unita a un costituente che può essere un sostantivo, un aggettivo o una forma verbale all'infinito. Si tratta di strutture fraseologiche che servono per qualificare qualcuno o qualcosa in modo superlativo. Ascolta e poi leggi i seguenti enunciati facendo attenzione alla locuzione elativa in neretto.

1) Un vestito brutto e di scarsa qualità è un vestito **da quattro soldi.**
2) Una ragazza molto bella è carina **da morire.**
3) Fare un comizio della Lega Nord a Napoli e a Palermo è roba **da matti.**
4) Una vita difficile e piena di problemi è una vita **da cani.**
5) Un gran goal è una rete **da incorniciare.**
6) Una vacanza a Porto Rotondo è una vacanza **da favola.**
7) Una festa ben riuscita dove tutti si divertono è una festa **da sballo.**
8) Una bella pizza cotta al forno a legna è una pizza **da leccarsi i baffi.**
9) Sabrina Ferilli, una delle attrici italiane più affascinanti, è una donna **da mozzare il fiato.**

II. A CIASCUNO IL SUO!

II-1. Lorena racconta ai suoi amici romani i vantaggi e gli svantaggi di vivere a Milano; unisci gli enunciati della colonna di sinistra con la locuzione elativa della colonna di destra.

ENUNCIATO	FRASE ELATIVA
1. A Milano ci sono dei ristoranti che preparano una polenta	a. da quattro soldi
2. Purtroppo all'ora di punta il traffico a Milano è	b. da morire
3. In inverno piove e nevica quasi tutti i giorni, il tempo a Milano è veramente	c. da matti
4. Bisogna stare attenti perché gli affitti sono alti e a volte ti offrono case vecchie e quasi in rovina, cioè	d. da cani
5. Puoi passeggiare per i giardini accanto al castello sforzesco, ci sono delle viste panoramiche	e. da incorniciare
6. Al teatro Alla Scala rappresentano delle opere bellissime,	f. da favola
7. Sul Naviglio ci sono dei bar notturni e delle discoteche	g. da sballo
8. In via Montenapoleone ci sono i negozi degli stilisti più famosi, lì puoi comprare dei vestiti	h. da leccarsi i baffi
9. Insomma, è una città che mi piace	i. da mozzare il fiato

11. COLORI

I. COMPLETIAMO!

I-1. Alcuni colori simbolizzano lo stato d'animo delle persone:

a. il rosso = la vergogna → diventare, farsi rosso dalla vergogna / come un peperone;
b. il bianco = la paura → diventare, farsi bianco come un lenzuolo;
c. il rosa = l'ottimismo → vedere tutto rosa;
d. il nero = la rabbia → diventare, farsi nero / verde dalla rabbia;
e. il nero = il pessimismo → vedere tutto nero / vederla nera.
f. Il verde = l'invidia → farsi verde di invidia / diventare verde per l'invidia

Tenendo conto dei contesti forniti e del "valore" e del sentimento a cui fa riferimento ogni colore, completa ciascuna delle seguenti frasi inserendo il colore adatto negli spazi vuoti.

1) Piero è diventato _____ come un peperone quando in una piscina molto affollata gli è sceso il costume da bagno.

2) Il vicino di Gianni ha cominciato ad appendere quadri alle sei del mattino e lui si è svegliato _____ di rabbia.

3) Si vede proprio che Gianna è innamorata: da quando sta con Alberto è molto più positiva ed ottimista, vede tutto _____.

4) Quando il cardiologo gli ha detto che avrebbero dovuto operarlo a cuore aperto, il paziente è diventato _____ come un lenzuolo.

5) Quando la moglie di Enrico ha saputo che gli avevano tolto due punti dalla patente per aver superato di quaranta chilometri il limite di velocità, è diventata _____ dalla rabbia e gli ha detto che era un inconsciente.

6) Quando il mio collega ha visto pubblicato sul più importante quotidiano della città il mio ultimo articolo si è fatto _____ di invidia.

II. A CACCIA DI ERRORI!

II-1. Leggi i seguenti enunciati: nella descrizione degli stati d'animo ci possono essere degli errori nell'uso dei colori e del loro corrispondente valore simbolico. Trovali e correggili.

1) Gli sposi, un po' timidi e introversi, sono diventati verdi quando durante il pranzo del matrimonio tutti gli invitati hanno cominciato a gridare in coro "Bacio, bacio!".

2) Luciano si è fatto rosso quando si è accorto che il carro attrezzi si portava via la sua macchina parcheggiata in doppia fila.

3) Giulio, da quando lo ha lasciato la moglie e ha perso il lavoro, vede tutto rosa: è sempre triste e demoralizzato ed è convinto che per lui non ci sia più speranza.

4) Andrea, cassiere in una banca di Bergamo, è diventato bianco come un lenzuolo quando un suo collega gli ha detto che il direttore voleva vederlo per parlare della figlia Sara, con la quale lui esce da tempo all'insaputa del padre.

5) L'allenatore della squadra non è molto ottimista rispetto alle possibilità di vittoria dei suoi ragazzi alle Olimpiadi invernali di sci perché la neve non è di certo il loro forte; in conferenza stampa ha dichiarato di vederla nera.

6) Giulio, quando ha visto suo fratello arrivare alla festa con Marina, la ragazza per la quale lui ha sempre avuto un debole e con cui non è mai riuscito ad uscire, si è fatto rosa di invidia.

III. Ora tocca a te!

III-1. Giulio è andato alla festa di compleanno di Sofia; il giorno dopo, durante la colazione, il fratello Mario gli chiede come è andata la serata e lui gli racconta delle varie situazioni vissute e dei personaggi incontrati. A partire dalle tracce fornite, scrivi la battuta di Giulio usando le locuzioni sui colori viste negli esercizi I-1 e II-1.

1) Quando Giulio è entrato alla festa tutti gli invitati si sono girati a guardarlo e lui si è sentito in imbarazzo.
Giulio: _____

2) Alla festa c'era anche Luigi che voleva assolutamente ballare con Carlotta, ma niente da fare: nonostante lui abbia insistito tantissimo, lei non solo ha rifiutato ma è andata a ballare con un altro; Luigi si è arrabbiato di brutto.
Giulio: _____

3) Giulio alla festa ha incontrato Paola, una sua vecchia compagna dell'università; quando lui le ha chiesto come stava, lei gli ha raccontato che, dopo un periodo di crisi durante il quale aveva perso tutte le speranze, ora stava molto meglio: aveva trovato un lavoro, un fidanzato e l'ottimismo perduto.
Giulio: _____

4) Quando, alle tre di notte, hanno sentito suonare il campanello e si sono presentati i carabinieri chiamati dal vicino arrabbiato per la musica e la confusione, Sofia, la padrona di casa, si è spaventata tantissimo.
Giulio: _____

12. MANCA UN PEZZO

I. Entriamo in tema!

I-1. Scegli tra le tre opzioni fornite il termine adeguato per completare le locuzioni contenute nei seguenti enunciati. Se hai dei dubbi o sei indeciso, puoi chiedere aiuto all'insegnante o consultare il dizionario.

1) Quando in un posto ci sono pochissime persone, quasi nessuno, non c'è:

a) un cane	b) un gatto	c) un topo

2) Una persona che non dimentica un'offesa, se la lega:

a) al dito	b) al braccio	c) alla cravatta

3) Quando si scatena una lite o c'è molta confusione, scoppia:

a) una mina	b) il finimondo	c) una bomba

4) Una persona che, per l'età avanzata, per distrazione o per altri problemi non fa più bene un'attività, perde:

a) battute	b) benzina	c) colpi

5) Una persona testarda, che non molla, che non cambia idea, punta:

a) il naso	b) i piedi	c) i chiodi

6) Una persona che rifiuta in modo deciso di fare qualcosa, dice "cascasse":

a) il mondo, io...	b) la terra, io...	c) il cielo, io...

II. A ciascuno il suo!

II-1. Luisa, di ritorno da una vacanza in un'isola greca insieme ad un gruppo di amici, fa vedere ai colleghi dell'ufficio le fotografie scattate durante le ferie e gli racconta i particolari del suo soggiorno. Completa i commenti di Luisa contenuti nella colonna A con le locuzioni adeguate della colonna B.

A	B
1. Ho trovato delle cale bellissime: mare trasparente, sabbia bianca e una pace incredibile. Erano fuorimano, dovevi arrivarci in barca, quindi	a. cascasse il mondo!
2. Un giorno abbiamo preso un pedalò e abbiamo costretto il povero Carlo a pedalare per due ore nonostante i suoi problemi al ginocchio. Ha detto che questa non ce la perdona,	b. è scoppiato il finimondo.
3. Lucia è una vera palla al piede: si è lamentata di tutto e di tutti, non aveva mai voglia di far nulla; non farò mai più una vacanza con lei,	c. sta perdendo colpi.
4. Vi ricordate di Marina? All'epoca campionessa del Lazio 100 metri stile libero. Non è più quella di una volta, ci è mancato poco che affogasse; la poverina	d. non c'era un cane.
5. Luciano ha voluto andare a tutti i costi in una spiaggia nudista, nonostante il rifiuto categorico del resto del gruppo. Non c'è stato verso di fargli cambiare idea,	e. ha puntato i piedi e ci è andato.
6. Una sera in discoteca è arrivato Mirko, un famoso cantante locale, e non vi dico che confusione,	f. se l'è legata al dito.

III. Ora tocca a te!

III-1. Leggi i seguenti enunciati e riscrivili sostituendo la parte evidenziata in neretto con una delle locuzioni viste negli esercizi I-1 e II-1.

1) Ieri a Roma è venuta la filarmonica di Varsavia, ma all'auditorium **eravamo in pochi**.

_____

2) Carlo **non ha dimenticato** lo scherzetto di ieri; non pensare che ti abbia perdonato, alla prima occasione te la farà pagare. _____

3) Non ti dico cosa è successo al raduno annuale degli amanti dei canarini quando un pazzo si è presentato con fucile ad aria compressa e ha cominciato a sparare, non si è salvato neanche un canarino. **Una confusione**...

_____

4) Zio Angelo, grande alpinista, **non è più quello di una volta**: l'altro giorno non ce la faceva a salire il monticello sopra a casa sua. _____

5) Non insistere! Marco si messo in testa di fare le vacanze a Rimini e **non gli farai cambiare idea**. Sai quant'è ostinato! _____

6) Io i miei videogiochi a Nando non glieli presto **neanche se me li chiede in ginocchio**: quando gli ho chiesto se mi poteva masterizzare un paio di cd, mi ha risposto che lui il pirata non lo faceva.

_____

13. ECCO L'IMMAGINE E IL PERCHÉ!

I. ENTRIAMO IN TEMA!

I-1. **Leggi le seguenti locuzioni facendo attenzione al loro significato. Come potrai notare, queste si basano su immagini, cioè scene che rimandano a un'azione o a un fatto. Pensa alla scena della locuzione "Arrampicarsi sugli specchi": qualcuno che cerca disperatamente di scalare uno specchio, ma non avendo nessun punto a cui aggrapparsi, inevitabilmente scivola; la scena suggerisce l'idea di una persona che fa sforzi inutili nel tentativo di compiere un'azione destinata al fallimento. In effetti la locuzione "Arrampicarsi sugli specchi" viene usata quando qualcuno, in un momento di difficoltà, cerca invano di giustificarsi o scusarsi senza riuscirci. Es.: "Giulio aveva una macchia di rossetto sul collo della camicia; di fronte alle sue scuse patetiche, la moglie gli ha detto senza mezzi termini che si stava arrampicando sugli specchi e che tra loro era tutto finito". Abbina ogni locuzione del riquadro con l'immagine o la scena corrispondente tratta dal dizionario di B.M. Quartu.**

a. Non stare nella pelle	b. Aggiungere legna al fuoco / Gettare benzina sul fuoco
c. Spargersi a macchia d'olio	d. Fare le ore piccole
e. Avere grilli per la testa	f. Scoprire l'acqua calda
g. Fare salti mortali	h. Entrare da un orecchio e uscire dall'altro

Immagini o scene:

1) Una schiera di grilli che cantano e saltellano non ti fanno pensare bene → _____

2) Il fuoco aumenta se si aggiunge più legna o benzina → _____

3) La macchia d'olio si allarga lungo la circonferenza → _____

4) I salti mortali sono gli esercizi più impegnativi dei trapezisti → _____

5) L'eccitazione, le emozioni per una grande gioia o l'impazienza pare che non si possano trattenere dentro la pelle → _____

6) Quando una cosa detta passa da un orecchio all'altro, poi esce e non resta nella mente dell'interlocutore → _____

7) I numeri che indicano le ore dopo mezzanotte sono piccoli → _____

8) L'acqua calda è una cosa quotidiana, scoperta parecchi anni fa → _____

II. A CIASCUNO IL SUO!

II-1. Unisci ognuna delle seguenti locuzioni con il significato corrispondente.

LOCUZIONE	SIGNIFICATO
1. Avere grilli per la testa	a. Non fare a caso quello che qualcuno dice, non dargli retta.
2. Aggiungere legna al fuoco	b. Scoprire una cosa ovvia e scontata.
3. Spargersi a macchia d'olio	c. Ingigantire un problema o esarcerbare una discussione o una polemica.
4. Fare salti mortali	d. Andare a letto molto tardi.
5. Non stare nella pelle	e. Essere contentissimo e molto emozionato.
6. Entrare da un orecchio e uscire dall'altro	f. Diffondersi velocemente.
7. Fare le ore piccole	g. Fare delle cose straordinarie per riuscire a realizzare qualcosa.
8. Scoprire l'acqua calda	h. Avere idee strane e bizzarre.

III. LASCIA UN MESSAGGIO DOPO IL BIP...!

III-1. Paolo, al ritorno a casa, accende la segreteria telefonica. Ascolta i messaggi che ha ricevuto e scrivi quale potrebbe essere, secondo te, la reazione o risposta di Paolo per ogni messaggio registrato. Ricorda che nella replica di Paolo devi usare una delle due locuzioni indicate (entrambe le opzioni sono possibili, la scelta dipenderà dal significato che tu vuoi dare alla replica).

Messaggio 1:
Ciao Paolo! Sono la mamma. Senti, non è che ultimamente hai parlato con tuo fratello Giovanni? È che lo vedo un po' strano e non so cosa fare. Esce tutte le sere e torna sempre alle quattro di mattina.

Paolo: _____
a. Fare le ore piccole
b. Avere grilli per la testa

Messaggio 2:
Ciao Paolo, sono Laura. Allora, come stai? Come vanno le cose in Italia? Noi qua a Boston stiamo bene, ma la vita è molto costosa. Marco ed io per mandare avanti la casa dobbiamo lavorare moltissimo. E poi lo sai com'è Marco? Ha le mani bucate. Più gli dico che dobbiamo risparmiare, più spende.

Paolo: _____
a. Fare salti mortali
b. Entrare da un orecchio e uscire dall'altro

Messaggio 3:
Caro Paolo, sono la zia Aurelia. Ti ringrazio di cuore per quello che hai fatto per tuo cugino Enrico. Grazie a te è stato assunto in azienda e ora è contentissimo. Tre anni in cassa integrazione sono tanti. Anche se ora dovrà abituarsi ad alzarsi presto tutte le mattine e per lui non sarà facile, sai che è abituato ad andare a letto molto tardi.

Paolo: _____
a. Non stare nella pelle
b. Fare le ore piccole

Messaggio 4:

Ciao tesoro, sono la nonna. Sono appena stata dal parrucchiere, lo sai che tutti nel quartiere sanno che tua sorella ha divorziato. Ma come fanno a saperlo!? È successo la settimana scorsa! Ma una cosa l'ho capita: i nostri vicini sono tutti dei grandi pettegoli.

Paolo: _____

a. *Scoprire l'acqua calda*
b. *Spargersi a macchia d'olio*

Messaggio 5:

Ciao Paolo, sono papà. Hai visto "Novantesimo minuto"? Con il rigore assegnato alla Juventus, scoppierà il finimondo. Dopo le pesanti critiche agli arbitri delle ultime settimane, ci mancava solo questo per accendere la polemica. Vabbè, l'importante è che noi abbiamo vinto! Forza Milan!

Paolo: _____

a. *Aggiungere legna al fuoco*
b. *Spargersi a macchia d'olio*

14. CHE STRANI TERMINI!

I. ENTRIAMO IN TEMA!

I-1. Alcune locuzioni sono formate da termini in disuso o di origine straniera che assumono un valore idiomatico. Unisci le locuzioni della colonna A con il significato corrispondente della colonna B. Nei dizionari Disc, Devoto-Oli e in quello di B. M. Quartu abbiamo trovato le spiegazioni dei termini che formano queste locuzioni, ti potranno essere utili per capirne il significato: nanna = sonno; tilt = blocco, arresto; dimenticatoio = luogo in cui vengono lasciate le cose che non servono o non si usano più; iosa = deriva dall'unione di "(d)io sa (quanto)"; squarciagola = squarciare è sinonimo di rompere; a ruba = qualcosa di così desiderato che sembra che lo rubino; gnorri = deriva dal verbo ignorare, non sapere; fiacca = stanchezza; a vanvera = a casaccio, sconsideratamente, senza riflettere (deriva da fanfera affine a fanfarone); crepapelle = crepare è sinonimo di spaccare.

A	B
1. Andare a nanna	a. Parlare senza senso
2. Andare in tilt	b. Avere a disposizione una grande quantità di...
3. Cadere nel dimenticatoio	c. Gridare con forza e a voce molto alta
4. Esserci a iosa	d. Ridere tanto
5. Gridare a squarciagola	e. Far finta di non capire o di non sapere
6. Andare a ruba	f. Non voler lavorare
7. Fare lo gnorri	g. Vendersi tantissimo
8. Battere la fiacca	h. Andare a letto
9. Parlare a vanvera	i. Essere molto stanco e confuso; perdere la concentrazione, bloccarsi
10. Ridere a crepapelle	j. Essere dimenticato o non preso in considerazione

III. ORA TOCCA A TE!

III-1. Quale gesto farà Marco nelle seguenti situazioni? Rispondi alle domande come nell'esempio, usando le locuzioni viste negli esercizi I-1 e II-1.

Es.:

Cosa ha fatto Marco quando il pilota dell'aereo ha annunciato che c'erano forti turbolenze e che probabilmente il volo sarebbe stato movimentato? → **Marco ha toccato ferro**

1) Quale gesto ha fatto Marco quando gli amici del bar gli hanno detto che aveva sbagliato a restare a casa la sera prima perché loro erano andati in discoteca ed avevano conosciuto un gruppo di svedesi?

   Marco _____

2) Quale gesto fa Marco quando, scherzando e d'accordo con la sua fidanzata, fa credere a un suo amico che veramente ha deciso di candidarsi alle prossime elezioni?

   Marco _____

3) Quale gesto fa Marco quando sta per entrare in aula per fare l'esame orale di diritto amministrativo con il professore più crudele e feroce della facoltà?

   Marco _____

4) Quale gesto fa Marco quando sfoggia di fronte a quell'invidioso di Piero la sua nuova macchina rossa fiammante, dopo che Piero lo aveva preso in giro per anni dicendogli che non avrebbe mai avuto i soldi per comprarla?

   Marco _____

5) Quale gesto ha fatto Marco quando, durante l'ultima partita di campionato, tensione alle stelle, cinque minuti al fischio finale, la sua squadra del cuore ha subìto un goal ed è andata in serie B?

   Marco _____

6) Quale gesto fa Marco pur di non dire nulla a Carlo per non scoraggiarlo quando lui gli racconta che ha preso una cotta per Ilaria e che la vuole invitare a cena, invece Marco sa che lei se ne frega del suo amico e che addirittura gli sta antipatico?

   Marco _____

7) Quale gesto fa Marco quando, alla fine del trasloco della sorella e dopo aver fatto decine di volte undici piani a piedi, mancano solo due scatoloni per finire?

   Marco _____

8) Quale gesto fa Marco quando, dopo aver investito tutti i suoi risparmi in un'azienda quotata in borsa, il suo commercialista gli telefona per dirgli che l'azienda per il momento tiene ma che ha problemi e c'è il rischio di fallimento?

   Marco _____

17. FAR + VERBO ALL'INFINITO

I. ENTRIAMO IN TEMA!

I-1. Conosci le locuzioni contenute nella colonna A del riquadro? Come puoi notare sono tutte costruite con il verbo "fare" e servono per indicare l'effetto che causa sul parlante una data azione o un atteggiamento altrui. Con l'aiuto dell'insegnante e ricorrendo all'uso del dizionario, collega ogni locuzione con l'effetto a cui si riferisce.

A	B
1. Far venire il latte alle ginocchia	a. Abbattimento/noia
2. Far saltare la mosca al naso	b. Tristezza
3. Far cascare le braccia	c. Delusione/avvilimento
4. Far venire il magone	d. Sospetto
5. Far venire la pelle d'oca	e. Fame
6. Far venire l'acquolina in bocca	f. Paura/emozione
7. Far venire un colpo	g. Spavento

II. COMPLETIAMO!

II-1. Completa i seguenti dialoghi con la locuzione adeguata scegliendo tra le due opzioni possibili quella che ti sembra corretta.

1) A: Che te ne pare della nuova canzone di Claudio Baglioni?
   B: Bellissima! Tutte le volte che la sento mi emoziono, mi _____ Lo sai che ho un animo romantico.
       a. fa venire la pelle d'oca.
       b. fa venire l'acquolina in bocca.

2) A: Allora tutto a posto per la cena di stasera, viene anche Lucio.
   B: No, non me lo dire! Ma come ti è venuto in mente di invitarlo? Quel ragazzo mi _____ Sempre così triste, pallido...
       a. fa venire il magone.
       b. fa saltare la mosca al naso.

3) A: Ma hai sentito cosa si è messo in testa Lorenzo?
   B: Sì, ho sentito purtroppo... Quando mi ha detto che ha deciso di sposare quell'arrivista di Luciana mi _____ Quella pensa solo ai suoi soldi e lui è così ingenuo che non se ne rende conto.
       a. ha fatto cascare le braccia.
       b. ha fatto venire il latte alle ginocchia.

4) A: Sai che non so se ho chiuso il gas? Forse è meglio se torniamo indietro a controllare.
   B: Ma sei pazzo!? Tu un giorno o l'altro mi _____ .
       a. farai venire un colpo.
       b. farai saltare la mosca al naso.

5) A: Non ti è sembrato strano l'atteggiamento di Michele?
   B: Eh sì... Con tutte quelle scuse per non farci vedere i documenti dell'eredità del nonno mi _____ . Secondo me c'è qualcosa sotto, è meglio tenerlo d'occhio.
       a. ha fatto saltare la mosca al naso.
       b. ha fatto venire la pelle d'oca.

III. ORA TOCCA A TE!

Es.: Sei affamato e vedi un bel piatto di lasagne? → **Vedere un bel piatto di lasagne mi fa venire l'acquolina in bocca.**

1) Stai passeggiando per una via del centro di una grande città e vedi un barbone che dorme in strada? →
_____

2) Stai dormendo tranquillamente e all'improvviso senti squillare il telefono nel cuore della notte? →
_____

3) Dopo aver girato e rigirato la città, finalmente hai trovato la casa dei tuoi sogni, ma non sei riuscito a comprarla perché una persona ti ha anticipato all'ultimo momento? →
_____

4) Tuo suocero ti racconta per l'ennesima volta le sue esperienze di quando faceva il militare? →
_____

5) Non riesci a rintracciare la tua ragazza: ha il cellulare spento e nessuno sa dove è andata? →
_____

6) Per l'ennesima volta vedi il film "Titanic" e ti commuovi con la scena in cui, dopo che i due innamorati si sono scambiati un ultimo bacio, il protagonista maschile muore? →
_____

18. FACCIAMO IL PUNTO DELLA SITUAZIONE

I. COMPLETIAMO!

a. un giorno sì e l'altro anche	b. l'ho mandato a quel paese
c. è più fuori di un balcone	d. è un pallone gonfiato
e. ci è cascato come un pollo	f. maggiorenne e vaccinato
g. è da matti!	h. non c'era un cane

1) A: Cosa hai fatto quando Aurelio ti ha detto se ti pareva ora di ridargli i due euro che ti aveva prestato due anni fa?
   (B risponde ad A che si è arrabbiato di brutto e che ad Aurelio ha detto in malo modo che non lo voleva più vedere)
   B: Cosa ho fatto!? Ovviamente _____.

2) A: Allora ieri siete andati al concerto di Luigi Pinetto? Immagino che c'era il pienone, no?
   (B dice ad A che si sbaglia, che a teatro c'erano dieci persone, quasi tutte parenti di Pinetto)
   B: Ma che! Il teatro era vuoto, _____.

3) A: Enrico non tocca nessun oggetto a mani nude per paura dei batteri; pensa te che, quando citofona a casa mia, si mette i guanti.
   (B ritiene Enrico un grosso paranoico, completamente pazzo)
   B: Questo Enrico _____.

4) A: Davvero Giorgio, quando ha visto le occhiaie che avevi, ha creduto che, invece di essere stata in discoteca fino alle sei del mattino, fossi stata a casa a guardare la trilogia del "Signore degli anelli"!?
   (B conferma ridendo che Giorgio è così ingenuo che ha creduto alla sua bugia)
   B: Non ci crederai, ma Giorgio è un po' ingenuo. _____.

5) A: L'altro giorno non mi sono fermato a uno stop e un vigile mi ha visto; mi sa che questa volta mi tolgono la patente.
   (B rimprovera A e gli ricorda che ha già una certa età per fare certe cose e che devi prendersi le responsabilità delle sue azioni)
   B: E di che ti lamenti! _____.

6) A: Gianluca non lo sopporto più! Pensa di essere il migliore a giocare a calcio, un vero campione, ma poi non ha mai vinto niente!? Ma chi si crede di essere quello scemo?
   (B condivide l'opinione di A su Gianluca e lo ritiene un presuntuoso)
   B: Hai proprio ragione! Gianluca _____.

7) A: Basta! Non ce la faccio più! Mia suocera sta sempre a casa mia, giorno e notte! Mi sembra di aver sposato lei invece della figlia.
   (B dice che anche sua suocera è sempre a casa sua e che non trova il modo di levarsela dai piedi)
   B: Anche la mia sta da noi _____. Addirittura è lei che decide cosa si mangia!

8) A: Hai saputo che dal primo gennaio non potremo più fumare nel bar!?
   (B dice che una legge del genere è una cosa esagerata, che non è logica)
   B: L'ho saputo sì! Mi sembra giusto proibire il fumo negli uffici pubblici e nei posti di lavoro, ma al bar _____ !

II. ANDIAMO AL CINEMA!

II-1. "Rivincita di Natale"; 2004.

Regista: Pupi Avati. **Attori principali**: D. Abatantuono, A. Haber, G. Cavina, C. delle Piane, G. Eastman.
Contesto: Durante una cena, Renato e Franco ricordano una partita di poker tenutasi a Bologna la notte di Natale di quindici anni prima in cui Franco aveva perso molti soldi. Un ospite sente la conversazione.

Ospite: Non mi avevi detto del tuo passato di giocatore di azzardo!
Franco: Cosa vecchia, morta e sepolta.

• **A cosa si riferisce il binomio "morta e sepolta"? Quale funzione e significato ha questo binomio?**

II-2. "Pane e tulipani"; 2000.

Regista: Sivio Soldini. **Attori principali**: L. Maglietta, B. Ganz, M. Massironi.
Contesto: Rosalba, casalinga tradizionale e con due figli, è in gita con la famiglia e altri amici. Dopo una sosta all'autogrill, Rosalba arriva in ritardo e l'autobus riparte senza di lei; decide allora di fare l'autostop e sale in macchina con una donna dall'aspetto moderno e progressista, un po' hippy.

Donna: Fischi! Ti sei sposata giovane te!
Rosalba: Ventuno anni.
Donna: Io, a ventuno anni, era a Copenhagen a fare il mio secondo aborto. Certo, la mia vita sarebbe stata diversa; sarei una madre insopportabile, su questo non ci piove!

• **La donna usa nella sua seconda battuta una locuzione, sapresti dire qual è? Qual è il suo significato? E la sua funzione?**

II-3. "Vacanze di Natale 2000", 1999.

Regista: Enrico e Carlo Vanzina. **Attori principali**: C. de Sica, M. Boldi.
Contesto: Due famiglie passano le vacanze a Cortina. La moglie dell'avvocato Giovanni Covelli sta arredando la casa e, dopo molti tentativi, riesce a far venire un tappezziere romano che si fa chiamare "Er Cipolla". Ad un certo punto questo personaggio comincia a tossire e la moglie di Covelli si rivolge a Ettore Colombo, imprenditore bergamasco.

Moglie di Covelli: Coso, va in cucina e porta qualcosa da bere al Signor Cipolla!
Ettore, ospite maltrattato e poco rispettato: Io coso e lui il Signor Cipolla, ma in che mondo siamo!?

• **Quale valore ha il termine "coso"? Spregiativo o vezzeggiativo?**
• **Quale locuzione usa Ettore Colombo per esprimere dissenso e perplessità?**

Hai voluto la bicicletta...

LOCUZIONI IDIOMATICHE PRAGMATICHE

Le locuzioni idiomatiche pragmatiche sono forme che, come le locuzioni "centrali" (Sezione 1):

a) sono costruite su immagini o situazioni che ne facilitano la comprensione (es.: "Ma cos'è qui? Ci sono i pinguini?" = "Qui fa molto freddo"; immagine: i pinguini sono animali che vivono nella zona polare, dunque in un ambiente particolarmente freddo), oppure possiedono una forma letterale che aiuta a capire il loro significato idiomatico;

b) sono fisse sintatticamente e lessicalmente, anche se in certi casi alcune possono attivare dei costituenti lessicali liberi -X- (es.: "X dillo a tua sorella!" dove X può significare: "scemo"; "tirchio"; "idiota", ecc.) oppure accettare dei cambiamenti nella flessione verbale (es.: = "Ieri a casa di Giulio c'erano i pinguini" / "A casa di Giulio ci sono i pinguini, portati un maglione").

Le locuzioni idiomatiche pragmatiche si distinguono dalle locuzioni centrali per due caratteristiche principali:

a) per il loro significato pragmatico-situazionale, legato cioè a contesti comunicativi ben determinati, che ne spiegano e giustificano l'utilizzo; le locuzioni idiomatiche pragmatiche acquistano il loro significato soltanto nel discorso, non hanno cioè un significato lessicale autonomo come le locuzioni centrali;

b) per avere la funzione di replica, ossia di risposta, reazione in un contesto determinato a una battuta o situazione precedente.

1. CERCASI SIGNIFICATO NEL DISCORSO

I. ENTRIAMO IN TEMA!

I-1. Nei seguenti testi sono presenti alcune locuzioni idiomatiche pragmatiche. Leggi i brani e, con l'aiuto dell'insegnante, prova ad individuarle; discuti poi con i tuoi compagni sulla possibile origine del loro significato, basandoti sul contesto in cui vengono usate (ricorda che queste strutture sono caratterizzate dal loro significato situazionale o contestuale).

1) "C'è una frase che non ho mai potuto sopportare; un modo di dire che di solito si usa quando si incontra una persona particolarmente, insolitamente triste: "Che hai, ti è morto il gatto?". Vorrebbe essere una battuta scherzosa, ma è solo stupida. Oggi sono particolarmente, insolitamente triste; e se qualcuno osa dirmi quella frase idiota, io gli rispondo: "Sì, e tu sparisci prima che ti dia un cazzotto". È morto il mio gatto; me lo aspettavo, aveva 19 anni. Lo sapete quanti sono per un gatto? Un miracolo sono (...)".

(Adattato da Google: www.vigliero.com.animali.html. "Animali mai più" di Mitì Vigliero Lami)

Locuzione idiomatica pragmatica: _____

Significato e origine della locuzione: _____

2) "Perché i pantaloni ora si tengono sui polpacci. Non mi chiedete perché, non saprei rispondere. Prima, nemmeno troppo tempo fa, quando si vedeva un essere con i pantaloni leggermente più alti sul tallone ci si preparava a fare una battuta che ormai era diventata scontata quanto quella di Pippo Franco "Cos'hai, l'acqua in casa?". Se qualcuno non avesse capito la britannica ironia: quando si allaga il pavimento di un appartamento, ci si solleva i pantaloni per non bagnarli. (...)".

(Adattato da Google: www.elbasun.com./l'angolo della lettura/il pignolo/Diegopretini/1/3.htm.)

Locuzione idiomatica pragmatica: _____

Significato e origine della locuzione: _____

3) "Sorella, scusa, chiudi 'sta finestra che fa freddo, mica abitiamo al Colosseo". Lei mi guarda fiera e risponde "Bonjour Monsieur..." (...)".

(Adattato da Google: www.bloggers.it/indiano/ index.cfm?)

Locuzione idiomatica pragmatica: _____

Significato e origine della locuzione: _____

4) "Dal momento che non ho scritto 'giocondo' in fronte, non mi va di vedere persone che guadagnano quanto me viversi la loro vita tranquilli e sereni mentre io (...)"

(Adattato da Google: gilthas.iobloggo.com/ - 144k)

Locuzione idiomatica pragmatica: _____

Significato e origine della locuzione: _____

5) "Là da voi farà caldo ma a Milano ci sono i pinguini... I tetti sono bianchi e le signore indossano ancora le pellicce (...)"

(Adattato da Google: www.acrema.it/forum/viewthread. php?)

Locuzione idiomatica pragmatica: _____

Significato e origine della locuzione: _____

II. PARAFRASIAMO!

II-1. Ora ascolta e poi leggi ad alta voce i seguenti dialoghi. Sapresti individuare il significato pragmatico e le intenzioni comunicative delle locuzioni evidenziate in neretto? Per ogni locuzione idiomatica pragmatica, scegli la parafrasi corretta tra le due opzioni possibili.

1) A: Sono disperato, mi hanno fregato la mia Alfa156 nuova di zecca; che sfiga!
   B: Non è niente, dai, **pensa alla salute**! C'è di peggio. E poi hai l'assicurazione, no?

   a) Non stai tanto bene, ti vedo un po' pallido; dovresti curare di più la salute.
   b) È solo una macchina! Nella vita ci sono cose più importanti di cui preoccuparsi.

2) A: Accidenti! **Che c'hai, la coda!?** Perché non chiudi mai la porta quando entri!
   B: Scusa, è che vado sempre di fretta.

   a) Cos'è quella coda? Sei un cane!?
   b) Ma lo sai o no che le porte si chiudono quando uno entra in una stanza!?

3) A: Hai visto i miei nuovi pantaloni? Belli, non trovi?
   B: **Ma hai l'acqua in casa?** Mi sa che la sarta ha esagerato un po' con l'orlo.

   a) Ti si è rotto un rubinetto?
   b) I pantaloni ti stanno corti!

4) A: Ieri ho conosciuto Andrea ed è stato un colpo di fulmine! Abbiamo passato una serata bellissima... Peccato che è sposato... Ma non si sa mai, magari lascia la moglie e il lavoro e scappiamo insieme, noi due soli su un'isola deserta...
   B: Mi sa che **tu hai visto troppi film!** Se fossi in te, io non mi illuderei tanto.

   a) Sei una grande appassionata di cinema.
   b) Tu sogni, bella! Ritorna sulla terra, dai!

5) A: Oggi andiamo tutti a mangiare in trattoria e paghi te. Che ne dici?
   B: Eh sì! Mi ha preso per scemo!? Mica **c'ho scritto Giocondo in fronte!?**

   a) Credi che io sia un imbecille, un ingenuo!? Io il conto per tutti non lo pago!
   b) Non pensi che io preferisca una maglietta con su scritto "giocondo"?

6) A: Non vedo, non è che ti puoi spostare un po'?
   B: Perché?
   A: Non sei mica **il figlio di un vetraio!**

   a) Non ci vedo perché mi stai davanti e non sei trasparente!
   b) Tuo padre non fa il vetraio, ma è ragioniere.

7) A: Ecco, sono pronto! Allora vado!
   B: Va bene, ci vediamo più tardi. Ah, guarda che **hai la bottega aperta!**

   a) Hai dimenticato di chiudere la cerniera dei pantaloni.
   b) Hai dimenticato di chiudere il negozio.

8) A: E questa sarebbe la tua nuova casa? Ma come fai a vivere qui!? **Ci sono i pinguini!**
   B: No, è che quando vado via, preferisco spegnere il riscaldamento.

   a) Ti occupi di allevare pinguini!
   b) Qui si gela!

9) A: Cosa ne pensi della nuova fiamma di Roberto? L'hai conosciuta? Bella?
   B: Ti prego, non mi fare domande, preferisco non dire nulla. **Bocca mia, taci!**

   a) Non mi far dire cose sgradevoli, è meglio che stia zitto!
   b) La mia bocca oggi non può parlare perché mi fa male un dente.

10) A: Finisco di asciugarmi i capelli, mi tolgo i bigodini e arrivo.

    B: Sì, **ma fai una cosa di giorno!** Il treno parte tra quaranta minuti e mica ci aspetta.

    a) Fai questa cosa prima che faccia buio!

    b) Fai in fretta perché il tempo stringe!

11) A: Ieri sono uscito con degli amici e, tra una chiacchiera e l'altra, ci siamo bevuti cinque bottiglie di gin.

    B: Ma scusa, **tu ci fai o ci sei!?** Lo sai benissimo che con i medicinali che prendi non dovresti bere neanche una birra.

    a) Tu sei alcolizzato o fai l'alcolizzato!?

    b) Ma sei impazzito! Lo sai che non puoi bere alcolici.

12) A: Lo so che avevamo detto di limitare le spese, ma ho visto una borsa di Armani bellissima. Che dici se la prendo? Ti prometto che poi non comprerò più nulla fino ai saldi!

    B: Se proprio ti piace così tanto… **Crepi l'avarizia!** Non so perché, ma tu riesci sempre a convincermi!

    a) Anche se è una spesa un po' eccessiva, non pensiamo ai soldi! Niente tirchieria!

    b) Ma tu sei pazza! Dobbiamo risparmiare! Se continuiamo a spendere così tanto moriremo di fame!

13) A: Ho parlato con Sofia e le ho detto queste testuali parole: "La tua casa fa veramente schifo! Quand'è che ti decidi a fare le pulizie?".

    B: Però, **evviva la sincerità!** Tu dici sempre così chiaramente tutto quello che pensi?

    a) Bisogna essere sempre sinceri!

    b) Certo che tu le cose le dici in faccia senza usare mezzi termini!

14) A: Ma cos'hai? Perché fai quella faccia? **Ti è morto il gatto?**

    B: No, non è niente. Sono solo un po' stanco.

    a) Ti è morto il tuo caro gatto Fuffo?

    b) Perché sei così giù, così triste?

III. LETTERALE O IDIOMATICO

III-1. Ora leggi i seguenti testi e indica se le forme evidenziate in neretto hanno un significato letterale (L) o idiomatico (I); aiutandoti con il contesto in cui vengono usate, cerca poi di spiegare la tua scelta analizzando i significati di entrambe le forme evidenziate.

1) A: "Giovanni Ricordi, **figlio di un vetraio**, si dedica allo studio del violino e diventa primo violino e direttore d'orchestra di un piccolo teatro (…)".

    (Testo adattato da Google: www.ricordi.it/storia/protagonisti/ricordi/ricordi.htm)

    B:"Uè, senti, io davanti a quella benedetta U3-03 ci sarò passata almeno 10 volte, ma mica t'ho visto!... Mmmmmmmmmmmm... **sarai mica figlio di un vetraio??????**".

    (Testo adattato da Google: www.studentibicocca.it/portale/forum/06/05/2003)

2) A: "(…) p.s: **Ti è morto il gatto?** Ti è morta tua suocera? Non ne puoi più dei vicini? Affitta per una canticchiata al funerale dei tuoi cari Elton John. Ogni trenta funerali in omaggio un duetto con Sting".

    (Testo adattato da Google: http://home.intercom.it/ThomasUfo/Home Page)

    B: "Livorno Bianchi batte il calcio di inizio e serve la palla verso Suazo, il quale la ferma con i piedi e si ferma con mani giunte. Il solito rituale che viene osservato quando le partite vengono precedute da un minuto di raccoglimento. Soltanto che questa volta non c'era assolutamente niente da commemorare (…). **David, ti è morto il gatto?**", hanno chiesto divertiti i compagni di squadra dell'attaccante (…)".

    (Testo adattato da Google: http://guide.supereva.it/cagliaricalcio/interventi/2004/03. Domenico Corraine)

3) A: "Nivea **pensa alla salute** e alla bellezza del tuo corpo".

(Testo adattato da Google: http://www.vostraitalia.it/lins sponsorizzati/ricerca/salutebenessere)

B: "Io non ce l'ho e mi fa schifo... preferisco tutta la vita la L'X5 BMW! Comunque Sugar non ti affliggere per la mancanza di un bene materiale **ma pensa alla salute** che con o senza soldi è la cosa più importante di tutte!!!! C'è chi può e chi non può..."

(Testo adattato da Google: http://www.promostandgroup.com/bananassport/forum/19/5/2003)

4) A: "L'uomo che esce di casa con la bottega aperta, passa una giornata in cui viene accuratamente evitato: al caffè lo servono subito, in autobus le persone non si accalcano vicino a lui, sul marciapiede le persone gli fanno spazio. Alla fine l'ometto, ignaro, si domanderà come mai ha passato una giornata così confortevole: **aveva la bottega aperta.**"

(Testo adattato da Google: www.ewriters.it/leggi.asp?Racconto=F9765.txt)

B: "Io ve l'ho detto, - continuò la bidella. – Se volete la legna per la stufa sapete dove sta. Per mangiare, basta andare da Venanzio che stamattina ho visto che **aveva la bottega aperta**. Per dormire ci sono ancora i materassi dei tedeschi e le coperte. Io vi porterei anche a casa mia, ma non saprei dove mettervi."

(Testo adattato da Google: www.ngm.it/racconti/san_Valentino.htm)

5) A: "Ha ragione mia madre quando mi dice che ho le tasche bucate ma io sono fatto così e quando le dico che nella vita farò il cantautore mi risponde **hai visto troppi film**".

(Testo adattato da Google: www.gianfilippoboni.com/testisx.html?)

B: "La colonna sonora più bella di tutti tempi? Difficile dirlo... soprattutto quando **hai visto troppi film**... quella che mi ha colpito è la musica di "Rain man" ... divina... ma se dovessi pensarci bene ne direi almeno altre tre"

(Testo adattato da Google: forum.musicsite.it/viewtopic.php?p=146748)

IV. A CIASCUNO IL SUO!

IV-1. Le locuzioni idiomatiche pragmatiche viste in questa unità presentano il massimo grado di idiomaticità. Per ognuna di esse è però possibile individuare un'espressione equivalente in cui il significato è più letterale e trasparente.
Unisci ogni locuzione con il corrispondente meno idiomatico come nell'esempio.

Es.:   Bocca mia, taci! = Non voglio parlare...!

1. Pensa alla salute!	a. Chiudi la porta!
2. Hai la coda!?	b. Per una volta, spese folli!
3. Hai visto troppi film!	c. Non sono mica scemo, sai!
4. Ho scritto Giocondo in fronte!?	d. C'è di peggio!
5. Non sei mica figlio di un vetraio!	e. Sei scemo davvero o fai solo finta!?
6. Fai una cosa di giorno!	f. Non sei trasparente! Togliti di mezzo
7. Ci sei o ci fai!?	g. Come mai quella faccia da funerale!?
8. Crepi l'avarizia!	h. Tu sogni! Torna sulla terra, caro!
9. Ti è morto il gatto!?	i. Fa un freddo cane!
10. Qui ci sono i pinguini!	j. Sbrigati! Datti una smossa!

V. ORA TOCCA A TE!

V-1.   In base alla situazione comunicativa indicata, scrivi la tua replica o reazione usando la locuzione idiomatica pragmatica adeguata tra quelle viste negli esercizi precedenti.

1) Sei con un tuo amico al bar; tu hai voglia di chiacchierare, ma lui se ne sta lì con l'espressione triste e non apre bocca da un'ora:

Replica: _____

2) La tua fidanzata dice in faccia a tua madre e senza usare mezzi termini che le sue penne alle vongole non le piacciono proprio; tu le fai notare che ognuno ha diritto ad esprimere la propria opinione, ma avrebbe potuto essere un po' più delicata:

Replica: _____

3) Un collega entra nel tuo ufficio per parlarti di un progetto, ma non chiude la porta:

Replica: _____

4) Tua moglie è andata al mercato per risparmiare un po', ma quando torna a casa ti dice che ha comprato due aragoste e un chilo di scampi e ha speso 150 euro; tu le fai notare che avrebbe dovuto risparmiare, ma comunque per una volta non è grave:

Replica: _____

5) Sei fermo in macchina a un incrocio e all'improvviso vedi tuo figlio sfrecciare a più di ottanta chilometri all'ora con il motorino che gli hai appena comprato; appena torna a casa, lo rimproveri arrabbiato dicendogli che deve essere impazzito per andare a quella velocità:

Replica: _____

6) Stai rientrando a casa e sul pianerottolo incontri il tuo vicino di casa; lo saluti e gli chiedi come sta e lui, con aria afflitta, ti racconta di essere molto triste perché la sua fidanzata lo ha lasciato. Tu cerchi di tirarlo su dicendogli che troverà presto una nuova ragazza e che nella vita ci sono cose peggiori di cui preoccuparsi:

Replica: _____

7) Sei al cinema e un omaccione di due metri, seduto proprio davanti a te, ti copre tutto lo schermo; gli chiedi gentilmente di spostarsi un po' ma lui ti risponde scortese che quello è il suo posto e non vede perché si dovrebbe spostare; tu gli rispondi arrabbiato che ti sta proprio davanti e non riesci a vedere nulla:

Replica: _____

8) Hai chiesto a un tuo collaboratore di inviare delle lettere, ma lui ci mette due ore per attaccare tre francobolli; invitalo ad essere un po' più veloce:

Replica: _____

9) Tuo cognato ti dice che lui, nonostante l'età, ancora fa girare la testa a molte donne e che l'uomo maturo ha sempre un certo fascino e ti fa l'esempio di Sean Connery o di Richard Gere; tu gli rispondi che forse si sta illudendo un po', e che lui non è un divo del cinema:

Replica: _____

10) Marco, di famiglia benestante, ti viene a dire che lui ha i soldi perché ha lavorato come un mulo fin da piccolo. Tu, molto educatamente, credi sia meglio non rispondere, anche se vorresti farlo per mettere le cose in chiaro:

Replica: _____

11) Incontri un tuo amico per la strada e subito noti che ha i pantaloni troppo corti:

Replica: _____

12) Tuo nonno sta per andare al circolo e viene a salutarti; tu gli fai notare che ha dimenticato di chiudere la cerniera dei pantaloni:

Replica: _____

13) Entri in un bar dove tengono l'aria condizionata al massimo; chiedi al barista come mai faccia tanto freddo:
Replica: _____

V-2. Quale di queste unità sono sinonime? Pensa all'immagine o alla situazione a cui rimanda il loro significato letterale non idiomatico.

a. Hai l'acqua in casa!?	b. Hai la coda!?	c. Abiti al Colosseo!?
d. Hai litigato con l'idraulico!?	e. Sei nato in barca!?	f. Ti si è allagata casa!?

2. TE LO DICO CHIARO E TONDO!

I. ENTRIAMO IN TEMA!

I-1. In una conversazione usiamo a volte alcune locuzioni idiomatiche pragmatiche per rifiutare totalmente o parzialmente un intervento o un'azione compiuta dal nostro interlocutore. Come indica M. Berretta (1984), possiamo replicare al nostro interlocutore criticandolo o rimproverandolo per:
a) il suo modo di parlare (espressione non fluida, mancanza di chiarezza, vocabolario volgare)
b) il suo atteggiamento (mancato rispetto dei ruoli sociali e delle norme di buona educazione)
c) il contenuto o il tema del suo intervento (vantarsi, lusingare, annoiare, dire qualcosa che non avrebbe dovuto dire, ecc.)
d) il mancato rispetto delle regole essenziali della conversazione (non rispondere, non rispettare il turno di parola, ecc.).
Ascolta e poi leggi ad alta voce i seguenti dialoghi. In ognuno di essi, l'interlocutore B usa una locuzione idiomatica pragmatica, evidenziata in neretto, per replicare all'intervento di A. Cosa critica o rimprovera B all'interlocutore A? Rispondi scegliendo tra le quattro opzioni elencate sopra.

1) A: Ti ho detto che offrivo io, ma ho dimenticato il portafoglio a casa, mi dispiace, sai.
   B: **Ma per chi mi hai preso!?** Non sono mica scemo, io! Vai a prenderlo, furbacchione!

2) A: Allora ci andrai alla partita domenica?
   B: ...
   A: **Ma ti ha mangiato la lingua il gatto!?** Di' qualcosa, parla, rispondi almeno sì o no.

3) A: Ai sensi della deliberazione si rende noto che il fascicolo di bilancio...
   B: Ma di cosa stai parlando!? Non ho capito una parola! **Ma parla come mangi!?**

4) A: Mamma, perché non mi fai andare con gli amici al bowling?
   B: Ma allora, **come te lo devo dire, in cinese!?** Non insistere, lo sai che sei in punizione e basta! Oggi non esci!

5) A: Ieri ho conosciuto un ragazzo carino, mi ha chiesto di uscire, ma gli ho detto di no... Per me non è abbastanza, io merito qualcosa di meglio.
   B: Lo vuoi un consiglio: **vola basso!** E poi, diciamo le cose come stanno, te non sei mica la Cucinotta.

6) A: Quel fottuto mi ha proprio rotto; se lo becco gli spacco la faccia...
   B: Ma cosa dici!? Sei impazzito!? **Parli come uno scaricatore di porto!**

7) A: Ho detto a tuo fratello che andavamo a passare il fine settimana in montagna e lui ha risposto che, se non deve lavorare, viene con noi.

B: Cavolo! **Ti si possa seccare la lingua!** Chi lo sopporta un fine settimana intero con quello!

I-2. Ti elenchiamo ora altre locuzioni che hanno un significato uguale o simile a quelle viste nell'esercizio I-1, ma una struttura meno idiomatica. Per ogni espressione indicata, scrivi la locuzione idiomatica pragmatica sinonima, scegliendo tra quelle presentate nell'esercizio I-1.

a) Stai attento a come parli!:

_____

b) Dillo in parole semplici:

_____

c) In che lingua te lo devo dire per fartelo capire!?:

_____

d) Sei muto!?:

_____

e) Con chi credi di parlare!?:

_____

f) Ma chi cavolo ti credi di essere!?:

_____

g) Ma io dico, non puoi stare zitto almeno una volta!?:

_____

II. A ciascuno il suo!

II-1. Ricostruisci i dialoghi seguenti rispondendo alle battute della colonna A con la replica adeguata della colonna B, introdotta dalla locuzione idiomatica pragmatica corretta (Attenzione: la replica è formata da una locuzione idiomatica unita a una battuta della colonna B).

A	Locuzioni	B
1. Mamma, perché non mi fai vedere quel film?	a. Un che? **Ma parla come mangi!**	a. Secondo me certe volte, quando parli, non capisci nemmeno tu quello che dici.
2. Ho detto a Carlo che hai venduto il motorino.	b. **Te lo devo dire in cinese!?**	b. Te l'ho ripetuto cento volte: non è un film adatto ai bambini!
3. Dai, dimmi tutto, con chi esce Roberto?	c. **Ma per chi mi hai preso!?**	c. Mica sono un pettegolo, io!
4. Io di Carlo non mi fido proprio, mi pare un lestofante emblematico	d. Ma come glielo hai detto!? **Ti si possa seccare la lingua!**	d. L'altro giorno mi ha chiesto quanto volevo e io gli ho detto che non lo vendevo. Chissà ora cosa penserà!?

III. Ora tocca a te!

III-1. In base alle situazioni descritte, replica usando la locuzione idiomatica pragmatica adeguata scegliendo tra quelle viste nell'esercizio I-1 e II-1. Cosa diresti a...?

1) Ai tuoi genitori i quali, dopo aver sentito dire che da qualche giorno esci con una ragazza nuova, cominciano a farti un sacco di domande su di lei:

Replica: _____

2) A tuo suocero Gianni che, mentre state guardando una partita di calcio a San Siro, mitico stadio milanese, inizia a dire parolacce all'arbitro quando questo fischia un rigore:

Replica: _____

3) A Marco che non vuol capire che non hai nessuna intenzione di prestargli la play station e continua a chiedertela ogni volta che ti vede:

Replica: _____

4) Ad Alessandro che, mentre siete al bar insieme a un gruppo di amici, sta in silenzio da un'ora e non partecipa alla conversazione:

Replica: _____

5) Al portiere di casa tua che crede che sia stato tu a gettare il sacchetto dell'immondizia in mezzo alla strada e ti insulta dicendoti che sei un incivile e un gran maleducato:

Replica: _____

6) Al tuo amico biologo che, per dirti ogni quanti giorni devi annaffiare le piante di tua suocera che è andata in vacanza, inizia a parlarti di cariofillacee, aspersule, asfodeli, ecc.:

Replica: _____

7) A un tuo collega di lavoro molto presuntuoso, convinto che presto avrà una promozione perché è il migliore della ditta:

Replica: _____

3. DETTO FATTO...

I. Entriamo in tema!

 I-1. In questa unità ti presentiamo delle locuzioni idiomatiche pragmatiche il cui uso frequente ne ha "fossilizzato", ossia fissato, il significato, rendendolo più esplicito e più vicino al valore letterale. Ascolta e poi leggi ad alta voce i seguenti dialoghi; sono in neretto le locuzioni idiomatiche pragmatiche su cui lavoreremo in questa unità.

1) A: Oggi a pranzo mi sono fatto una bella grigliata di pesce: seppie, calamari e scampi. Che mangiata!
   B: Però! Tu che sì che **ti tratti bene** eh! Non c'è che dire.

2) A: Ieri ho rivisto "Un americano a Roma" con Alberto Sordi; che mito Albertone! Peccato che sia morto, era davvero un grande!
   B: Morto? Ma davvero? E quando?
   A: Come quando!? **Ma tu da dove vieni!?** Non li leggi i giornali!?

3) A: Ormai sono dieci anni che siamo sposati.
   B: Eh già… Come passa il tempo! **Sembra ieri** che ci siamo conosciuti…

4) A: Il fratello della mia fidanzata è proprio sfigato: ha sempre avuto il terrore di volare e quando finalmente si è convinto a prendere l'aereo per andare a Parigi, il pilota è stato costretto a fare un atterraggio di emergenza! Si è preso una paura!
   B: Me lo immagino! Comunque **è la vita…** Si sa che queste cose possono succedere.

5) A: Franceschino, a quarant'anni, ha trovato l'anima gemella e finalmente si sposa.
   B: **Era ora!** Papà e mamma saranno contenti… chi lo sopportava più quello in casa!

6) A: Ciao Carlo, che bella sorpresa! **Come mai da queste parti?**
   B: Niente, ho visto la luce accesa e mi sono detto: dai, facciamo un salto da Piero che è da un bel po' che non lo vedo.

7) A: Laura mi ha detto che mi avrebbe chiamato per andare stasera al cinema, ma sono già le otto e ancora non si è fatta viva.
   B: Laura? **Aspetta e spera!** Fossi in te non ci conterei troppo! Non lo sai che è famosa per non rispettare mai gli appuntamenti!?

8) A: La prossima volta che mi rispondi con quel tono, non so cosa ti faccio!
   B: Sì, sì. **Guarda come tremo!** Le tue minacce non mi spaventano!

9) A: Tesoro, non è che mi porteresti un bicchiere d'acqua? Giuro che è l'ultima volta che ti chiedo qualcosa, poi ti lascio guardare la partita in pace.
   B: **Detto fatto.** Anzi, eccoti qua tutta la bottiglia. Ma ora, per favore, fammi guardare la partita.

I-2. **Abbina ciascuna delle seguenti espressioni a quella di significato corrispondente scegliendo tra le locuzioni idiomatiche pragmatiche viste nell'esercizio I-1.**

a) Tu sì che non ti fai mancare nulla!
b) Che paura mi fai!
c) Sono cose che capitano…
d) Finalmente!
e) Che ci fai tu qui!? Non mi aspettavo di vederti.

f) Basta chiedere…
g) Ma dove vivi tu!?
h) Sarà difficile che succeda…
i) Come passa il tempo…

II. A CIASCUNO IL SUO!

II-1. **Unisci le battute della colonna A con quelle della colonna B usando la locuzione idiomatica pragmatica adeguata.**

A	Locuzione idiomatica pragmatica	B
1. Stamattina ho trovato in un cassetto delle vecchie foto delle estati passate in Versilia. I falò sulla spiaggia, il bagno di mezzanotte… Ti ricordi?	a. **Tu sì che ti tratti bene!**	a. Sono mesi che per legge c'è il divieto di fumo in tutti i locali pubblici!
2. Il dott. Massala, a causa dello stress e delle ore trascorse chiuso in laboratorio, è stato ricoverato per un esaurimento nervoso.	b. **Ma tu da dove vieni!?**	b. Che vita che fai! Potessi farla io!
3. Il mio oroscopo dice che presto avrò una storia d'amore indimenticabile.	c. **Detto fatto!**	c. Eccoti le chiavi. Ma riportamela per le nove, ho un appuntamento.

A	Locuzione idiomatica pragmatica	B
4. Giulio mi ha promesso che entro gennaio fisseremo la data delle nozze!	d. Davvero!? **Guarda come tremo!**	d. Ha specificato gennaio di quale anno!? Ma ancora non lo hai capito che quello non ha nessuna intenzione di sposarsi!?
5. Per questa volta ti lascio andare, ma se osi di nuovo mancarmi di rispetto, te ne farò pentire!	e. E che ci vuoi fare!? **È la vita...**	e. Bello mio, ancora non hai capito che a me le tue minacce non mi fanno paura.
6. La settimana prossima una crociera, poi a fine mese una settimana bianca a Cortina e, quando rientro, organizzo per le Maldive!	f. **Era ora!**	f. La cosa non mi sorprende, c'era da aspettarselo. Ritmi di lavoro come i suoi non si possono reggere a lungo!
7. Vuoi che ti presti la cabriolet?	g. **Aspetta e spera!!**	g. È da tre anni che non esci con qualcuno per più di una settimana!
8. Giacomo! Ma sei proprio tu! Ma non ti eri trasferito a Berlino?	h. Come no!? **Sembra ieri!**	h. Paolo! Eh sì, sono proprio io! È da un pezzo che non ci si vede, eh!? Sì sto a Berlino, ma sono venuto a trovare mia sorella.
9. Ieri sono entrato in un bar e, mentre prendevo il caffè, mi sono acceso una sigaretta. Subito è arrivato il barista a chiedermi di spegnerla. Ma da quando non si può più fumare?	i. **Che ci fai da queste parti?**	i. E pensare che sono passati più di vent'anni! Come vola il tempo...

III. ORA TOCCA A TE!

III-1. Quale locuzione idiomatica pragmatica userebbe ogni personaggio nelle situazioni indicate di seguito? Scrivi la battuta di ognuno dei membri della famiglia, usando la locuzione idiomatica pragmatica adeguata tra quelle presentate in questa unità.

Una domenica qualunque in casa Mussilli all'ora di pranzo:

Es.:
Il padre si ricorda bene di quando sua nonna faceva la pasta fatta in casa
Padre: Ah, **sembra ieri** quando la nonna faceva la pasta fatta in casa, quella sì che era pasta!

1) Enrico dice al fratello, in attesa di notizie per un lavoro, di non sperarci troppo, perché la ditta dove ha fatto il colloquio è in crisi ed è difficile che assuma qualcuno in questo momento:

Enrico: _____

2) La nuora maligna consola ironicamente la suocera perché l'arrosto si è bruciato, dicendole che può succedere, che sono cose che capitano:

Nuora: _____

3) Il padre affamato, quando finalmente arriva la pasta fumante in tavola, esclama:

Padre: _____

4) La suocera, stupita del fatto che la nuora abbia deciso di venire a pranzo da loro, le chiede:

Suocera: _____

5) Enrico dice al padre che lui sì che fa una bella vita perché ogni domenica mangia la pasta al forno:

Enrico: _____

6) Alberto, che è andato a prendere il formaggio su richiesta di Enrico, mentre torna a tavola esclama:

Alberto: _____

7) La mamma, stupita del fatto che la nuora non sa che la vera carbonara non si fa con la panna, le dice:

Mamma: _____

8) Enrico risponde alla moglie che non ha paura delle sue minacce di lasciarlo se continua a ingrassare:

Enrico: _____

4. E TI PARE POCO!?

I. Entriamo in tema!

I-1. In questa unità studieremo delle nuove locuzioni idiomatiche pragmatiche della stessa tipologia di quelle viste nell'unità precedente, caratterizzate cioè da un uso frequente che ha fatto sì che il loro significato si sia "fissato", fossilizzato, avvicinandosi a quello letterale. Ascolta e poi leggi ad alta voce il seguente dialogo, facendo attenzione alle locuzioni idiomatiche pragmatiche in neretto.

Giulio, Antonio e Laura sono amici da anni e frequentano lo stesso corso di laurea in Lingue Straniere all'università "La Sapienza" di Roma. Un giorno si incontrano nei corridoi della facoltà:

Giulio: Ah, eccoti! È da un'ora che ti cerco, ma dove ti eri cacciato? Marco ci sta aspettando, sbrighiamoci!
Antonio: Aspetta, stai calmo! **Ma che fretta c'è!?** Lo sai che Marco è sempre in ritardo…
Giulio: Sei sempre il solito! Tu non cambi mai, eh!? Lo sapevo che era meglio non mettermi in gruppo con te per la ricerca di storia; **ma chi me l'avrà fatto fare!?**
Antonio: Ma dai, smettila! Pensi sempre e solo allo studio! Cerca di rilassarti un po', **si vive una volta sola!** Ah guarda, c'è Laura! Ehi, Laura!
Laura: Ciao ragazzi! Come va?
Giulio: Insomma… Sono alle prese con questo scansafatiche di Antonio, che non ha voglia di fare niente e continua ad inventare scuse pur di non studiare. E Marco è da un'ora che ci sta aspettando in biblioteca!
Antonio: Che esagerato che sei! Per un po' di ritardo… E poi sarà meno di mezz'ora che aspetta.
Giulio: **E ti pare poco!?** Lasciamo stare va', che è meglio. E tu Laura che ci fai da queste parti? Hai lezione anche oggi?
Laura: No, non ho lezione, ma sono venuta a fare l'esame di tedesco.
Antonio: Ah, era oggi? **Buono a sapersi.** Devo parlare con il professore, ora vado a vedere se è ancora nel suo ufficio. E come ti è andato l'esame?
Laura: Insomma… Ho preso un ventitre. Ma devo ammettere che avevo studiato poco e poi ero molto nervosa.
Antonio: Un ventitre **è già qualcosa!** Fossi in te, mi accontenterei.
Laura: E a te come è andato l'esame di inglese?
Antonio: Lasciamo stare… Meglio cambiare argomento.

Laura: Male?

Antonio: **Non male, peggio!** Bocciato!

Laura: Mi dispiace! Certo che quell'esame è davvero difficile.

Antonio: Difficile? Io direi impossibile. Comunque ho deciso di cambiare materia: lascio l'inglese e mi metto a studiare il finlandese.

Laura: Il finlandese!? Tu sei tutto matto! Comunque, **contento te, contenti tutti!** L'importante è far qualcosa che ti piaccia. E tu Giulio, che racconti? Come è andato l'appuntamento con la sorella di Luigi? Non mi hai raccontato nulla...

Giulio: Non me la nominare nemmeno quella! Non ho mai conosciuto un ragazza più noiosa, tutta la serata a parlarmi della sua passione per il ricamo!

Laura: Per il ricamo!? Ma dai, davvero!? Così quando vi sposerete dormirai tra delle bellissime lenzuola ricamate a mano! *(Antonio e Laura scoppiano a ridere)*

Giulio: **C'è poco da ridere!** E il bello è che continua a telefonarmi per uscire di nuovo insieme!

Antonio: Tu sì che sei un gran seduttore! Non c'è donna che ti resista!

Giulio: Eh già! **Si fa quel che si può!** Non è da tutti conquistare una ricamatrice!

Laura: Ragazzi, che ne dite di andare al bar? Vi offro un caffè.

Giulio: Grazie per l'invito, ma Antonio ed io dobbiamo andare subito in biblioteca, c'è sempre il povero Marco che ci aspetta! Il caffè, **sarà per un'altra volta**. Ci vediamo, ciao!

Laura: Ciao!

II. COMPLETIAMO!

II-1. Completa i seguenti dialoghi inserendo la locuzione idiomatica pragmatica opportuna tra quelle contenute nel riquadro; per aiutarti, ti indichiamo il significato delle locuzioni che devi usare nella parafrasi tra parentesi.

a. Si vive una volta sola!	b. Si fa quel che si può	c. E ti pare poco!?
d. Sarà per un'altra volta		e. Ma chi me l'avrà fatto fare!?

1) A: Quest'estate prima andiamo una settimana in Sardegna poi qualche giorno al lago e, per finire in bellezza, dieci giorni a Parigi!

   B: Però... mica male!

   A: Ma certo, tanto _____ *(la vita è una sola e vale la pena godersela)*

2) A: Ti va di andare al bar, ci prendiamo un caffè e facciamo due chiacchiere.

   B: Mi dispiace ma oggi non posso proprio, ho un appuntamento tra cinque minuti, _____
   (rimandiamo a un altro giorno in futuro)

3) Cos'hai? Che brutta faccia! Sembri a pezzi.

   B: Ho un mal di schiena! Dieci ore a raccogliere le arance nell'orto del nonno! _____
   (ora mi chiedo perché ho accettato di farlo)

4) A: Oggi sei stato in gamba: le penne rigate "alla chicca" erano squisite. Sei proprio un ottimo cuoco.

   B: _____ *(mi sono impegnato e cercato di far del mio meglio)*; sai, in fondo la cucina è questione di fantasia.

5) A: Sai, con la mia nuova religione mi sento un altro, un uomo migliore, più felice. L'unico problema è che non posso vedere la mia famiglia più di una volta ogni due mesi.

   B: _____ *(non mi sembra un problema di poco conto)*. Chi sono loro per dirti ogni quanto tempo puoi vedere la tua famiglia!? Io, al posto tuo, starei attento a queste sette; possono essere pericolose.

III. RICOMPONIAMO!

III-1. Per ognuno dei seguenti dialoghi, ricostruisci la locuzione idiomatica pragmatica mettendo nell'ordine giusto i costituenti in neretto.

1) A: Stamattina sono scivolato davanti al bar e tutti là a prendermi in giro, cantando in coro: "Sceeeemo... sceeeemo...."
   B: Davvero!? Peccato che non c'ero, sai che risate!
   A: **poco / c'è / da / ridere**! Mi potevo anche rompere la testa.

2) A: Ma ancora sei in pigiama!? Preparati che tra poco arrivano gli ospiti; su, datti una mossa!
   B: **c'è / ma / fretta / che**!? Sono solo le undici e come al solito arriveranno in ritardo.

3) A: Domani iniziano i saldi!
   B: **sapersi / buono / a** /! Ho giusto due o tre cosine da comprare.

4) A: Dopo essermi laureato in Economia e Commercio con il massimo dei voti, mi hanno offerto un posto da cassiere in banca.
   B: Bene, **è / qualcosa / già**, anzi, con i tempi che corrono, diciamo che hai avuto un bella fortuna a trovare subito un lavoro.

6) A: Lo sai che mi sono comprato quella vecchia Maserati per 25.000 euro!
   B: Davvero!? **te / tutti / contenti / contento**! Comunque io non l'avrei pagata così tanto.

7) A: Come si è comportato il tuo nuovo fidanzato a cena con i tuoi genitori? Male?
   B: **non / peggio / , / male!** Vedessi come ruttava! E che vergogna quanto si è tolto le scarpe e aveva addirittura i calzini bucati!

IV. ORA TOCCA A TE!

IV-1. A partire dalle seguenti situazioni comunicative, costruisci dei dialoghi tra i parlanti indicati usando la locuzione idiomatica pragmatica contenuta tra parentesi.

1) Anna dice alla sorella che ha due biglietti per uno spettacolo teatrale e la invita ad andare con lei; Maria risponde che non può perché purtroppo ha un altro impegno (*sarà per un'altra volta!*):

   Anna: _____

   Maria: _____

2) La madre di Massimo lo rimprovera per aver comprato la nuova Alfa GT, perché è un'automobile molto cara e gli dice che avrebbe dovuto accontentarsi di una macchina più piccola e meno costosa; Massimo le risponde che la desiderava da tanto tempo e che la vita bisogna godersela (*si vive una volta sola!*):

   Madre: _____

   Massimo: _____

3) Luigi ha appena finito una partita con il suo amico Giacomo, il quale gli dice che, nonostante l'età, se la cava ancora bene a giocare a tennis; Luigi lo ringrazia per il complimento e gli dice che lui cerca sempre di fare del suo meglio (*si fa quel che si può!*):

   Giacomo: _____

   Luigi: _____

4) Antonio torna a casa e, tutto orgoglioso, annuncia alla moglie che è stato eletto di nuovo amministratore del loro condominio; la moglie risponde che non le sembra una bella notizia, ma che l'importante è che faccia piacere a lui *(contento te, contenti tutti)*:

Antonio: _____

Moglie: _____

5) Anna Telefona al suo fidanzato Marco e gli dice di aver trovato un'offerta speciale per le loro vacanze estive: una settimana in Tunisia per 1000 euro a persona; Marco le risponde che non gli pare esattamente un'offerta, ma che anzi, il viaggio è piuttosto caro *(e ti pare poco!?)*:

Anna: _____

Marco: _____

IV-2. Adesso, a partire dal contesto che ti forniamo, continua il dialogo tra Luciano e Giulio usando almeno cinque delle locuzioni idiomatiche pragmatiche contenute nel riquadro.

Si vive una volta sola!	E ti pare poco!?	È già qualcosa
Sarà per un'altra volta	Ma chi me l'avrà fatto fare!?	E ti pare poco!?
C'è poco da ridere!	Non male, peggio!	Buono a sapersi

Contesto:
Luciano incontra il suo amico Giulio, appena tornato da una vacanza in Tunisia. Luciano chiede a Giulio com'è andato il viaggio e lui gli racconta gli aspetti positivi e quelli negativi dell'esperienza: il cibo era pessimo, anche se c'erano tantissime varietà di frutta esotica buonissima; è stato perseguitato dalle zanzare che lo hanno punto in ogni parte del corpo e ha preso la gastroenterite per via dell'acqua. Nonostante tutto, però, montare sul cammello è stata una grande soddisfazione, il tempo era bellissimo e, soprattutto, ha potuto fare delle immersioni subacquee indimenticabili in un mare limpido e con fondali da sogno, tanto che consiglia a Luciano, appassionato di sport subacquei come lui, di andarci al più presto. Infine, Giulio dice che la cosa che gli dispiace di più è di non aver avuto abbastanza tempo per andare nel deserto, ma spera poterci andare in un prossimo viaggio.

Dialogo:
Luciano: Ciao Giulio! Non sapevo che fossi già tornato. Allora, com'è andato questo viaggio in Tunisia?
Giulio: Insomma… Diciamo che per alcuni aspetti è stato bellissimo, ma per altri un vero disastro!
Luciano: Ma dai! Davvero!? Raccontami cosa è successo.
Giulio: _____
Luciano: _____

5. FACILE? SI FA PER DIRE...

I. ENTRIAMO IN TEMA!

I-1. Le locuzioni idiomatiche pragmatiche contenute in questa unità svolgono due funzioni principali, sono infatti repliche usate dal parlante per:
a) rimproverare un atteggiamento del suo interlocutore;
b) correggerne e/o completarne le affermazioni.
Ascolta e poi leggi ad alta voce i seguenti dialoghi facendo attenzione alle locuzioni idiomatiche pragmatiche in neretto; in base al contesto individua poi quale delle due funzioni elencate sopra svolge ciascuna locuzione.

1) A: Mia madre continua a chiedermi quando mi sposo e non capisce perché tutte le mie amiche sono fidanzate e io invece sono ancora single. È che io voglio un uomo bello, ricco, intelligente e simpatico; poi, se fosse anche dolce e romantico, sarebbe davvero perfetto.
B: Cavolo! **Hai detto niente!** Certo che tu ti accontenti di poco! Se lo trovi fammelo sapere, magari a un fratello gemello che potrebbe andare bene per me.

2) A: Indovina chi è il nuovo cameriere del Caffè di Roma! Non ci arriverai mai, è meglio che te lo dica: Mauro!
B: Nooo! Dai, **se non lo vedo non ci credo**. Andiamo subito a prendere un caffè.

3) A: Questo giocatore, nonostante sia giovane, non è niente male.
B: Giovane? **Si fa per dire**. Avrà quasi quaranta anni.

4) A: Ho chiamato Giovanni e gli ho detto della cena di domani sera, ti ringrazia per l'invito.
B: Ma tu **ci senti o sei sordo!?** Ti ho detto cento volte di non parlare a Giovanni della cena perché ci sarà la sua ex con il nuovo fidanzato, e tu che hai fatto? Lo hai invitato! Adesso chissà che bella atmosfera ci sarà domani!

II. PARAFRASIAMO!

II-1. Qual è il significato delle locuzioni idiomatiche pragmatiche contenute nei dialoghi precedenti? Cerca di assegnare ad ognuna di esse la parafrasi corretta tra quelle elencate nel riquadro.

a. Ma mi vuoi ascoltare una buona volta!? b. Sì può dire così, ma la realtà è ben diversa!

c. Non ci posso credere! d. E ti sembra poco!?

III. ORA TOCCA A TE!

III-1. Andrea e Antonio, amici di vecchia data, stanno chiacchierando al telefono. Ti diamo l'inizio della loro conversazione, prova tu a completarla utilizzando le informazioni che ti forniamo di seguito e inserendo opportunamente le locuzioni idiomatiche pragmatiche appropriate tra quelle studiate in questa unità.

Al telefono
Andrea: Ciao Antonio! Allora, come va? Tutto a posto? Ti sei ripreso dall'influenza?
Antonio: Sì sì, ora sto molto meglio, grazie. E tu, che mi racconti di bello? Mi sono perso qualcosa d'interessante in questi giorni?
Andrea: Beh, insomma, diciamo che di cosette ne sono successe...

Informazioni:
1) Andrea ha finalmente comprato l'automobile nuova: un fuoristrada; dice che, per il tipo di macchina, non l'ha pagata tanto: circa trentamila euro. Antonio ritiene che trentamila euro non sono pochi.

2) Sofia, una delle sorelle di Andrea, ha lasciato il lavoro di cameriera in una paninoteca dove la sfruttavano al massimo e adesso fa la cubista in una grande discoteca a Rimini. Antonio reagisce esprimendo sorpresa e incredulità.

3) Anna, l'altra sorella di Andrea, ha trovato lavoro come hostess di volo presso una famosa compagnia aerea. Antonio dice di essere contento per Anna, visto che è un buon lavoro.

4) Andrea confessa ad Antonio di aver detto a sua sorella che l'amico ha sempre avuto una cotta per lei; Antonio si arrabbia e rimprovera Andrea perché che gli aveva chiesto mille volte di non dire niente alla sorella, invece lui, come sempre, non è stato a sentire quello che gli diceva.

6. SOSTANTIVI AGGRESSIVI

I. ENTRIAMO IN TEMA!

I-1. Nei dialoghi seguenti sono contenute delle locuzioni idiomatiche pragmatiche formate da un sostantivo che può essere usato da solo o insieme a un altro costituente (aggettivo o preposizione); queste locuzioni sono repliche usate dal parlante per reagire a quanto affermato dal suo interlocutore esprimendo:
a) disaccordo, rifiuto e/o rimprovero;
b) sorpresa.
Ascolta e poi leggi ad alta voce i dialoghi facendo attenzione alle locuzioni idiomatiche pragmatiche in neretto; in base al contesto individua poi quale delle funzioni elencate sopra svolge ciascuna locuzione.

1) A: Senti, scusa, una domanda: come la pensi riguardo alla fenomenologia dello spirito...?
   B: Fila via! **Aria!** Vai a rompere le scatole a qualcun'altro.

2) A: Bevo più o meno una decina di caffé al giorno.
   B: **Alla faccia!** E come fai a dormire!?

3) A: Oggi ho beccato quella peste di Giorgetto e gli ho dato uno schiaffo, così impara a prendermi in giro.
   B: **Bella forza!** Ha solo dieci anni il poverino e poi picchiare i bambini è un reato.

4) A: Allora per la partenza appuntamento alle tre a casa di Giorgio.
   B: Alle tre!? Ma non era alle cinque?
   A: Eh sì! **Buona notte!** Sei il solito rincoglionito!

II. LETTERALE O IDIOMATICO?

II-1. Vero o falso? Indica se le seguenti affermazioni sono vere (V) o false (F) e giustifica la tua risposta.

1) nel dialogo n. 1, il parlante B vuole dell'aria perché sta soffocando;
2) nel dialogo n. 2, B si riferisce alla faccia del suo interlocutore;
3) nel dialogo n. 3, B si riferisce al fisico bestiale di A;
4) nel dialogo n. 4, B dà la buona notte al suo interlocutore perché vede che ha sonno.

II-2. In base alle risposte date nell'esercizio precedente, avrai notato che il significato letterale delle locuzioni che stiamo studiando non coriponde a quello idiomatico; tuttavia, esse si basano sull'immagine legata al loro significato letterale. Rifletti sull'origine e sulla struttura di ogni locuzione attraverso le seguenti definizioni tratte dal dizionario di B. M. Quartu; completa le definizioni con i sostantivi adeguati in base alla locuzione di riferimento.

1) Se qualcuno che ti è vicino va via, fa passare _____ ;

2) Quando vuoi esprimere la tua sorpresa riferendoti alla notevole quantità di qualcosa dici "Alla _____ " e puoi aggiungerci "di qualcuno / di qualcosa";

3) Quando uno fa uso della sua forza o del suo potere senza averne bisogno, usi _____ con l'aggettivo " _____ " con valore ironico;

4) A uno che non combina niente di buono, che è sempre fra le nuvole e si confonde spesso, gli dici di andare a letto a riposarsi e gli dai la _____ .

III. ORA TOCCA A TE!

III-1. Prova ora ad usare tu le locuzioni idiomatiche pragmatiche viste negli esercizi precedenti. A partire dalle situazioni descritte, replica alle affermazioni dei vari interlocutori adoperando la locuzione adeguata.

1) La Juventus, una delle più importanti squadre di calcio italiane, ha appena battuto una squadra di serie C per 5-0 e un tuo amico juventino è molto contento; tu replichi sottolineando che sconfiggere una squadra di serie C non è un grande merito, perché è molto più debole della Juventus:

Replica _____

2) Non ti ricordi il nome di un famoso regista romano e la tua fidanzata ti suggerisce il nome di Totti, che invece è un calciatore della Roma; tu le dici che deve essere davvero fusa per confondere un calciatore con un regista:

Replica _____

3) Sei in un bar e stai giocando a carte con gli amici, un tizio che sta guardando una partita di calcio non smette di parlare e di gridare ogni volta che la sua squadra prende il pallone; tu gli dici in modo un po' aggressivo che se ne deve andare perché sta disturbando:

Replica _____

4) Con un gruppo di amici volete andare in vacanza in Liguria, a Portofino, e uno di loro dice che ha chiesto i prezzi in agenzia; da non credere, una settimana costa circa mille euro a testa!

Replica _____

7. CI SONO ANCHE LE ANAFORE

I. ENTRIAMO IN TEMA!

I-1. In questa unità ti presentiamo un nuovo gruppo di locuzioni idiomatiche pragmatiche in cui il pronome dimostrativo "questa" acquista valore anaforico, ossia di ripetizione di un elemento espresso anteriormente (rimanda a una parola, a un gruppo di parole o a una frase apparsi precedentemente nello stesso contesto). Ascolta e leggi ad alta voce i dialoghi; il pronome dimostrativo usato dall'interlocutore B nella locuzione idiomatica pragmatica a quale parte del discorso (parola o gruppo di parole) di A si riferisce? Rispondi scegliendo tra le opzioni contenute nel riquadro.

a. barzelletta/aneddoto divertente	b. compito/impegno
c. notizia o informazione sorprendente	d. azione poco gentile/scorrettezza

1) A: Lo sai che quell'ignorante ha tradotto un romanzo di Rossana Campo in spagnolo!
   B: **Bella questa!** Ma come ha fatto!? Lui di italiano non sa niente.

   Bella questa = _____

2) A: La sai l'ultima barzelletta che gira su Internet? Quella che dice: "Com'è tua moglie in cucina? Brutta come in tutte le altre stanze".
   B: **Buona questa!** Anche se un po' sessista.

   Buona questa = _____

3) A: Pina, guarda un po' sull'agenda per controllare se hai fatto tutto!

B: Dunque... Cosa dovevo fare... Vediamo un po'... Andare dal ginecologo, passare in tintoria, fare la spesa e alla fine portare il cagnolino dal veterinario. Sì, **anche questa è fatta!**

E anche questa è fatta = _____

4) A: Carlo è uno a cui non gli si possono prestare le cose: mi ha riportato la macchina in ritardo e senza benzina; e poi mi dice: "Bella la tua macchina, un po' fiacca però".

B: Ah, **anche questa!** Adesso è troppo. Questo tizio qua è un bello scroccone però!

Anche questa = _____

5) A: Non ce la farai mai a superare l'esame di statistica con la Rossi! Quella è tremenda!

B: Tiè! **Beccati questa!** Trenta e lode al primo tentativo!

Beccati questa = _____

II. COMPLETIAMO!

II-1. Completa i seguenti dialoghi scegliendo la locuzione idiomatica pragmatica corretta tra le alternative proposte.

1) A: Sai cosa si dice in giro? Pare che Luigi e Gianna si siano lasciati: lei gli avrebbe messo le corna con il fruttivendolo!

B: _____ E pensare che Gianna sembrava tutta casa e chiesa! Da lei non me lo sarei mai aspettato.

a)   Beccati questa!

b)   Anche questa!

c)   Bella questa!

2) A: Allora, come è finita la serata di ieri? Sei riuscita a conoscere il barista? Non so se lo hai notato, ma quello non mi staccava gli occhi di dosso, mi sa che ho fatto colpo... Peccato che me ne sia dovuta andare via prima...

B: La serata è finita benissimo! Non solo l'ho conosciuto, ma mi ha chiesto il numero di telefono e sabato usciamo insieme! _____, visto che sei convinta che gli uomini guardino solo te!

a)   Anche questa è fatta!

b)   Buona questa!

c)   Beccati questa!

3) A: Come vanno i preparativi per la cena di stasera? Sei passata dal pescivendolo? E il pane, lo hai preso? E non dimenticarti di ordinare la torta, mi raccomando!

B: Sta tranquilla, è tutto sotto controllo. Sono già stata dal pescivendolo, ho comprato il pane e ho appena telefonato per la torta. _____ Ora devo solo chiamare mia madre per chiederle come si prepara la maionese.

a)   Bella questa!

b)   Anche questa è fatta!

c)   Anche questa!

4) A: Ti ricordi di mio zio Vincenzo? Quello che diceva sempre di essere il più grande pescatore del Salento? È caduto in mare mentre cercava di tirar su una rete con una decina di pesciolini e lo ha ripescato un marinaio che passava da quelle parti. Che figura che ha fatto!

B: _____ Così la prossima volta ci pensa due volte prima di vantarsi delle sue abilità di pescatore!

a)   Anche questa è fatta!

b)   Beccati questa!

c)   Buona questa!

5) A: Mia sorella non solo mi ha finito il profumo di marca che avevo appena comprato, ma si è anche messa la mia camicia preferita e l'ha sporcata di rossetto; poi, non contenta, ha preso la borsa che mi hai regalato e l'ha dimenticata nella macchina di una sua amica!

B: Eh no! La borsa no! _____ Ma come fai a sopportarla! È possibile che non riesca a capire che le cose degli altri non le deve prendere!

   a) *Anche questa è fatta!*
   b) *Buona questa!*
   c) *Anche questa!*

III. ORA TOCCA A TE!

III-1. Ora prova ad usare tu le locuzioni idiomatiche pragmatiche viste negli esercizi precedenti. Segui la traccia e crea la battuta del personaggio usando la locuzione indicata tra parentesi.

1) Il dottor Casalleni, senese della contrada dell'Oca, ricorda all'avvocato Signorili, contradaiolo della Torre e grande rivale, che anche quest'anno hanno vinto il Palio, alla loro faccia, che non vincono da una vita. *(Beccati questa!)*

   Dottor Casalleni: _____

2) Il nipote avaro si lamenta perché la sua generosa nonnina, che tutti gli anni dà migliaia di euro alla parrocchia, ha appena donato diecimila euro all'iniziativa "Fermiamo la fame". Più soldi dà in beneficienza, meno ne avrà lui in eredità. *(Anche questa!)*

   Nipote: _____

3) Paolo si meraviglia e ride perché un amico gli racconta che Gigi, detto "il toro", è svenuto in ospedale mentre gli facevano un prelievo del sangue. Lui, l'uomo duro ... *(Buona questa!)*

   Paolo: _____

4) La moglie del dottor Martini è andata a passare una settimana da sua madre e il dottore è rimasto solo a casa, toccano quindi a lui i lavori domestici. Ha spolverato la camera da letto, ha fatto la lavatrice e, ora, ha appena finito di pulire il bagno; prima di continuare con il salotto, si tira su pensando che ormai gli manca poco *(Anche questa è fatta!)*.

   Dottor Martini: _____

5) Marina si stupisce quando gli dicono che Marco detto "er trippa", dopo il suo viaggio in Giappone, è cambiato: porta sempre il chimono e mangia soltanto pesce crudo. *(Bella questa!)*

   Marina: _____

8. LE ORIGINI...

I. ENTRIAMO IN TEMA!

I-1. Alcune locuzioni idiomatiche pragmatiche devono la loro origine ad eventi storici e/o religiosi, mentre altre si basano su detti o proverbi o, ancora, rimandano a situazioni o immagini che ne facilitano la comprensione. Ascolta e poi leggi i seguenti dialoghi facendo attenzione alle locuzioni in neretto, poi, in base al contesto in cui appaiono, scegli tra le alternative fornite il significato pragmatico corretto di ognuna di esse.

1) A: Paolo mi vende la sua BMW nuova di zecca per 10.000 euro.
   B: Attento! **Qui gatta ci cova!** Per me si tratta di una di quelle macchine che importano dalla Germania.

   a. *In quest'affare c'è qualcosa che non mi convince; forse Paolo ti vuole fregare.*
   b. *C'è una gatta nascosta dentro la macchina e io sono allergico.*

2) A: Perché non ci credi che questa estate vado in vacanza in Brasile?
   B: Perché **ti conosco mascherina!** Mica sono nato ieri. Tu non hai una lira.

   a. *Ti ho riconosciuto Mascherina Rossi!*
   b. *Non mi faccio fregare da te! È una vita che ci conosciamo e so benissimo come sei fatto.*

3) A: La mamma di Enrico per pranzo ha preparato penne alla puttanesca, arrosto e torta di mele.
   B: Mmmmhhh! Che buono! **Pancia mia, fatti capanna!**

   a. *Pancia mia, ti voglio grande grande quanto una capanna.*
   b. *Mi devo preparare per poter assaporare con gusto tutto questo ben di Dio.*

4) A: Per me Venezia era il massimo, poi mi son reso conto che effettivamente è un po' scomoda per abitarci: la marea, i traghetti, i turisti, l'umidità, ...
   B: Volevi abitare lì a tutti costi e ora ne devi accettare le conseguenze... Come si suol dire: **hai voluto la bicicletta? Adesso pedala!**

   a. *Ti ho comprato la bicicletta e adesso la devi usare. Lo sai quanto l'ho pagata!?*
   b. *Non ti lamentare: hai voluto una cosa e ora ne subisci le conseguenze, positive e negative.*

5) A: Visto che Paola alla fine non viene, puoi venire tu al lago con me.
   B: No grazie, **le scarpe usate mi stanno strette.**

   a. *Mica faccio da tappabuchi. Sono arrabbiatissimo perché mi inviti soltanto perché un'altra persona non può.*
   b. *Le scarpe usate di solito non mi stanno e poi, tra l'altro, queste puzzano anche!*

6) A: Non è che mi presteresti il tuo dizionario di italiano-cinese: c'è la cuoca Ching che non capisce un cavolo d'italiano.
   B: Sì, ma ricordati che **si chiama Pietro...**

   a. *Ricordati che Pietro, il marito di Ching, viene a prendere il dizionario.*
   b. *Il dizionario me lo devi restituire.*

II. A CIASCUNO IL SUO!

II-1. Unisci ogni locuzione della colonna A con il significato o la funzione corrispondente tra quelli elencati nella colonna B, tratti dal dizionario di B. M. Quartu.

A	B
1. Pancia mia, fatti capanna!	a. Si basa sulla rima tra il nome proprio "Pietro" e l'avverbio "indietro"; si usa quando si presta qualcosa a qualcuno per ricordargli che la deve restituire, ossia ridare indietro.
2. Hai voluto la bicicletta? Adesso pedala!	b. Si usa quando si pensa che sotto un affare o una situazione si possa nascondere un inganno.
3. Si chiama Pietro!	c. Invito ad accettare le conseguenze derivate da una determinata scelta o azione.
4. Ti conosco mascherina!	d. Si usa per rifiutare di essere la ruota di scorta, ossia la seconda opzione, in una determinata occasione o circostanza.
5. Qui gatta ci cova!	e. Esortazione a mangiare abbondantemente.
6. Le scarpe usate mi stanno strette.	f. Si dice a persona che si conosce o di cui si scopre il gioco.

III. ORA TOCCA A TE!

III-1. Segui la traccia e crea la battuta che tu useresti nelle seguenti situazioni impiegando le locuzioni idiomatiche pragmatiche viste negli esercizi I-1 e II-1.

1) Alberto ti chiede il portatile; tu gli dici di sì perché per qualche giorno non ti serve, ma gli fai presente, in modo simpatico, che te lo deve restituire:

Tu: _____

2) Il direttore di una grossa azienda ti fa una proposta di lavoro, ma tu la rifiuti perché sei venuto a sapere che prima era stata offerta ad un altro:

Tu: _____

3) Tuo fratello si lamenta del suo nuovo lavoro: dice che fa troppe ore e che lo stipendio è scarso; tu lo rimproveri ricordandogli che è stato lui a voler cambiare impiego e ora deve accettare le conseguenze della sua scelta:

Tu: _____

4) Sei al pranzo di matrimonio di tua cugina Rosa. Ti siedi a tavola e, mentre leggi il menu, esorti te stesso ad approfittare degli ottimi piatti che mangerai:

Tu: _____

5) Anna ti racconta che lei non voleva mettersi in topless, che è stata sua cugina Caterina a covincerla ma tu, che conosci bene Anna, sai che a lei piace mettersi in mostra:

Tu: _____

6) Tua sorella ti racconta che da qualche giorno il suo fidanzato si comporta in modo strano e che non riesce a capire cosa gli stia succedendo; tu le consigli di indagare perché, secondo te, lui nasconde qualcosa, forse ha un'altra fidanzata, forse si droga, chissà...:

Tu: _____

IV. ALTRE IN ARRIVO!

IV-1. Ti presentiamo ora tre nuove locuzioni idiomatiche pragmatiche caratterizzate anch'esse da a base semantica che rimanda a un evento storico o a una situazione o condizione che ne esplicita il significato. Ascolta e leggi i seguenti dialoghi facendo attenzione alle locuzioni idiomatiche pragmatiche in neretto.

1) A: Lo sai che quel paraculo di Giorgio ha l'amante?
   B: No!? Davvero!?
   A: Eh sì! Però mi raccomando! **Acqua in bocca!** Che rimanga fra noi.

2) A: Bello però essere qua a sparlare di tutto e tutti!
   B: Eh sì, ma adesso, **bando alle ciance!** Mettiamoci al lavoro.

3) A: Ho deciso: con Gianni ho chiuso. Non è più possibile andare avanti così!
   B: Oh! **Apriti cielo, spalancati terra!** Chissà come la prenderanno i tuoi genitori, soprattutto tuo padre con tutto quello che ha speso per organizzare il vostro matrimonio. Comunque era ora che capissi che è un cretino!

IV-2. Unisci il significato pragmatico di ognuna delle locuzioni viste sopra con la parafrasi (significato) e con l'origine corrispondente.

Parafrasi

1) È meglio smettere di parlare e iniziare un'attività.

2) Sei pregato di non diffondere una notizia.

3) Sei informato che un certo evento ha sollevato una grande confusione.

Origine

a) Quando hai l'acqua in bocca non puoi parlare.

b) "Ciancia", secondo il Disc, è un discorso inutile, una chiacchiera futile.

c) Secondo B. M. Quartu, c'era la credenza antica che il cielo si aprisse quando gli Dei volevano colpire la Terra con tuoni e fulmini, generando caos e disordine.

9. MANCO A DIRLO... ECCO ALTRE LOCUZIONI

I. ENTRIAMO IN TEMA!

 I-1. Ascolta e leggi i seguenti dialoghi facendo attenzione alle locuzioni idiomatiche pragmatiche in neretto. Basandoti sul contesto in cui le locuzioni sono usate, rispondi alle domande che troverai alla fine dei dialoghi.

1) A: Come è andata la cena di ieri?
   B: La cena è andata bene, ma avevo invitato solo Luigi, e lui, **manco a dirlo**, è venuto con la moglie e i tre figli. Sfacciato come sempre!

2) A: Gianni! Che sorpresa! **Qual buon vento!?**
   B: Niente, sono venuto a Roma per un convegno e mi sono detto "salutiamo gli amici".

3) A: Vorremmo un appartamento in centro, che sia spazioso, luminoso, e non troppo costoso.
   B: Trovare una casa del genere **è una parola**. Chiedete un po' troppo voi.

4) A: Senti, possiamo parlare? Ho una cosa importante da dirti.
   B: Benissimo, **sono tutto orecchi**, dimmi pure.

5) A: Non so se andare al concerto dei Rolling-Stones, ci sarà il pienone!
   B: **Ogni lasciata è persa!** Vacci, pantofolaio che non sei altro!

I-2. Come si mostra ognuno degli interlocutori B nella sua reazione a quanto affermato dal parlante A?

a) Sorpreso.

b) Rassegnato.

c) Incoraggiante.

d) Pessimista.

e) Disponibile e curioso.

I-3. Quali delle locuzioni idiomatiche pragmatiche viste nei dialoghi precedenti usa il parlante per dire:

a) Bisogna approfittare delle occasioni.

b) Ti presto la massima attenzione.

c) Non è una cosa semplice.

d) Era chiaro che... .

e) Come mai tu qui!?

II. COMPLETIAMO

II-1. Completa le frasi seguenti con le locuzioni idiomatiche pragmatiche contenute nel riquadro, in modo tale che ogni frase B. sia equivalente alla corrispondente frase A., abbia cioè la stessa funzione e lo stesso significato.

a. Manco a dirlo...	b. Qual buon vento!?	c. È una parola
d. Sono tutto orecchi...	e. Ogni lasciata è persa!	

(1)
A) Sì sì dai, dimmi dimmi!
B) Dai racconta, _____

(2)
A) Convincere quel testardo di Luca a venire al mare è una vera impresa, e poi si sa che detesta il sole!
B) Convincere Luca _____

(3)
A) Anche tu qui!? Che sorpresa!
B) Non mi aspettavo di vederti da queste parti! _____

(4)
A) Tanto lo sapevo, c'era da aspettarselo!
B) _____ , sapevo che avrebbe reagito in quel modo.

(5)
A) Se non lo fai adesso, poi te ne pentirai: carpe diem!
B) Dai, non farti sfuggire l'occasione! _____

III. ORA TOCCA A TE!

III-1. Adesso, seguendo le indicazioni fornite di seguito, scrivi il possibile dialogo tra Nicola e Giovanni; ricordati che devi usare le locuzioni idiomatiche pragmatiche viste negli esercizi I-1 e II.1!

Giovanni lavora in un bar del centro; un pomeriggio di fine agosto vede entrare il suo amico Nicola e, sorpreso, gli chiede cosa ci faccia da quelle parti visto che in quei giorni doveva essere in vacanza. Nicola gli ricorda che le sue vacanze sono finite e che il giorno dopo deve riprendere il lavoro. Giovanni gli chiede com'è andata al mare e Nicola risponde che ha conosciuto una ragazza molto simpatica e carina, Anna. Giovanni gli dice che c'era da aspettarselo, poiché lui approfitta sempre di ogni occasione per conoscere ragazze nuove; gli dice poi che vuole sapere tutti i dettagli dell'incontro e gli chiede se continueranno a vedersi anche dopo le vacanze. Nicola gli confessa che vorrebbe rivedere Anna, ma lei vive in un'altra città ed è molto difficile portare avanti una relazione a distanza, quindi è indeciso se chiamarla oppure no; Giovanni lo incoraggia a chiamarla consigliandogli di non farsi sfuggire l'occasione.

IV. ALTRE IN ARRIVO!

 IV-1. Ecco un insieme di locuzioni idiomatiche pragmatiche formate da "verbo + aggettivo".
colta e leggi i seguenti dialoghi facendo attenzione alle locuzioni in neretto.

1) A: Ho letto che il tasso di interesse è aumentato del cinque per cento.
   B: Perfetto! Ora sì che **sarà dura** pagare il mutuo della casa.

2) A: Il nuovo cd di Battiato mi piace tantissimo e Luigi mi ha promesso che me lo masterizza.
   B: Eh sì! Se aspetti lui, **stai fresco!** Mi sa che fai prima a comprartelo.

3) A: Allora domani sapremo chi sarà il nuovo sindaco della città!

B: Speriamo solo che non vinca chi penso io, altrimenti **siamo fritti!**

IV-2. Sostituisci le locuzioni in neretto con: a) siamo rovinati, b) sono guai o c) sei fregato.

IV-3. Immagina tre situazioni comunicative in cui useresti le locuzioni idiomatiche pragmatiche viste nell'esercizio IV-1 e scrivi i tre brevi dialoghi corrispondenti.

10. CHI TI CAPISCE È BRAVO!

I. ENTRIAMO IN TEMA!

 I-1. Ascolta e leggi attentamente i seguenti dialoghi; in essi troverai delle nuove locuzioni idiomatiche pragmatiche caratterizzate da una certa sfumatura ironica. Per capire la funzione e il significato delle locuzioni rifletti sul contesto in cui vengono usate e indica se le affermazioni relative a ciascun dialogo sono vere (V) o false (F).

1) **Luca:** Carlo è arrabbiatissimo con te! Mi ha detto: "Se becco quello là, gli faccio passar la voglia di mettere il naso negli affari che non lo riguardano!".

Matteo: Capirai, per farmi paura **ci vuole ben altro!** Che ci provi pure, poi vediamo chi è il più forte.

Vero o falso?

a)   Matteo dice che Carlo non gli fa paura.

b)   Matteo sostiene che Carlo è un forzuto di cui aver paura.

c)   Matteo sostiene che Carlo è una persona poco intelligente.

2) **Postino:** Senta, scusi, l'ufficio del dott. Magreli?

Vicino: Sesto piano, prima porta a destra. L'ascensore però è guasto!

Postino: **E ti pareva!** E ora chi li porta su questi due scatoloni di libri!?

Vero o falso?

a)   Il postino dice che gli pareva che l'ufficio fosse al sesto piano.

b)   Il postino si ricorda che l'ascensore è guasto.

c)   Il postino, amareggiato e convinto di essere sfortunato, non si sorprende che l'ascensore sia rotto.

3) **Enrico:** Allora domani ci vediamo a teatro; c'è il grande Rossi.

Giovanna: Grande? Rossi è un cane, non sa recitare.

Enrico: D'accordo, **come non detto!** Vuol dire che ci vado da solo.

Vero o falso?

a)   Enrico dice a Giovanna che ha frainteso le sue parole.

b)   Enrico dice a Giovanna che lui non ha detto niente.

c)   Enrico, visto il rifiuto alla sua proposta, dice a Giovanna di dimenticare ciò che le ha appena detto e di far come se non avesse parlato.

4) **Giorgio:** Sono emozionatissimo: tra poco nascerà il mio bambino! Non vedo l'ora di tenerlo tra le braccia, di dargli il biberon e anche di cambiargli i pannolini!

Paolo: Eh caro, **qui ti voglio!** Sono curioso di vedere se la penserai così anche tra un paio di mesi, dopo aver passato notti e notti in bianco!

Vero o falso?

a)   Paolo dice a Giorgio che vuole vederlo fare il papà.

b)   Paolo dice a Giorgio che fare il papà è dura, soprattutto la notte, ed è curioso di vedere come se la cava.

c)   Paolo dice a Giorgio che non lo vede in grado di fare il papà.

5) **Anna**: Ho deciso, mi licenzio! Troppe responsabilità, troppo stress, non ce la faccio più! Fare la donna manager non fa per me.

Giulia: Ma come ti licenzi!? Stai scherzando? Dopo tutti sacrifici che hai fatto per far carriera molli tutto così, da un giorno all'altro!? Certo che **chi ti capisce è bravo**!

Vero o falso?
a) *Giulia non ha capito cosa ha detto Carla e le chiede di ripeterlo.*
b) *Giulia capisce le difficoltà di Carla e le dice di essere d'accordo con lei e che le pare una buona idea quella di licenziarsi.*
c) *Giulia non riesce a capire l'atteggiamento di Carla e le dice che la sua decisione le pare incomprensibile.*

II. A CIASCUNO IL SUO!

II-1. Ricostruisci i seguenti dialoghi collegando ogni battuta della colonna A con la replica corrispondente nella colonna B.

A	B
1. Con Lucia non ci esco più, se telefona dille che non ci sono.	a. **E ti pareva!** In queste vacanze non è andata bene una cosa! Un giorno la pioggia, un altro il ritardo del treno e ora anche le macchine guaste!
2. Domani ho appuntamento con il direttore. Questa volta mi deve stare a sentire: o cambiano le cose o mi licenzio!	b. D'accordo, **come non detto!** Ma poi non venire a lamentarti che stai sempre solo, che non riesci a dimenticare la tua ex e che vorresti conoscere ragazze nuove…
3. Ha appena chiamato l'agente di viaggio: niente più escursione nella foresta, pare che si sia rotta la jeep con cui dovevamo andare e per domani non riusciranno a ripararla.	c. Ma stai scherzando? I soldi si trovano, non sono un problema. Per farmi scoraggiare ci **vuole ben altro!**
4. Senti, per l'uscita a quattro con la cugina della tua ragazza ho cambiato idea, non me la sento… Forse sono ancora innamorato di Lucia.	d. Ma come non ci esci più!? Dopo due mesi di corteggiamento ti sei già stancato!? Mah… **Chi ti capisce è bravo!**
5. Senti, devo dirti una cosa, ma non ti demoralizzare: ho parlato con il commercialista e pare che per aprire il tuo bar ci vogliano un sacco di soldi. E ora dove li trovi? Non è che alla fine ti tocca rinunciare!?	e. **Qui ti voglio!** Sarà dura convincerlo, sai che i capi pensano prima agli interessi dell'azienda e poi ai lavoratori. Comunque in bocca al lupo!

III. ORA TOCCA A TE!

III-1. Scrivi la frase che i personaggi indicati potrebbero pronunciare nelle seguenti situazioni comunicative; ricordati di usare la locuzione idiomatica pragmatica adeguata tra quelle viste negli esercizi I-1 e II-1.

1) Anna è appena stata assunta in un nuovo ufficio; una sera invita a cena un collega di cui si è innamorata, ma quando lei si dichiara lui le confessa che sta per sposarsi. Anna, imbarazzata, gli dice di dimenticare le sue parole e di far finta che non abbia detto nulla:

Anna: _____

2) Gianni si vanta sempre con gli amici di sapere tutto sui motori; un giorno Luca gli porta la sua automobile dicendogli che, se è bravo come dice, riuscirà a sistemare uno strano rumore che nessuno è riuscito a riparare:

Luca: _____

3) Marco, dopo molti fine settimana grigi rinchiuso in casa, ha finalmente programmato un week-end da favola, ma sabato mattina la moglie gli dice ha una febbre da cavallo; Marco, demoralizzato, dice che c'era da aspettarselo perché negli ultimi tempi non gli va bene niente:

Marco: _____

4) Angelo è andato a vedere la partita della sua squadra del cuore, ma questa, come sempre, ha perso; suo fratello gli chiede se, dopo l'ennesima sconfitta, si è finalmente convinto a cambiar squadra, ma lui risponde che non sarà questo a fargli rinunciare alla sua fede calcistica:

Angelo: _____

5) Pierino ha una passione per la musica; il giorno di Natale i suoi genitori gli fanno trovare una bella chitarra sotto l'albero, ma quando lui scarta il regalo, inizia a piangere deluso e lo rifiuta; il padre, stupito, dice di non riuscire a capire l'atteggiamento del figlio e che i bambini di oggi sono troppo viziati, quando finalmente hanno quello che desiderano non lo vogliono più:

Padre: _____

11. NON TE LA PRENDERE, MA...

I. ENTRIAMO IN TEMA!

 I-1. Ci sono delle locuzioni idiomatiche pragmatiche che di solito vengono usate dal parlante per replicare a quanto detto dal suo interlocutore e rafforzare o enfatizzare il proprio dissenso, rimprovero, rammarico, sorpresa, ecc.
Ascolta e leggi i seguenti dialoghi. Come vedi, le cinque locuzioni in neretto scattano in contesti linguistici molto precisi; quale si usa quando si vuole esprimere con forza:
a) il rimprovero a qualcuno che ha detto o fatto qualcosa che non avrebbe dovuto dire o fare?
b) la sorpresa e l'incredulità di fronte a una notizia o un fatto comunicato dall'interlocutore?
c) il rifiuto di fare qualcosa?
d) il rifiuto categorico di dare o prestare denaro?
e) l'incapacità di trattenersi dal dire qualcosa all'interlocutore?

1) A: Hai bisogno di soldi? Chiedili a Marco, lui non ha problemi economici e te li presta di sicuro.
   B: Prima di chiedere aiuto a lui, **mi sparo**.

2) A: Come mai questa faccia?
   B: Come mai questa faccia? Come mai questa faccia, dice lui! E così non ti ricordi neanche che ieri mi hai lasciato tre quarti d'ora ad aspettarti al tavolo del ristorante mentre tu stavi a fare non so cosa con quegli scemi dei tuoi amici!!! Oh, scusa, ma se non te lo dicevo **scoppiavo**, guarda!

3) A: Ho incontrato Marina e le ho detto: "Belle labbra! Quando è che te le sei fatte rifare? Ti saranno costate un bel po', ma di certo non ti puoi lamentare del risultato". Dovevi vedere la sua faccia! Ci è rimasta di sasso!
   B: Lo sapevo che prima o poi glielo avresti detto! Se non glielo dicevi, **morivi**! Quando imparerai a tenere il becco chiuso!

4) A: Lo sai che Michele ha deciso di andare a vivere in campagna e fare il contadino?
   B: Chi, quello lì!? Ma se non è mai uscito dalla città in vita sua! Se veramente lo fa, **mi faccio prete**, guarda!

5) A: Lo so che ieri mi hai dato cento euro, ma me ne servono altri duecento.
   B: Altri duecento!? Ora basta, **non sono mica una banca**, io!

II. COMPLETIAMO!

II-1. Completa le frasi seguenti inserendo la locuzione idiomatica pragmatica adeguata tra quelle viste nell'esercizio I-1.

a) Mi rifiuto di prestarti i soldi che mi chiedi e ti ricordo, ironicamente, che io _____ .

b) È da tempo che avevo qualcosa da dirti e se non te la dicevo _____ .

c) Enfatizzo un rifiuto e affermo che piuttosto che fare qualcosa che non mi va _____

d) Il mio interlocutore afferma qualcosa che mi pare impossibile e per esprimere la mia sorpresa e incredulità dico che, si dovesse verificare quel che afferma, io _____ .

e) Ti critico perché se anche in questa ocasione non dicevi quello che pensavi _____ .

III. ORA TOCCA A TE!

III-1. Immagina cinque situazioni comunicative in cui useresti le locuzioni idiomatiche pragmatiche viste negli esercizi I-1 e II-1; dopo aver delineato brevemente il contesto in cui avviene la conversazione, scrivi il dialogo ad essa corrispondente ricordandoti che in esso uno dei due interlocutori deve impiegare la   locuzione indicata.

1) **Spararsi...**
   - Contesto: _____
   - Dialogo: _____

2) **Scoppiare...**
   - Contesto: _____
   - Dialogo: _____

3) **Morire...**
   - Contesto: _____
   - Dialogo: _____

4) **Farsi prete...**
   - Contesto: _____
   - Dialogo: _____

5) **Non essere una banca...**
   - Contesto: _____
   - Dialogo: _____

IV. ALTRE IN ARRIVO!

 IV-1. Nei seguenti dialoghi il parlante dà alcuni "consigli" al suo interlocutore; si tratta di suggerimenti ironici che servono, generalmente, per incoraggiare l'interlocutore o per esprimere disaccordo o rifiuto con quanto egli ha detto o ha fatto. Ascolta e leggi i brani.

1) A: Non riesco a dimenticare la mia ragazza... Penso sempre a lei, giorno e notte... Non so più che fare.
   B: **Canta che ti passa!** È da un anno che non state più insieme, stai esagerando! Trovatene un'altra: chiodo scaccia chiodo...

   È vero o falso che A dice a B che è così intonato che il suo canto rallegra tutti?

2) A: E con questa è la quinta volta che non supero l'esame di guida.

B: Scusa se te lo dico, ma mi pare che l'automobile non faccia proprio per te. Posso darti un consiglio? **Datti all'ippica** che è meglio!

È vero o falso che A dice a B che si dedichi agli sport ippici perché ha delle qualità per fare il fantino?

3) A: Spostati! Non ci vedo.

B: Caro, questo è il mio posto io non ho nessuna intenzione di spostarmi! Se non ci vedi, **mettiti gli occhiali!**

È vero o falso che A dice a B che si faccia controllare la vista perché forse ha bisogno degli occhiali?

IV-2. Ciascuna delle seguenti definizioni corrisponde a una delle locuzioni contenute nel riquadro. Abbina ogni definizione, tratta dal Dizionario Zingarelli, alla locuzione corrispondente.

a. Darsi all'ippica!	b. Mettersi gli occhiali!	c. Canta che ti passa!

1) Invito scherzoso a non preoccuparsi, a non dar troppo peso a fatti o avvenimenti spiacevoli, ecc.

2) Cambiare mestiere, dedicarsi a un'altra attività, usato specialmente in espressioni esclamative, come invito ironico a chi dimostra la propria incapacità in qualcosa.

3) Esortazione ironica ad usare degli strumenti che potenziano la vista quando qualcuno non riesce a vedere qualcosa che secondo il parlante è evidente o facile da vedere.

IV-3. Cosa diresti nelle seguenti situazioni? In base alle indicazioni fornite, scrivi le battute dei personaggi usando le locuzioni idiomatiche pragmatiche viste nell'esercizio IV-1 e IV-2.

1) Giulio si lamenta con il suo collega Mario perché, nonostante tutti i suoi sforzi, non riesce a migliorare nel tennis: si allena quattro volte a settimana, segue scrupolosamente tutte le indicazioni dell'allenatore, ma perde tutte le partite, anche quelle con i principianti; il collega, con tono scherzoso, gli dice che, visti i risultati, è evidente che il tennis non è uno sport che fa per lui e lo invita a lasciar perdere.

Giulio: _____

Mario: _____

2) Anna e Lucia sono in un centro commerciale; all'improvviso Anna vede passare il fidanzato di una loro amica, Marta, mano nella mano con un'altra ragazza. Anna richiama l'attenzione di Lucia e le dice cosa ha visto, indicandole che i due sono vicino alle scale mobili, di fronte alla vetrina della profumeria, ma Lucia non riesce a vederli; Anna, spazientita, la invita ironicamente a far qualcosa per la sua vista, perché non è possibile che non riesca a vederli, visto che sono proprio di fronte a loro.

Anna: _____

Lucia: _____

Anna: _____

3) Alfredo, padre di famiglia tradizionale e un po' all'antica, racconta al fratello Roberto, scapolo e ribelle, di essere molto preoccupato perché i suoi due figli non gli ubbidiscono più: escono tutte le sere e rientrano sempre tardi, non vogliono più andare in vacanza con i genitori e, secondo lui, non studiano abbastanza. Alfredo dice di essere così in ansia che non riesce più a dormire e che non sa più cosa fare; Roberto lo invita, ironicamente, a non preoccuparsi troppo per queste cose, visto che è normale che i ragazzi dell'età dei suoi figli si comportino in questo modo.

Alfredo: _____

Roberto: _____

12. E PER FINIRE... IN FAMIGLIA!

I. ENTRIAMO IN TEMA!

I-1. Ascolta e leggi i seguenti dialoghi; come potrai notare, le locuzioni idiomatiche pragmatiche in neretto si costruiscono tutte con il verbo "finire". Attribuisci la parafrasi corrispondente a ogni locuzione, scegliendo tra le opzioni contenute nel riquadro.

a. E non se ne parla più!	b. E c'è dell'altro!	c. Basta, non se ne può più!

1) A: Non voglio andarci a cena dai Martini! La moglie è una strega, quella fa il malocchio, lo sanno tutti!
   B: **È ora di farla finita** con queste storie! La signora Martini è sempre stata molto gentile con noi, e poi quella del malocchio è solo una vecchia credenza popolare.

2) A: Ma non hai ancora deciso? È da tre ore che sei davanti all'armadio! Allora, che ti metti?
   B: Sì, sì ho deciso, sta calmo! Metto il completo bianco **e festa finita**.

3) A: Cavolo! Antonio e Marina non hanno ancora fatto pace.
   B: Sì, ogni volta che s'incontrano sono guai, **e non finisce qui!** Pare che lei l'abbia denunciato per maltrattamenti.

II. COMPLETIAMO!

II-1. Completa i seguenti dialoghi inserendo negli spazi vuoti la locuzione idiomatica pragmatica adeguata scegliendo tra quelle elencate nel riquadro.

a. e festa finita	b. e non finisce qui!	c. è ora di farla finita

1) A: E allora? Hai parlato con Giulio della società?
   B: Sì, l'ho visto stamattina e gli ho detto che così non si può andare avanti, troppi debiti. Abbiamo deciso di dichiarare fallimento e _____ .

2) A: Mamma, Giulio ha preso di nuovo le mie matite colorate, dice che sono sue! Non me le vuole dare!
   B: _____ con questi litigi! Passate tutto il giorno a bisticciare! Non ce la faccio più!

3) A: Ma hai sentito della rapina al gioielliere di via Roma? Pare che fossero in tre e sono entrati in pieno giorno, quando lui era in negozio!
   B: _____ La giornalaia mi ha detto che c'era anche un cliente nel negozio quando sono arrivati i rapinatori! Li hanno fatti sdraiare a terra e poi hanno portato via l'incasso e quasi tutti i gioielli.

III. ORA TOCCA A TE!

III-1. Completa i seguenti dialoghi con la battuta dell'interlocutore B seguendo le informazioni contenute nelle tracce tra parentesi e usando la locuzione idiomatica pragmatica opportuna tra quelle viste negli esercizi I-1 e II-1.

1) A: I ceci non li voglio! Non mi piacciono! Voglio l'omogeneizzato! Oppure non mangio.
   (La madre esasperata rimprovera il figlio e gli ricorda che ha già cinque anni e che è grande sia per fare i capricci sia per mangiare gli omogeneizzati)
   B: _____

2) A: L'erba è troppo alta e i fiori sono secchi, perché non pulisci il giardino?
(Paolo, gran fannullone, dice alla moglie che sarebbe meglio chiamare il giardiniere e farlo sistemare da lui, così poi non ci pensano più per un bel po' di tempo)

B: _____

3) A: Il ristorante dove siamo andati ieri non era un granché: cibo scadente, camerieri antipatici, servizio lento, …
(L'amico condivide la sua opinione ammettendo che il conto era salatissimo e aggiunge che, per quanto riguarda la cucina, aveva sentito dire che qualche mese prima alcuni clienti erano stati intossicati, ma non ci aveva voluto credere)

B: _____

IV. ALTRE IN ARRIVO!

IV-1. Lo sapevi che gli italiani usano sostantivi di parentela per replicare all'interlocutore ed esprimere rimprovero e/o disaccordo o per correggere le sue affermazioni? Ascolta e leggi i seguenti dialoghi, facendo attenzione alle locuzioni idiomatiche pragmatiche in neretto.

1) Lucia: Bella amica che sei! Bugiarda! Hai detto che mi avresti telefonato per andare al cinema e poi non ti sei fatta sentire!
Ilaria: Bugiarda dillo **a tua sorella** e poi ho provato mille volte a chiamarti, ma era sempre occupato.

2) Nadia: Ti dico che quell'attore non è Brat Pitt!
Monica: **No, è mio nonno!** Ma non lo vedi che è proprio lui. Lo sanno tutti che è il protagonista di questo film.

3) Marina: Mi raccomando! Non fumare, non bere, cerca di essere gentile e, soprattutto, non dire parolacce. Lo sai che i miei genitori ci tengono a queste cose.
Marco: Basta! **Non sei mica mia madre!** La vuoi smettere di ripetermi cosa devo e non devo fare!

IV-2 A chi si riferiscono i sostantivi "sorella", "nonno" e "madre" impiegati nelle locuzioni precedenti? Hanno qualcosa a che vedere con le reali figure familiari nominate, ossia con la sorella di Lucia, il nonno di Monica e la madre di Marco?

IV-3. Cosa diresti nelle seguenti situazioni? Scrivi la battuta adeguata al contesto descritto usando le locuzioni idiomatiche pragmatiche viste nell'esercizio IV-1.

1) Sei in macchina e stai guidando tranquillamente mentre ascolti l'ultimo cd di Antonello Venditti; all'improvviso il solito buzzurro ti sorpassa e ti dice "E vai, lumacone!":

Tu: _____

2) Alla radio stanno passando "Azzurro, il pomeriggio è troppo azzurro…" e il tuo collega Manfrellini dice che il cantante non è Adriano Celentano:

Tu: _____

3) Il tuo amico Francesco ti sgrida perché ieri siete andati alla festa di Giulio e hai esagerato un po' con l'alcol:

Tu: _____

13. FACCIAMO IL PUNTO DELLA SITUAZIONE

I. IPOTESE VERE O FALSE?

I-1. **A partire dal contenuto dalle tracce, costruisci le battute dell'interlocutore A usando le locuzioni idiomatiche pragmatiche contenute nel riquadro e l'aggettivo indicato tra parentesi.**

a. Dillo a tua sorella!	b. Ti ha mangiato la lingua il gatto!?	c. La vita è una sola
d. Hai la coda!?	e. Ti si possa seccare la lingua!	f. È mio nonno!
g. Aria!	h. Fa' una cosa di giorno!	i. Si chiama Pietro!
l. Pensa alla salute!	m. Apriti cielo, spalancati terra!	n. Ti è morto il gatto!?

Es.: A chiede a B perché non parla e non risponde alle sue domande. (silenzioso)
   Battuta di A: "Perché sei così silenzioso? Ti ha mangiato la lingua il gatto?"

Tracce:
1) A chiede a B perché è così giù, depresso. (triste)
2) A rimprovera B per non aver chiuso la porta. (maleducato)
3) A chiede a B di andare via e non rompere. (rompiscatole)
4) A racconta a B che, quando ha raccontato al loro amico Luigi di aver visto la sua fidanzata in discoteca con le amiche, lui si è incavolato tantissimo e si è messo gridare come un pazzo. (furioso)
5) A dice a B che non crede alle sue scuse e che vada a raccontare balle a qualcun altro. (bugiardo)
6) A dice a B, convinto che il ragazzo che hanno visto dal benzinaio non è il loro amico Gianni, che si sbaglia e che è proprio lui. (rimbambito)
7) A chiede a B che gli restituisca l'oggetto che gli ha prestato. (faccia tosta)
8) A prega B di fare una cosa velocemente e di non essere sempre lento come una lumaca. (pigrone)
9) A consiglia a B di essere positivo e di tirarsi su, pensando alle cose davvero importanti, senza preoccuparsi troppo di problemi facilmente superabili. (ottimista)
10) A rimprovera B di aver detto una cosa che non doveva. (pettegolo)
11) A dice a B che bisogna approfittare al massimo della vita. (pantofolaio)

II. ANDIAMO AL CINEMA!

II-1. "Marrakech express"; 1989.

Regista: Gabriele Salvatores. **Attori principali**: D. Abatantuono, F. Bentivoglio, C. Marsillach, G. Cederna, G.Alberti e M. Venturiello.
Contesto: In Marocco un gruppo di amici italiani quarantenni va ai bagni turchi. Mentre si fanno i massaggi:

Ponchia: <u>Questa è vita, ragazzi!</u> A noi ci ha rovinato il cristianesimo come cultura; una volta c'avevamo le terme, ora cosa c'abbiamo? Pizzerie!

- **La locuzione idiomatica pragmatica sottolineata esprime soddisfazione o delusione? Quando viene usata?**

II-2. "Il Signor Quindicipalle"; 1998.

Regista: Fancesco Nuti. **Attori principali**: F. Nuti, S. Ferilli.
Contesto: Cecco (Francesco Nuti) conosce una ragazza che gli piace. La ragazza gli lascia il numero del cellulare e più tardi lui tenta di telefonarle dal biliardo.

Operatore automatico: Informazione gratuita. Il numero da lei selezionato è inesistente.
Cecco: <u>Ma ti pareva!</u>

- **La locuzione idiomatica pragmatica sottolineata esprime rammarico, rassegnazione, rabbia o sorpresa? Quando viene usata?**

II-3. "Pazza famiglia"; 1994.

Regista: Enrico Montesano. **Attori principali**: E. Montesano, P. Panelli e A. Caselli.
Soggetto e sceneggiatura: Enrico Montesano e Ottavio Iemma. Sceneggiato Rai.
Contesto: Valeria, una ragazza diciassettenne, abita con il padre con cui ha molta confidenza.

Valeria: Papà, voglio fare l'amore con il mio fidanzato.
Leo, il padre: <u>Che film è!?</u>

- **Secondo te, la locuzione idiomatica pragmatica sottolineata serve per esprimere sorpresa, rabbia o rassegnazione? In quale contesto viene usata?**

Hai voluto la bicicletta...

ENUNCIATI IDIOMATICI PRAGMATICI
ED ENUNCIATI PRAGMATICI

SEZIONE 3

ENUNCIATI IDIOMATICI PRAGMATICI ED ENUNCIATI PRAGMATICI

Gli enunciati idiomatici pragmatici e gli enunciati pragmatici sono forme che, diversamente dalle locuzioni "centrali" (Sezione 1):

a) non si basano su immagini o situazioni che ne facilitano la comprensione e neanche possiedono una forma letterale che aiuti a capire il loro significato idiomatico;

b) sintatticamente e lessicalmente sono molto più fisse, spesso non attivano alcun constituente libero e subiscono meno cambiamenti nella flessione verbale o modifiche sintattiche (es.: "Ma chi ti credi di essere!?");

c) sono esclusivamente repliche, ossia risposte, reazioni a una battuta precedente; il loro significato pragmatico-situazionale è dunque legato a contesti comunicativi ben determinati, che ne spiegano e giustificano l'utilizzo.

Quelli che "sembrano" più idiomatici, cioè meno letterali, e hanno una struttura frasale completa sono **enunciati idiomatici pragmatici** (es.: "Chi lo avrebbe mai detto!?"); quelli apparentemente meno idiomatici, cioè di significato più trasparente e letterale e che non hanno una struttura frasale completa sono **enunciati pragmatici** (es.: "E a chi no!?").

INIZIAMO CON GLI ENUNCIATI IDIOMATICI PRAGMATICI

1. TRA IL LETTERALE E L'IDIOMATICO

I. ENTRIAMO IN TEMA!

I-1. Ascolta e poi leggi i seguenti dialoghi facendo attenzione all'enunciato idiomatico pragmatico in neretto.

1) A: Il televisore non si accende più, è andato!
   B:Oh no! **Ci mancava solo questo!** Ora, oltre allo stereo, dobbiamo ricomprare anche il televisore. Tanto perché abbiamo speso poco questo mese...!

2) A: Che giornataccia oggi! Centomila pratiche da sbrigare, poi il computer che si blocca di prima mattina e adesso arriva il capo.
   B: Ecco! **Ci mancava solo lui!** Quel rompiscatole!

3) A: La ristrutturazione della cucina mi è costata un sacco di soldi e, come se non bastasse, mi hanno aumentato l'assicurazione della macchina.
   B: Certo che **questa non ci voleva proprio!** È sempre così: le cose capitano nel momento meno opportuno.

4) A: Lo sai che Ilaria è scappata con un hippy che ha conosciuto al concerto dei cugini di Bob Marley?
   B: Che tipa questa! **Chi l'avrebbe mai detto!** Tre anni fa voleva farsi suora.

5) A: Devo dirti una cosa ... Sì ... Cioè ... Ieri ho fatto un incidente e ho bozzato la tua Mercedes 500 nuova di zecca. Ma non ti preoccupare, ci penso io a farla aggiustare.
   B: E ci credo! **Ci mancherebbe altro!**

6) A: Stamattina ho fatto quaranta chilometri con la bici. Ho un male alle gambe!
   B: **Chi te lo ha fatto fare!?** Guarda me: tutta la giornata in poltrona a leggere il giornale e sono in piena forma!

II. PARAFRASIAMO!

II-1. Rileggi i dialoghi e scegli la parafrasi giusta per ognuno degli enunciati idiomatici pragmatici indicati (attenzione: alcuni hanno lo stesso significato).

ENUNCIATO IDIOMATICO PRAGMATICO	PARAFRASI
1. Ci mancava solo questo!	a. Non lo avrei mai immaginato!
2. Chi te lo ha fatto fare!	b. Eh no! Dopo tutto quello che è successo, questo è troppo!
3. Questa non ci voleva proprio!	c. Ma perché l'hai fatto!?
4. Chi l'avrebbe mai detto!	d. Sicuramente sì, questo è il minimo che si può fare.
5. Ci mancherebbe altro!	
6. Ci mancava solo lui!	

III. COMPLETIAMO!

III-1. In base alla situazione comunicativa descritta, completa i dialoghi seguenti con gli enunciati idiomatici pragmatici adeguati scegliendo tra quelli presentati negli esercizi I-1 e II-1.

1) **Situazione:** Alfredo e Giuliana sono a casa.

   Alfredo: Il vicino mi ha chiesto gentilmente se potevo dargli una mano e io, stupidamente, gli ho detto di sì: mi ha chiesto di portargli a casa tre bombole del gas.
   Giuliana: Certo che tu sei proprio scemo! _____ !?

2) **Situazione:** Giancarlo e Michele parlano del loro amico Gianni, che ha ereditato una grossa cifra dalla zia Ugolina.

   Giancarlo: Ma lo sai che il nostro Gianni si dà al golf e frequenta soltanto posti snob.
   Gigi: _____ ! Non me lo sarei mai aspettato da uno come lui, grande appassionato di bocce e divoratore di trippa.

3) **Situazione**: In aereo: dalla cabina si prega i passeggeri di allacciare le cinture perché si prevedono turbolenze.

   Giovanna: Amore, non ti preoccupare, vedrai che non succede niente.
   Enrico: Non succede niente un cavolo! Lo sai che ho il terrore degli aerei! E ora pure le turbolenze!
   _____ !

4) **Situazione**: Due giovani fidanzati parlano del loro futuro matrimonio.

   Laura: Allora ci sposeremo in chiesa come vuole mia madre?
   Diego: _____ ! Non vedo l'ora di accontentare la suocera...!

5) **Situazione**: Carlo e Lucio parlano di una cena che sono stati costretti ad organizzare senza averne molta voglia.

   Carlo: Ah, dimenticavo. Ha telefonato Enrico e dice che viene anche lui alla cena.
   Lucio: Cavolo! Dovremo sopportare anche quello scocciatore! _____ !

6) **Situazione**: 25 aprile, fine mese, Stefania prende la posta.

   Stefania: Guarda un po' cosa è arrivato: la bolletta del gas, 500 euro!
   Pippo: Ecco, _____ ! Ma dico, certo che quelli del gas non si dimenticano mai di spedirle le bollette, eh!?

IV. Ora tocca a te!

IV-1. Le seguenti situazioni si articolano in tre momenti principali, ognuno dei quali corrisponde a una fase di un evento negativo o "sfortunato". Prova a rimettere in ordine cronologico le fasi dell'evento; inventa poi il dialogo relativo ai fatti narrati, usando i tre enunciati idiomatici pragmatici contenuti nel riquadro corrispondente.

Ci mancava solo questo!	Ci mancava solo lui!	Questa non ci voleva proprio!

1) Giovanni, il solito vicino rompiscatole, ha bisogno di un asciugacapelli perché il suo si è fulminato.
2) Alessia e Andrea stanno vedendo il loro film preferito alla TV ma improvvisamente salta la luce.
3) Torna la luce e pensano di poter finalmente vedere il film, ma qualcuno suona alla porta.

Chi glielo fa fare!?	Ci mancherebbe altro!	Chi l'avrebbe mai detto!

1) Giovanni però non condivide per niente la decisione di Cesare e prevede che se ne pentirà. Non capisce perché abbia accettato e dice che, in fin dei conti, era meglio chiamare una baby sitter piuttosto che tenere la suocera tra i piedi giorno e notte.
2) Due amici, Mario e Giovanni, si incontrano al bar e parlano di Cesare, un loro vecchio compagno di scuola. I due sono stupiti del fatto che Cesare abbia accettato che la suocera, con cui non è mai andato molto d'accordo, vada a vivere a casa sua.
3) Mario dice che la suocera si è offerta di aiutare Cesare e la moglie con i bambini quando loro saranno al lavoro, e Giovanni afferma che rendersi utile gli sembra il minimo che la suocera possa fare.

V. Altre in arrivo...

V-1. Ti presentiamo ora un nuovo gruppo di enunciati idiomatici pragmatici con una [carat]teristica in comune: la presenza del pronome relativo "chi". Ascolta e leggi i seguenti dialoghi facendo attenzione all'enunciato idiomatico pragmatico in neretto.

1) **Giulio:** Hai visto il nuovo giocatore del Milan? Quello **si crede chissà chi**, e invece è un vero bidone.
   Luciano: L'ho visto sì! Domenica scorsa ha sciupato ben tre palle goal.

2) **Lucia:** Ho i nervi a pezzi, sono agitatissima. Non è che me la faresti una tisana?
   Laura: Prima mi hai chiesto di farti la spesa, poi di prepararti il pranzo e ora anche la tisana! Mica sono la tua serva io! **Ma chi ti credi di essere!?**

3) **Angela:** Cosa!? Alberto è uscito con Anna? Proprio quella Anna che conosciamo noi?
   Sofia: Sì sì, proprio lei! Se lo viene a sapere **chi so io**, sono guai!

V-2. Ecco il significato e le intenzioni comunicative nascoste -implicature- di ognuno degli enunciati idiomatici pragmatici usati nei dialoghi prcedenti. Abbina ogni enunciato idiomatico pragmatico dell'esercizio V-1 con il significato e le implicature corrispondenti.

a. *Significato*: tu credi di essere la mia padrona.
   Implicature: tu non sei nessuno per darmi ordini.

b. *Significato*: sto parlando di una persona di cui preferisco non fare il nome.
   Implicature: se lo scopre l'altra persona, che non accetta che Anna esca con qualcuno, si arrabbierà di brutto.

c. *Significato*: crede di essere un bravo giocatore.
   Implicature: si dà delle arie e invece è un calciatore piuttosto scarso.

V-3. Ricostruisci i dialoghi unendo le frasi della colonna A con quelle della colonna B e usando gli enunciati idiomatici pragmatici *"si crede chissà chi"*, *"chi so io"*, *"ma ti chi credi di essere!?"*.

A	Enunciati idiomatici pragmatici	B
1. Sai cosa ho pensato di fare? Ora che ho trovato lavoro, voglio offrire a tutti i nostri amici un bel fine settimana in un albergo di lusso!	a. Quello **si crede chissà chi**	a. Scommetto che è stato uno che conosco... Quello con il computer è un mostro!
2. Chi sarà l'hacker che è riuscito ad entrare nel data base di alcune banche della città?	b. Sarà **chi so io...**	b. ma è nato in una borgata di periferia!
3. Luigi vuole cambiare club perché dice che quello che frequenta ora è strapieno di cafoni.	c. Ma che dici!? Sei impazzito!? **Ma chi ti credi di essere!?**	c. Ti hanno assunto come impiegato, mica sei miliardario!

V-4. A partire dalle situazioni comunicative descritte, costruisci le battute o repliche degli interlocutori indicati usando i tre enunciati idiomatici pragmatici visti negli esercizi V-1, V-2 e V3.

1) Giorgio condivide l'appartamento con altri studenti. Entra in bagno e trova acqua dappertutto. Si chiede chi possa essere stato e gli viene in mente uno di loro, ma non vuol fare nomi.

   Giorgio: _____

2) Un magistrato sta indagando su un giro di tangenti e scopre che un politico è coinvolto; ne parla con un suo collega, dicendogli che spesso questi uomini politici pensano di poter stare al di sopra della legge e si sentono diversi dalla gente comune.

   Magistrato: _____

3) Luigi racconta a Mario che ha sentito Jimmy, palestrato tutto muscoli e poco cervello, vantarsi del fatto che lui di ragazze ne ha quante ne vuole e che gli basta uno sguardo per farle cadere ai suoi piedi. Mario reagisce stupito, dicendo che si crede il migliore ma in realtà tutti sanno che uno scemo.

Mario: _____

2. COSA E COSE, MA QUALI?

I. ENTRIAMO IN TEMA!

 I-1. Ci sono enunciati idiomatici pragmatici nei quali appare un riferimento a qualcosa di apparentemente indeterminato o indefinito, introdotto dal sostantivo generico "cosa" o dal pronome "questo". Come potrai notare, in realtà il sostantivo "cosa" o il pronome "questo" rimandano a un referente noto e condiviso da entrambi gli interlocutori.

1) A: Durante la settimana non vedo l'ora che sia venerdì per stare in famiglia, ma poi il sabato non vedo l'ora che sia lunedì per tornare al lavoro.
   B: È proprio vero! Stare con i bambini 24 ore su 24 **è una cosa...**

2) A: Antonello è un bravo ragazzo ma **ha un non so cosa...**
   B: A me fa venire un nervoso quando fa quei discorsi sul lavoro e sulla carriera...

3) A: Che casino ha combinato Carletto a casa dei genitori di Lucia!
   B: **Lui ha questo...** Ormai lo conosciamo tutti: basta che beva un po' più del normale e perde il controllo.

4) A: Ieri in pizzeria tutto bene, ma c'era Roberta che si è messa a fare la scema... E io mi sono innervosito.
   B: Che c'è? Ti è antipatica?
   A: No, **non è questo...** È che semplicemente non andiamo d'accordo.

5) A: Marina, secondo me, è un po' fuori di testa.
   B: Sicuramente è un po' strana. A volte **dice delle cose...**

II. A CIASCUNO IL SUO!

II-1. Sapresti dire a quale elemento o significato rimandano o si riferiscono i termini anaforici "cosa" e "questo" presenti negli enunciati idiomatici pragmatici dell'esercizio I-1? (Ricorda che un termine anaforico si riferisce a un contenuto del discorso espresso precedentemente oppure implicito)

1. È una cosa...	a. Dice delle cavolate.
2. Ha un non so cosa...	b. Ha un qualcosa di strano, di particolare.
3. Lui ha questo...	c. Lui ha questa caratteristica/difetto/modo di essere.
4. Non è questo...	d. Non è questo il problema, c'è un'altra ragione...
5. Dice delle cose...	e. È una situazione, un problema, un evento duro/complicato/difficile/ecc.

III. ORA TOCCA A TE!

III-1. E tu cosa diresti nelle seguenti situazioni? Scrivi le battute o repliche adeguate ricordandoti di usare in ognuna di esse l'enunciato idiomatico pragmatico opportuno tra quelli visti negli esercizi I-1 e II-1.

1) Qualcuno ti racconta che nel parco naturale del Cilento vogliono costruire una discarica. Tu esprimi la tua sorpresa e rabbia.

   Replica: _____

2) Ti dicono che il nuovo istruttore di windsurfing è bravo, ma è un tipo un po' strano. Tu hai la stessa opinione.

   Replica: _____

3) Marta parla di Marcello, il vostro vicino di casa, e ti dice che è un marito attento e affettuoso, ma in casa non fa nulla: non mai ha fatto una lavatrice, né lavato i piatti, né stirato uno straccio di camicia. Tu sei d'accordo, ma tenti in qualche modo di giustificarlo, ricordando a Marta che Marcello ha sempre affermato di detestare i lavori di casa.

   Replica: _____

4) Senti al telegiornale che, all'epoca dei grandi processi antimafia, certi politici pensavano che i magistrati Falcone e Borsellino indagassero sulla mafia per danneggiare i loro partiti. Tu esprimi il tuo disaccordo.

   Replica: _____

5) Carlo ti rinfaccia che non vuoi giocare a tennis con lui perché non ti sta simpatico. Tu gli spieghi che sbaglia e che il problema è un altro: non puoi giocare perché sei troppo impegnato e non hai un minuto libero.

   Replica: _____

CAMBIAMO DISCORSO E PASSIAMO AGLI ENUNCIATI PRAGMATICI!!!

3. E TU... CHE VUOI DI PIÙ DALLA VITA!?

I. ENTRIAMO IN TEMA!

I-1. Gli enunciati pragmatici che ti presentiamo in questa unità hanno due caratteristiche: sono domande di tipo "retorico" (non sono cioè usate dal parlante per chiedere realmente un'informazione, non prevedono una risposta vera e propria perché questa è già implicita nella situazione comunicativa) e sono costruiti tutti con il pronome interrogativo "che". Ascolta e poi leggi i seguenti dialoghi facendo attenzione agli enunciati pragmatici in neretto.

1) A: Ti posso dare un consiglio? La minigonna è molto più sexy dei pantaloni...
   B: Mettermi le minigonne io? Ormai no ... **Che vuoi!?** ... Alla mia età.

2) A: Non c'è un cane per la strada!
   B: **E che vuoi!?** Col freddo che fa, la gente resta a casa a guardare la tv.

3) A: Mi sono comprato un maglione al mercato e la prima volta che l'ho messo in lavatrice si è scolorito e ristretto.
   B: **E che ti aspettavi!?** La roba del mercato spesso non è un granché! Altrimenti non costerebbe così poco.

4) A: A quarant'anni sei il solito casinista! Tutte le sere in giro a fare danni: ragazze, discoteche, ecc.
   B: Eh già, non cambierò mai... **Ma che vuoi farci!?** Io sono fatto così.

5) A: Come ti sei trovato al mare con gli amici?
   B: **Che vuoi che ti dica!?** Niente di speciale, le solite vacanze: spiaggia la mattina, shopping il pomeriggio e discoteca la sera.

6) A: Sono disperato, la mia ragazza mi ha tradito con il mio miglior amico: quel cretino di Vicenzo!
   B: **E che vuoi che sia!?** Un ragazzo come te, bello e intelligente, di ragazze ne trova quante ne vuole!

7) A: Allora vai a cena e poi in discoteca con gli amici? D'accordo, ma stai attento, mi raccomando!
   B: Sta' tranquilla mamma, andrà tutto bene, **che vuoi che succeda!?**

I-2. Leggi attentamente i dialoghi precedenti e cerca di indicare se gli enunciati pragmatici sono detti con rassegnazione (RS) oppure servono per sdrammatizzare il fatto citato (SD).

II. COMPLETIAMO!

II-1. Completa i dialoghi con gli enunciati pragmatici contenuti nel riquadro.

a. Ma che vuoi farci!?	b. E che vuoi!?	c. E che ti aspettavi!?
d. Che vuoi che ti dica...!?		e. E che vuoi che le dica!?

1) A: Ma non vedi che tua figlia torna sempre alle tre di mattina!? Dille qualcosa!
   B: _____ Lei fa sempre di testa sua.

2) A: Com'è andata alla fiera del mobile a Roma?
   B: _____ Le solite cose: dovevamo scegliere che cucina comprare e invece niente... Mia moglie non ha trovato nulla che fosse di suo gusto.

3) A: Sai che non ho superato il concorso per entrare in banca? Peccato, ci speravo...
   B: _____ Lo sai che oggi senza raccomandazioni c'è poco da fare.

4) A: Mi dispiace che Carlo sia sempre così solo! Sembra proprio che non abbia nessuna amicizia.
   B: _____ È normale, come fa a conoscere gente se sta sempre chiuso in casa a studiare!?

5) A: Oh no! Guarda che fila che c'è! Non riusciremo mai ad entrare prima dell'inizio del concerto!
   B: _____ Te l'avevo detto che dovevamo arrivare prima!

III. A CIASCUNO IL SUO...!

III-1. Collega le frasi della colonna A con quelle della colonna B usando gli enunciati pragmatici indicati.

A	Enunciati pragmatici	B
1. Mio marito è una frana in cucina, non sa fare neanche un uovo fritto! Ho provato a insegnargli qualcosa, ma niente, è negato... Che dici? Che posso fare?	a. **E che vuoi!?**	a. Mollalo e sposa un cuoco! Così avrai sempre la cena pronta!
2. Luigi non si è più fatto vivo! Strano, prima mi chiamava tutti i giorni.	b. **Che vuoi che ti dica!?**	b. Lo sai che in fondo è un sentimentalone...
3. Gianni, tutte le volte che vede "Bamby", si mette a piangere!	c. **E che vuoi farci!?**	c. Ti sei mangiato un piattone di spaghetti alla puttanesca pieno di peperoncino!
4. Mamma mia, quanto mi brucia la lingua!	d. **E che ti aspettavi!?**	d. Dopo che gli hai detto che ti stava soffocando con tante telefonate, è logico che non si sia fatto più sentire.

IV. Situazioni tracciate...!

IV-1. Individua gli enunciati pragmatici presenti nei dialoghi e con ogni enunciato pragmatico trovato crea poi dei nuovi dialoghi seguendo le indicazioni fornite nelle tracce.

1) **Situazione**: La sposa racconta a un'amica cosa è successo il giorno del suo matrimonio.

Sposa: All'improvviso tutti gli invitati hanno iniziato a cantare in coro: "DIS-COR-SO, DIS-COR-SO" e poi :"BA-CIO, BA-CIO"... Mi sono sentita così in imbarazzo, mi guardavano tutti!! Credevo di morire...
Amica: E che vuoi!? È la tradizione! Si usa così.

Sapresti dire qual è l'enunciato pragmatico con cui l'amica giustifica e minimizza il fatto narrato dalla sposa, ossia ne riduce la "drammaticità"? _____

Leggi le tracce seguenti e, per ognuna di esse, scrivi il dialogo corrispondente usando l'enunciato pragmatico trovato.

a) La signora Pina è arrabbiata con il figlio perché esce tutte le sere; il marito minimizza l'accaduto dicendo che è giovane e che è normale che voglia divertirsi e stare con gli amici.
b) La baby sitter si lamenta del fatto che Pierino si è sporcato di cioccolata mentre mangiava una merendina; la nonna minimizza l'accaduto dicendo che è un bambino e che i bambini si sporcano sempre.
c) Mario racconta a un suo collega di aver portato la sua nuova fidanzata a cena nel ristorante più elegante della città e di aver pagato un conto salatissimo; il collega gli risponde che doveva aspettarselo perché si sa che il ristorante dove è andato è carissimo.

2) **Situazione**: Due amici, Carlo e Angelo, parlano del clima in Lombardia.

Carlo: In "Che tempo fa?" il colonnello dell'aeronautica ha detto che pioverà per tutta la settimana.
Angelo: E che vuoi farci!? D'altra parte a dicembre a Milano che altro ci si può aspettare?

Sapresti dire qual è l'enunciato pragmatico con cui Angelo esprime rassegnazione?

_____

Leggi le tracce seguenti e, per ognuna di esse, scrivi il dialogo corrispondente usando l'enunciato pragmatico trovato.

a) Il signor Mussio, impiegato di banca e pantofolaio incallito, è arrabbiato perché anche stasera trasmettono i soliti programmi da tv-spazzatura; la moglie esprime la sua rassegnazione dicendo che si sa che in televisione i programmi di qualità sono ben pochi.
b) L'inquilino del terzo piano racconta al vicino che è la seconda volta in un mese che gli si rompe il riscaldamento; il vicino risponde che l'impianto è vecchio e che, finché non lo cambia, deve rassegnarsi ad avere spesso dei problemi.
c) Michele racconta a Giulia di non poter andare alla festa di compleanno del suo miglior amico perché gli tocca il turno di notte al lavoro; Giulia risponde che è un peccato, ma che con il lavoro che fa non si sa mai che turno deve fare.

3) **Situazione**: L'avvocato Granelli sta parlando con un suo collega.

Granelli: Non è giusto che a sessant'anni mi abbiano trasferito in un'altra città!
Collega: E che ti aspettavi!? Le aziende al giorno d'oggi sono spietate! Pensano solo al profitto!

Sapresti dire qual è l'enunciato pragmatico con cui il collega corregge ed esprime accettazione di fronte a quanto affermato dall'avvocato Granelli, mostrando di non esserne per niente stupito?

_____

Leggi le tracce seguenti e, per ognuna di esse, scrivi il dialogo corrispondente usando l'enunciato pragmatico trovato.

a) Racconti a un tuo amico di aver letto sul giornale che alcune aziende hanno inserito in internet una sorta di virus per evitare che la gente scarichi musica in MP3. Il tuo amico replica che c'era da aspettarselo.
b) Maria Pia, arrabbiata, dice al marito che il figlio Pierino è stato bocciato di nuovo; il marito, per niente stupito, dice che è normale, visto che non lo ha mai visto aprire un libro durante l'intero anno scolastico.

c) Veronica racconta disperata che il fidanzato l'ha mollata per un uomo. L'amica, poco sensibile e molto perspicace, le dice di non essere affatto stupita perché lei aveva già notato degli indizi: alla festa di Mario il fidanzato di Veronica non aveva staccato gli occhi di dosso al cubista cubano.

4) Situazione: Angela racconta a Sonia di essere venuta a conoscenza di una notizia che l'ha sorpresa tantissimo.

Angela: Ho saputo che Sergio è entrato in seminario! Da lui non me lo sarei mai aspettato, non sembrava proprio che avesse una vocazione religiosa.
Sonia: E che vuoi che ti dica!? La gente cambia e poi Sergio è sempre stato un tipo un po' particolare, da lui ci si può aspettare di tutto!

Sapresti dire qual è l'enunciato pragmatico con cui Sonia minimizza l'evento narrato e esprime scarso stupore e accettazione? _____

Leggi le tracce seguenti e, per ognuna di esse, scrivi il dialogo corrispondente usando l'enunciato pragmatico trovato.

a) Simone annuncia alla madre di aver deciso di lasciare l'università per andare a lavorare in Madagascar con Greenpeace; la madre gli risponde che non sa cosa consigliargli, che faccia come vuole perché la vita è sua ed è abbastanza grande per decidere da solo.
b) Davide chiede all'amico medico un consiglio perché suda molto e non sa come risolvere il problema; l'amico dice di non conoscere nessun rimedio in particolare, anche se ha sentito dire che negli Stati Uniti stanno sperimentando dei farmaci specifici che contengono una proteina naturale che riduce la sudorazione.
c) Il ragionier Rossi racconta al cognato di avere problemi nei rapporti con i suoi colleghi e di non trovarsi bene in ufficio; il cognato non dà molto peso alle lamentele del ragioniere e gli dice che non sa cosa consigliargli e che forse la soluzione migliore è che pensi a lavorare bene senza preoccuparsi di nient'altro.

5) Situazione: Giuseppina, che ha la fobia di volare, spiega a Lucia le sue paure.

Giuseppina: Sono terrorizzata perché devo prendere l'aereo per andare a Palermo!
Lucia: E che vuoi che sia!? Ne precipita uno su diecimila; mica toccherà proprio a te!

Sapresti dire qual è l'enunciato pragmatico con cui Lucia sdrammatizza l'evento e cerca di incoraggiare Giuseppina? _____

Leggi le tracce seguenti e, per ognuna di esse, scrivi il dialogo corrispondente usando l'enunciato pragmatico trovato.

a) Nicola dice alla moglie di non voler andare dal dentista a farsi togliere due denti del giudizio perché ha paura; la moglie gli risponde che sta esagerando e che, con l'anestesia, non sentirà nussun dolore.
b) Nonno Libero, un po' ipocondriaco, dice alla figlia di sentire sempre un bruciore agli occhi e di temere che, un giorno l'altro, resterà cieco; la figlia, stanca delle sue continue lamentele, gli dice di smetterla, che andranno dall'ottico e che sicuramente non è niente di grave.
c) Il signor Mussio non sa se accettare l'invito del cugino che vive a 300 km perché il viaggio è lungo e non ha voglia di guidare; la moglie gli risponde che non è così distante e che è sempre il solito pantofolaio pigro.

6) Situazione: Alcuni amici sono a pranzo in una cascina di campagna. Vittorio scherza sul fatto che Ugo dia una mano in cucina.

Vittorio: Ma dai, smettila di sparecchiare! Un mio amico ha cominciato così e poi nel giro di un mese ha iniziato a farsi le unghie...
Ugo: Ma che vuoi che succeda!? Sei il solito maschilista. Quando imparerai che tutti dobbiamo dare una mano!?

Sapresti dire qual è l'enunciato pragmatico con cui Ugo esprime disaccordo con quanto affermato da Vittorio e sostiene che non c'è nessuna ragione per preoccuparsi? _____

Leggi le tracce seguenti e, per ognuna di esse, scrivi il dialogo corrispondente usando l'enunciato pragmatico trovato.

a) Giuliano è gelosissimo della sua fidanzata e dice al suo amico di non poter sopportare che lei vada in discoteca con le amiche; l'amico gli risponde che non si deve preoccupare perché lei è innamoratissima di lui e non succederà niente.

b) Due amici in piscina: uno dice all'altro che, se continua a bere litri di birra tutte le sere, gli verrà una pancia come un pallone; l'altro risponde che questo non lo preoccupa, perché tanto lui ha un bel viso e alle donne piacerà anche con la pancia gonfia.

c) Anna racconta alla madre di aver dimenticato il compleanno del marito; la madre le risponde che non si deve preoccupare perché di sicuro anche il marito, rincoglionito com'è, se ne sarà dimenticato.

4. SI DISLOCA A SINISTRA

I. Entriamo in tema!

 I-1. Gli enunciati pragmatici che studieremo in questa unità hanno in comune un tratto linguistico: il complemento di termine appare al primo posto, ossia all'inizio della frase. Leggi i dialoghi e prova a individuare quale delle parafrasi indicate nel riquadro corrisponde agli enunciati pragmatici in neretto.

a. A tutti piacciono queste cose!   b. A questa cosa non ci credo, mica sono scemo!
c. A me di questa cosa non me ne importa niente!   d. Una cosa simile l'ho vissuta anch'io!

1) A: Mi piacciono lo champagne, il gelato, la crostata di frutta, insomma, mi piace mangiare bene.
   B: **E a chi no!?** Le cose buone sono buone.

2) A: Mannaggia la miseriaccia! Sono scivolato su una buccia di una banana e mi sono rotto una gamba. Certo che sono davvero sfortunato! Capitano tutte a me!
   B: **A chi lo dici!?** Il mese scorso ho sbattuto contro un vetro e mi sono rotto il naso.

3) A: Giorgia, centoventi chili e tutta ciccia, ha fatto una cura dimagrante e ha perso dieci chili in una settimana.
   B: Mah va! **A chi la racconti!?** È impossibile dimagrire tanto in così poco tempo.

4) A: Lo sai che oggi è la giornata mondiale per la difesa delle scimmie africane.
   B: **E a me!?** Ho tanti di quei problemi che, sinceramente, delle scimmie africane non me ne può fregare di meno.

II. A ciascuno il suo!

II-1. Ricostruisci i dialoghi unendo le frasi della colonna A con quelle della colonna B e usando gli enunciati pragmatici "E a chi no!?", "A chi lo dici!", "A chi la racconti!?" e "E a me!?".

A	Enunciati pragmatici	B
1. Il 1 maggio è la Festa dei lavoratori	a. **E a chi no!?**	a. Tutti vorremmo passare due giorni tra sauna, bagno turco e massaggi!
2. Sai cosa mi piacerebbe fare? Partire tutti i fine settimana e andare a rilassarmi alle terme!	b. **A chi lo dici!?**	b. Io sono disoccupato da due anni! Non ho niente da festeggiare.
3. L'informatica non fa per me.	c. **Ma va'! A chi la racconti!?**	c. Io il computer non lo so neanche accendere!
4. Non ti puoi immaginare chi ho visto ieri! George Clooney! E mi ha dato un bacio!	d. **E a me!?**	d. Con tutte le ragazze che ci sono, figurati se dà un bacio a una cozza come te!

III. Ora tocca a te!

III-1. E tu cosa diresti nelle seguenti situazioni? Scrivi le battute o repliche adeguate ricordandoti di usare in ogni replica l'enunciato pragmatico opportuno tra quelli visti negli esercizi I-1 e II-1.

1) Giovanna ti dice che l'ultimo concerto di Antonello Venditti le è piaciuto tantissimo. Tu le rispondi che è stato davvero un bel concerto e che infatti è piaciuto a tutti gli spettatori.

   Replica: _____

2) La zia Angela ti fa sapere che soffre d'insonnia e che non riuscire a dormire è un grosso problema. Tu le dici che lo sai bene, perché purtroppo anche tu hai problemi ad addormentarti.

   Replica: _____

3) Il tuo vicino di casa, un tipo un po' superbo, ti dice che il suo appartamento è eccezionale: è caldo d'inverno e fresco d'estate. Tu, che non sopporti che si vanti sempre delle sue cose e sai che la sua casa è un ghiacciaio di inverno e un forno d'estate, gli fai capire che non ci credi.

   Replica: _____

4) Mario ti dice che si è appena comprato la nuova BMW che tu hai sempre desiderato; tu, arrabbiatissimo e un po' invidioso, gli dici che non te ne importa un bel niente.

   Replica: _____

5. REPLICO E COME!

I. Entriamo in tema!

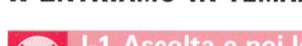

I-1. Ascolta e poi leggi a voce alta i seguenti dialoghi facendo attenzione all'enunciato pragmatico in neretto.

1) A: Certo che Giulia è stata fortunata a trovare quel lavoro in banca a cinquanta anni!
   B: **Puoi dirlo forte!** A una certa età mica è facile trovare un impiego così!

2) A: Li hai lavati tu i piatti e le posate?
   B: **Tu che dici!?** Per forza, altrimenti dovevamo mangiare con le mani.

3) A: Sono andato al mare e non ho potuto fare il bagno. Non ci crederai, ma ho dimenticato il costume.
   B: **Ma come si fa!?** Certo che sei proprio rimbambito!

4) A: Le misure di Marina, 60-90-60, sono del tutto naturali.
   B: **Non credere, sai!** Secondo me, qualche ritocco l'ha fatto.

5) A: Come procedono i lavori di ristrutturazione a casa tua?
   B: Guarda, **non me ne parlare!** Proprio ieri l'imbianchino ha sbagliato il colore del salotto, per cui tutto da rifare.

6) A: Ieri un casino che non ti dico: per sbaglio ho buttato le chiavi di casa nel cassonetto dell'immondizia, uno schifo per riprenderle!
   B: Certo che **anche te...** Ma dove ce l'hai la testa!?

7) A: Cavolo! Dove sono finiti i cd di Zucchero che avevo appena comprato?
   B: **Non guardare me!** Lo sai che Zucchero non mi piace.

8) A: Hai saputo? Marco e Marina sono tornati insieme.
   B: **E che ti dicevo!** Te l'avevo detto che li ho visti sbaciucchiarsi.

9) A: Allora alla fine la sposi davvero Anna?

   B: **E come faccio!?** A questo punto non mi posso più tirare indietro: 300 invitati, la casa comprata, ...

10) A: Dopo che il tuo socio ti ha fatto perdere migliaia di euro con quegli investimenti sbagliati ancora gli rivolgi la parola!?

   B: **E che ci posso fare!?** In fondo è mio cognato e poi non sapeva che fossero sbagliati.

I-2. Rileggi i dialoghi precedenti. Negli enunciati pragmatici usati da B, cioè nelle repliche, quale intenzione è vera e quale falsa? Qual è la funzione dell'enunciato pragmatico? Scegli tra le due opzioni quella che ritieni corretta.

1) B usa **"Puoi dirlo forte!"**:

   a) perché non ci sente da un orecchio.
   b) per dire al suo interlocutore che ha proprio ragione, cioè per esprimere accordo o conferma con quanto gli è stato detto.

2) B adopera **"Tu che dici!?"**:

   a) per rimproverare la moglie per la sua domanda e affermare che è evidente che abbia lavato i piatti.
   b) per chiederle se veramente ha lavato i piatti perché non se lo ricorda.

3) B inizia il suo intervento con **"Ma come si fa!?"**:

   a) per chiedere al suo interlocutore come ha fatto a dimenticare il costume.
   b) per rimproverare la sbadataggine di A.

4) B adopera **"Non credere, sai!"**:

   a) per consigliare all'interlocutore di non essere ingenuo e di non fidarsi di tutto quello che gli dicono.
   b) per esprimere un disaccordo totale con quanto detto da A e affermare che lui sa con certezza che le misure di Marina non sono naturali.

5) B adopera **"Non me ne parlare!"**:

   a) perché è talmente incavolato per quello che è successo che non vuole neanche pensarci.
   b) perché ha mal di testa e non vuole parlare con A.

6) B adopera **"anche te..."**:

   a) perché anche B ha buttato le chiavi nella spazzatura.
   b) per rimproverare la sbadataggine di A.

7) B adopera **"Non guardare me!"**:

   a) per respingere l'accusa di A e affermare che lui non c'entra niente con la scomparsa dei dischi.
   b) perché è timido e si sente a disagio se qualcuno lo guarda fisso negli occhi.

8) B adopera **"E che ti dicevo!"**:

   a) per riprendere un discorso iniziato prima.
   b) perché B lo aveva capito e aveva già accennato ad A qualcosa in proposito.

9) B adopera **"E come faccio!?"**:

   a) perché non sa qual'è il ruolo dello sposo, cosa dovrá fare il giorno del matrimonio.
   b) perché ormai ha preso un impegno e non ha altra scelta, non può più tirarsi indietro.

10) B adopera **"E che ci posso fare!?"**:

   a) perché non può fare altro che accettare il fataccio.
   b) perché non sa a chi chiedere aiuto per risolvere la situazione.

II. SITUAZIONI TRACCIATE!

II-1. A partire dalle battute dell'interlocutore A, ricostruisci le risposte o repliche di B esprimendo il contenuto della traccia indicata tra parentesi e usando gli enunciati pragmatici opportuni visti negli esercizi I-1 e I-2.

1) A: Mamma lo so, ho sbagliato, mi merito una punizione esemplare.
   (questo è sicuro, non uscirai per un mese)
   B: _____ .

2) A: Che puzza! Che odore cattivo! Non hai fatto la doccia?
   (io non c'entro niente, ho fatto la doccia e ho messo anche il deodorante)
   B: _____ .

3) A: Marco si è comprato un costumino tigrato che non lascia niente all'immaginazione.
   (questo ragazzo è un esibizionista e ha perso il senso del pudore)
   B: _____ .

4) A: Mi piace Giuliano perché è molto tranquillo, non perde mai il controllo.
   (forse ti sbagli, perché ho sentito dire che è una persona abbastanza impulsiva)
   B: _____ .

5) A: A New York per noleggiare una limousine mi hanno fatto pagare un occhio della testa.
   (ne so qualcosa: a me hanno fatto pagare 800 dollari per un giorno)
   B: _____ .

6) A: Credo che Carla non abbia gradito che ieri, durante la cena, raccontassi cose del mio lavoro all'obitorio e i particolari delle autopsie.
   (è evidente che non lo ha gradito, avresti dovuto essere meno macabro)
   B: _____ .

7) A: Ho lasciato due bottiglie di grappa in cantina e ora sono scomparse... Ne sai qualcosa?
   (Io non c'entro niente: sono astemio e poi la grappa non mi piace)
   B: _____ .

8) A: Al telegiornale c'era la foto di Luciano, il vicino del terzo piano; a quanto pare ha una lunga carriera criminale alle spalle.
   (io avevo intuito qualcosa, ero convinto che fosse un malvivente)
   B: _____ .

9) A: È meglio che zia Angelina non sappia che Beppe è il tuo nuovo partner, la scandalizzeresti! Cerca di non farle sapere niente.
   (sarà difficile, di sicuro se ne accorgerà, mica è scema)
   B: _____ .

10) A: Senti, ma sono vere le voci che dicono che nei convegni tu fai sempre un sonnellino?
    (non posso evitarlo, lo sai che soffro d'insonnia e poi a volte gli interventi sono molto noiosi)
    B: _____ .

III. ORA TOCCA A TE!

III-1. A partire dalle seguenti situazioni comunicative, costruisci le battute dei dialoghi corrispondenti usando gli enunciati pragmatici visti nell'esercizio I-1.

1) Sei in garage e stai caricando le valigie in macchina; un tuo vicino un po' impiccione ti domanda se stai per partire e se hai qualche viaggio in programma. Tu gli rispondi che, se sei in garage a caricare le valigie in macchina, è evidente che stai per partire.

   Vicino: _____

   Tu: _____

2) Tua sorella ti racconta che il nonno si è fatto un tatuaggio sul sedere, un pitone stilizzato. Tu esprimi la tua sorpresa e disaccordo, rimproverando il nonno per il fatto che non ha più l'età per fare certe cose.

Sorella: _____

Tu: _____

3) Un tuo amico ti dice che la pizza non è un piatto molto salutare; tu invece gli dici che hai letto su un giornale che è stato dimostrato che fa diminuire il rischio di infarto.

Amico: _____

Tu: _____

4) Un collega di lavoro ti dice che il prezzo della benzina è aumentato tantissimo in un anno e tu gli racconti che l'hai notato perché l'altro ieri hai fatto il pieno e ti è sembrato carissimo.

Collega: _____

Tu: _____

5) Il medico di famiglia ti dice che la primavera è una brutta stagione per gli allergici; tu, mentre starnutisci, fai cenno di sì con la testa.

Medico: _____

Tu: _____

6) Giorgio ti racconta che non regge più la maleducazione di un vostro amico comune e che ieri, mentre si metteva un dito nel naso, è sbottato e gli ha detto: "Maiale, sei un grande maiale!". Tu dici a Giorgio che ha esagerato e che avrebbe dovuto essere un po' più delicato.

Giorgio: _____

Tu: _____

7) Il tuo capo dice che sabato mattina qualcuno deve andare a lavorare in fabbrica. Tu, rischiando di grosso, gli rispondi che hai la partitella con gli amici e che sarà per un'altra volta.

Capo: _____

Tu: _____

8) In macchina tua moglie ti dice di non correre troppo perché su quel tratto di autostrada ci sono gli autovelox. Duecento metri più avanti un carabiniere ti fa cenno di fermarti. Logicamente vieni rimproverato dalla tua dolce metà.

Moglie: _____

Tu: _____

Moglie: _____

9) Sei un avvocato e ti tocca difendere il Cuccio, un delinquente che ha rapinato più di una ventina di banche con tre morti. Un suo amico, una vecchia conoscenza di galera, ti viene a trovare e ti dice in tono minaccioso che il Cuccio deve essere assolto. Tu cerchi di spiegargli che non sarà possibile, che ci sono le prove e i testimoni e che al massimo riuscirai ad evitare che lo condannino all'ergastolo.

Amico del Cuccio _____

Tu: _____

10) Nello spogliatoio del tuo club di tennis, un amico, sorridendo, ti domanda perché ti sei fatto depilare i peli delle gambe e del petto; tu rispondi che non volevi, ma è stata la tua fidanzata a chiedertelo e non hai potuto rifiutare.

Amico: _____

Tu: _____

6. REPLICO E DICO!

I. Situazioni tracciate!

I-1. Ascolta e leggi i seguenti dialoghi, facendo attenzione al contesto comunicativo in cui si svolgono. Individua l'enunciato pragmatico usato in ciascuno di essi, tenendo conto del fatto che tutte le espressioni fraseologiche che studieremo in questa unità si costruiscono con il verbo "dire" e che sono tutte delle repliche, sono cioè usate dal secondo interlocutore per reagire all'intervento di un altro parlante.

1) **Situazione**: Marco, sconvolto, parla con il prete della sua parrocchia.

Marco: Secondo me, mio figlio non è mio... Sono quasi sicuro che sia di un altro!
Prete: Eh!? Ma che dici!? Sei impazzito!? Ma come ti vengono in mente certe cose!?

Sapresti dire qual è l'enunciato pragmatico con cui il prete esprime il suo disaccordo?

_____

2) **Situazione**: A colazione il marito insonnolito e arrabbiato, si lamenta con la moglie.

Marito: Neanche stanotte sono riuscito a dormire! In questa casa non si vive più: confusione di giorno e di notte!
Moglie: E lo dici a me!? Io non ho fatto nessun rumore.

Sapresti dire qual è l'enunciato pragmatico con cui la moglie afferma che, se il marito non è riuscito a dormire, la colpa non è sua? _____

3) **Situazione**: Il nonno all'antica parla al nipote progressista.

Nonno: Le coppie omosessuali non vanno riconosciute legalmente.
Nipote: Questo lo dici te! In realtà in molti paesi il matrimonio tra coppie gay si può già fare.

Sapresti dire qual è l'enunciato pragmatico con cui il nipote esprime il suo disaccordo con quanto affermato dal nonno? _____

4) **Situazione**: Enrico, aspirante sommelier, dopo aver fatto un breve corso di degustazione di non più di dieci ore, dice a un suo collega.

Enrico: Il Brunello è un vino eccezionale!
Collega: Se lo dici tu! Sarà... Comunque ammetto che io non ne so un cavolo di vini e che, in realtà, preferisco la birra.

Sapresti dire qual è l'enunciato pragmatico con cui il collega esprime la sua indifferenza e/o non conoscenza di fronte a quanto affermato da Enrico? _____

5) **Situazione**: Carlo vuole fare uno scherzo a Gianluca e gli dice che hanno vinto due milioni di euro al totocalcio; Gianluca ci casca, si licenzia e addirittura manda a quel paese il suo capo.

Carlo: Su, non te la prendere! Era uno scherzo innocente! E poi noi eravamo tanto amici.
Gianluca: E dici bene! Eravamo amici! Dopo quello che è successo non ti voglio più vedere!

Sapresti dire qual è l'enunciato pragmatico con cui Gianluca, detto il pollo, esprime amareggiato la sua rabbia? _____

6) **Situazione**: Marta è stufa che il fidanzato la porti in giro con la vecchia vespa ereditata dal nonno; quando finalmente arriva il giorno in cui lui ha appena sostenuto l'esame di guida...

Marta: Imbranato come sei, di sicuro non hai superato l'esame.
Fidanzato: Dici!? Ecco qui la patente!

Sapresti dire qual è l'enunciato pragmatico con cui il fidanzato offeso esprime disaccordo con quel che dice Marta e ne corregge l'affermazione? _____

7) **Situazione**: Luca e Marina si sono dati appuntamento per andare a teatro.

Luca: Scusa per il ritardo, ma sai, problemi di lavoro mi hanno trattenuto...
Marina: Già! Non mi dire altro! Ho capito! Sei stato al bar con gli amici. Almeno cambia scusa, no?

Sapresti dire qual è l'enunciato pragmatico con cui Marina esprime la sua rabbia e rimprovera Luca dicendogli che è meglio che stia zitto? _____

8) **Situazione**: Sandro e Giovanni, vecchi colleghi di lavoro, si incontrano dopo un bel po' di anni.

Giovanni: Sandro, ti trovo un po' appesantito, anzi sei ingrassato parecchio. Non sarebbe il caso di metterti a dieta?
Sandro: E me lo dici così!? Potevi anche essere un po' più delicato, non ti pare?

Sapresti dire qual è l'enunciato pragmatico con cui Sandro rimprovera Gianni per il suo modo troppo diretto e poco delicato di dire cose spiacevoli? _____

9) **Situazione**: Beppe chiede a un Bruno di raccontargli la serata di ieri.

Beppe: Dai su! Dimmi di ieri: Cristina si è ubriacata, vero?
Bruno: Sì, proprio a te lo vengo a dire! Pettegolo che non sei altro!

Sapresti dire qual è l'enunciato pragmatico con cui Bruno esprime il suo rifiuto di dire a Beppe cosa è successo durante la serata? _____

II. Parafrasiamo

II-1. Rileggi i dialoghi precedenti e per ognuno degli enunciati pragmatici individuati scegli il significato corretto tra le tre opzioni fornite.

1) Qual è il significato di **"Ma che dici!?"**?

   a. Dici delle cose senza senso!
   b. Non ti ho sentito bene perché c'è troppa confusione, ripeti.
   c. Hai proprio ragione! L'ho sempre pensato anch'io.

2) Qual è il significato di **"E lo dici a me!?"**?

   a. Ho visto che non dormivi.
   b. Perché ne parli con me? Io non c'entro niente.
   c. Raccontalo a qualcun'altro.

3) Qual è il significato di **"Questo lo dici te!"**?

   a. È chiaro, siamo tutti d'accordo, pensiamo la stessa cosa.
   b. Questo è ciò che pensi tu, non io.
   c. Bravo! La dici giusta.

4) Qual è il significato di **"Se lo dici tu!"**?

   a. Hai proprio ragione.
   b. Tu di vini non ne capisci niente!
   c. Questa è la tua opinione, io non ho le idee chiare a riguardo e poi non mi interessa più di tanto.

5) Qual è il significato di **"E dici bene!"**?

   a. Hai proprio ragione! Non me la prenderò.
   b. Come parli bene! Tu sì che sai l'italiano.
   c. Hai detto una cosa giusta.

6) Qual è il significato di **"Dici!?"**?

   a. *Che hai detto? Non ho capito.*
   b. *E dici bene! Mi hanno bocciato.*
   c. *Ah, è questo quello che pensi!? Beh, ti sbagli.*

7) Qual è il significato di **"Non mi dire altro!"**?

   a. *Ti spieghi benissimo e ti ho capito.*
   b. *Io alle tue scuse non ci credo più! Ti conosco bene e non c'è bisogno che aggiungi altro.*
   c. *Che sorpresa! Non ci posso credere!*

8) Qual è il significato di **"E me lo dici così!?"**?

   a. *Non mi chiamare "cicciotto", non è vero, sono in piena forma.*
   b. *Certo che tu non badi alle forme né alle regole di cortesia!Non sai che certe cose poco piacevoli non si dicono in modo così diretto?*
   c. *Hai ragione, tu sì che sei un osservatore molto attento.*

9) Qual è il significato di **"Proprio a te lo vengo a dire!"**?

   a. *Non ho nessuna intenzione di dirtelo!*
   b. *Non so se raccontartelo o meno.*
   c. *Te lo dico, ma, mi raccomando, non dirlo a nessuno!*

III. Ora tocca a te!

III-1. Crea dei dialoghi a partire dalle situazioni descritte, utilizzando l'enunciato pragmatico indicato.

1) **"Ma che dici!?"**:

   a) Giuliano dice alla madre di aver deciso di lasciare l'università per suonare in un gruppo rock. La madre gli risponde che deve essere impazzito per dire una cosa del genere.
   b) Il nonno di Chiara, comunista convinto, afferma che Lenin è ancora vivo. Chiara, sorpresa, replica che ormai il nonno ha perso completamente la testa.

2) **"E lo dici a me!?"**:

   a) Il signor Rossi, ricoverato in ospedale per una colica, si lamenta con l'infermiere per la scarsa qualità del cibo. L'infermiere risponde dicendo che non è lui che cucina.
   b) Maria accusa Giovanna di averle scolorito il suo maglione preferito. Giovanna risponde che non hai mai fatto una lavatrice in vita sua e che lei non c'entra niente.

3) **"Questo lo dici te!"**:

   a) Nicola, salutista radicale, dice al suo amico Pietro che se fosse per lui vieterebbe di fumare anche per strada. Pietro, fumatore, esprime il suo disaccordo.
   b) Alex sostiene che "Topolino" è il miglior fumetto di tutti i tempi. Pippo, che è un fan di "Mafalda", gli dice che si sbaglia di grosso.

4) **"Se lo dici tu!"**:

   a) In una cena tra amici, Marcello, il biologo, sostiene che i procionidi sono mammiferi carnivori. Gli altri, assolutamente ignoranti in materia di procionidi e poco interessati all'argomento, lo guardano perplessi e rispondono che, se lo dice lui, deve essere così.
   b) La suocera dice alla moglie del figlio che, negli spaghetti alla carbonara, non si mette la panna. La ragazza, di origine coreana, accetta il consiglio dicendo che lei, di pasta, non se ne intende tanto.

5) "E dici bene!":

a) Francesco mentre passeggia sul lungomare di Rimini dice alla moglie che una volta l'Adriatico era un mare pulito. La moglie, appena inciampata su una bottiglia di plastica, gli risponde che sicuramente in passato lo era, ma oggi non più.

b) La signora Pina racconta alla vicina di casa di aver sentito di nuovo litigare la coppia del primo piano e dice di essere convinta che tra i due va a finire male; la signora Rosa le risponde che ha ragione, infatti ha sentito dire che si sono separati.

6) "Dici!?":

a) Enrico partecipa al campionato di bocce della parrocchia; Giovanna pensa che il marito non sappia giocare e sarà sconfitto alla prima partita. Quando Enrico torna a casa, la moglie, convinta che lo abbiamo battuto, inizia subito a prenderlo in giro. Enrico le dice invece che ha vinto.

b) Luca e Mario sono in macchina. Luca consiglia all'amico di fare la litoranea, dove di solito non c'è traffico. L'altro gli risponde che, quella stessa mattina, ha sentito alla radio che sconsigliavano di prendere la litoranea perché erano previsti code e rallentamenti.

7) "Non mi dire altro!":

a) Maria si giustifica con il padre per essere rientrata all'alba dicendo che ha fatto tardi perché non ha trovato nessuno che la riaccompagnasse a casa. Il padre, arrabbiato, le dice di essere stufo delle solite scuse.

b) Giulia trova una macchia di rossetto sulla camicia del marito. Lui cerca di giustificarsi dicendo che una maniaca lo ha assalito per la strada. Giulia non gli crede assolutamente e lo accusa di essere il solito bugiardo traditore.

8) "E me lo dici così!":

a) Il povero Bruno rinfaccia alla fidanzata il fatto di avergli detto: "Ciao bello, mi hai rotto e ti mollo; ho un altro uomo".

b) La mamma apprensiva si lamenta perché la figlia le dice all'improvviso che tra due giorni si trasferisce a vivere a New York e che per un anno non potranno vedersi.

9) "Proprio a te lo vengo a dire!":

a) Giulio, grande amante delle serate in discoteca, si rifiuta di raccontare a suo padre cosa fa di solito il fine settimana.

b) Gianni si rifiuta di dire a Piero, un suo collega un po' invidioso, quanto guadagna al mese.

7. E RIDICO!

I. ENTRIAMO IN TEMA!

 I-1. Ti presentiamo ora un gruppo di nuovi enunciati pragmatici che, come quelli visti nell'unità precedente, si costruiscono con il verbo "dire". Ascolta e poi leggi a voce alta i dialoghi facendo attenzione agli enunciati pragmatici in neretto.

1) A: Senti, ti devo dire una cosa, ma promettimi di non arrabbiarti. Sono andato a sbattere contro un albero e la tua macchina si è un po' ammaccata. Ma non ti preoccupare, io sto bene.
   B: Bravo! **Me lo dici tu** adesso come vado a lavorare domani mattina con la macchina ridotta in questo stato!?

2) A: Mio figlio torna sempre tardi dal lavoro perché spesso deve fare delle ore extra.
   B: E tu ci credi!? **Te lo dico io** dove va la sera: a giocare a poker con i suoi amichetti.

3) A: Quel dottore è un bell'ignorante: l'altro giorno ho bussato alla porta e mi ha detto "Venghi, venghi e si siedi".
B: **E chi te lo dice** che non stesse scherzando? Uno come lui, laureato...

4) A: Ma davvero hai dieci figli!?
B: Eh sì! **E non si dica** che non mi piacciono i bambini; comunque, pensandoci bene, forse ho esagerato un po'.

II. PARAFRASIAMO!

II-1. Indovina quale significato e funzione hanno gli enunciati pragmatici presentati nell'esercizio I-1.

1) B adopera **"Me lo dici tu.... !?"**:

a) per rimproverare A e fargli sapere il problema che gli ha causato.
b) per chiedere ad A che gli suggerisca come andare a lavorare il giorno dopo.

2) B adopera **"Te lo dico io..."**:

a) perché vuole confermare ad A un evento.
b) per rafforzare in modo enfatico quello che sa.

3) B adopera **"E chi te lo dice... !?"**:

a) perché mette in dubbio quanto affermato da A.
b) per chiedere ad A chi gli ha detto una cosa del genere.

4) B adopera **"E non si dica..."**:

a) perché non vuole che gli si dica una certa cosa.
b) per sottolineare il fatto che lui non ha quel difetto.

III. A CIASCUNO IL SUO!

III-1. Ricostruisci i dialoghi o le battute collegando le frasi della colonna A con quelle della colonna B e usando gli enunciati pragmatici visti negli esercizi I-1 e II-1.

A	Enunciati pragmatici	B
1. Dai, prendi un bel caffè!	a. Sì! **Me lo dici tu** poi	a. che non sono generoso!
2. E chi è questo Michele di cui parlate così tanto?	b. **Te lo dico io** chi è!	b. che non fossero semplici sigarette?
3. Ecco, domani siete tutti invitati a pranzo nella mia nuova villa al mare.	c. **E chi te lo dice**	c. chi dorme stanotte!?
4. Ho visto Robertino che fumava delle canne con gli amici.	d. **E non si dica**	d. È il fidanzato di tua figlia Silvia!

IV. ORA TOCCA A TE!

1) Valentina, una ragazza ricca e viziata, ti propone di fare le vacanze con lei a Porto Cervo; tu le rispondi in modo aggressivo domandandole dove pensa che tu possa trovare i soldi per andare in un posto costoso come Porto Cervo.

   Valentina: _____

   Tu: _____

2) Suona il campanello e un venditore porta a porta ti offre una crema anticellulite miracolosa; tu gli rispondi in modo scortese e con enfasi che non ci credi a quelle creme e che se la spalmi lui.
   Venditore: _____
   Tu: _____

3) È il tuo compleanno e offri da bere a tutti per dimostrare scherzosamente che non sei un taccagno.

   Tu: _____

4) La vicina pettegola del quinto piano si affaccia alla finestra e ti dice che Manuela, quella del terzo, ha un occhio gonfio e poi aggiunge che il marito è una brava persona; tu rispondi che hai qualche dubbio e accenni che, forse, è stato proprio lui a farle l'occhio nero.

   Vicina: _____

   Tu: _____

8. DICO O NON DICO?

I. ENTRIAMO IN TEMA!

1) A: Anche oggi piove, niente tennis. È da una settimana che non gioco e martedì ho la partita del torneo del quartiere! Capitano tutte a me, non è possibile! Sono proprio sfigato!
   B: **Non ti dico di no**, ma dai, non è una tragedia! E poi è solo una partita, non esagerare!

2) A: Ho deciso: vado sei mesi in India alla ricerca della spiritualità.
   B: **Io non dico niente!** Contento tu... .

3) A: La traduzione non l'hai fatta, gli esercizi nemmeno, **io non dico altro**! Se non studi, come pensi di superare l'esame!?
   B: Non è che non studio. È che ieri non stavo tanto bene, avevo mal di testa, e non sono riuscito a concentrarmi.

4) A: Quindi alla fine siete andati o no al casinò?
   B: Siamo andati, siamo andati... **Ti dico solo questo**: siamo tornati in autostop.

5) A: Scusa per il ritardo, mi dispiace davvero... Non ti puoi immaginare cosa mi è successo...
   B: **Non me lo dire!** Hai perso il treno anche questa volta.

III. ORA TOCCA A TE!

III-1. Leggi la battuta di A e scrivi una possibile replica di B usando l'enunciato pragmatico e le indicazioni contenute tra parentesi. Attenzione: ricordati di usare l'enunciato pragmatico sia da solo (enunciato pragmatico completo) sia con altri elementi (enunciato pragmatico incompleto).

Es.:

A: Pietro mi ha fregato: mi ha venduto la sua vecchia macchina e il primo giorno mi è caduta la marmitta.
(Ma dimmi te/imbroglione)
B1: <u>Ma dimmi te!</u> Io non capisco come si può essere così imbroglioni! (Enunciato pragmatico completo)
B2: *Ma dimme te* come si può essere così imbroglioni!? (Enunciato pragmatico incompleto)

1) A: Marina è così eccentrica che porta il lutto per il suo cane Sebastiano, morto due mesi fa di vecchiaia.
(Ma pensa te/è una ragazza strana)

B1: _____

B2: _____

2) A: Ieri ho chiesto a Gianni come stava Lucia, ma non sapevo che lo avesse mollato un paio di mesi fa. Che figura che ho fatto!
(Ma guarda te/stupido)

B1: _____

B2: _____

3) A: Questa attrice si è messa con quel calciatore, la regina ha avuto un bambino, il figlio della contessa ha fatto la prima comunione; prima o poi sarò famosa e anche il mio matrimonio sarà su "Novella 2000".
(Ma che ti credi/velina)

B1: _____

B2: _____

4) A: Non rientrare troppo tardi, copriti bene, non bere, non fumare, non...
(E che è/non sei mia madre)

B1: _____

B2: _____

5) A: So che sarà difficile, ma comunque sono convinto che tra vent'anni si risolverà il problema della fame nel mondo; sai, sono ottimista per natura.
(Ma pensa te/ingenuo)

B1: _____

B2: _____

6) A: Dopo un anno di incontri agli alcolisti anonimi, mi sento molto meglio; dai, per festeggiare, passami la bottiglietta di rum e facciamo un brindisi.
(Ma che fai/bere)

B1: _____

B2: _____

IV. SITUAZIONI TRACCIATE

IV-1. Individua in ogni dialogo qual è l'enunciato pragmatico usato per svolgere la funzione indicata nella domanda. Poi, in base ai contesti descritti, scrivi le battute dei personaggi indicati usando l'enunciato pragmatico individuato.

1) **Situazione**: Marito e moglie parlano di Luca, un vecchio compagno dell'università.

Marito: Hai saputo di Luca? Pare che si sia fatto prete!
Moglie: Ma dimmi te! Da uno come lui non me lo sarei mai aspettato... Da giovane era un donnaiolo.

Sapresti dire qual è l'enunciato pragmatico con cui la moglie esprime sorpresa e/o incredulità?

_____

Usa l'enunciato pragmatico trovato nelle battute dei personaggi indicati:

a) La signora Rosa esprime la sua sorpresa e indignazione perché l'idraulico le ha fatto pagare 200 euro per cambiare un rubinetto che gocciolava e dice che è un furto.
   Signora Rosa: _____

b) Maria, appassionata di gossip, esprime la sua sorpresa perché su Novella 2000 ha letto che un'attrice ha sposato un cubano di 25 anni più giovane.
   Maria: _____

2) **Situazione**: Giorgia parla con la sua vicina di casa di Pio, l'inquilino del terzo piano.

Giorgia: Lo sai chi c'era l'altro giorno a prendere il sole nella spiaggia per nudisti? Quel bigotto di Pio!
Vicina: Ma pensa un po'! Chi lo avrebbe mai detto!

Sapresti dire qual è l'enunciato pragmatico con cui la vicina esprime sorpresa?

_____

Usa l'enunciato pragmatico trovato nelle battute dei personaggi indicati:

a) La signora Pia racconta al marito che il cognato è stato licenziato anche se era un impiegato modello: mai un minuto di ritardo e dedizione totale al lavoro. Il marito esprime la sua sorpresa dicendo che al giorno d'oggi non si può mai stare tranquilli.
   Marito: _____

b) Anna esprime il suo stupore quando la sorella le dice che la zia Angelina, nonostante abbia più di ottanta anni, continua a fare la passata di pomodoro in casa invece di comprarla già pronta.
   Anna: _____

3) **Situazione:** Enrico, tornato dalla Scozia, porta un pensierino al suo collega di lavoro di recente abbandonato dalla moglie scappata con l'istruttore di aerobica.

Enrico: Ecco cosa ti ho portato: una cornamusa! Tanto per sdrammatizzare un po'!
Collega: Ma guarda te! Andate a quel paese tu e la cornamusa!

Sapresti dire qual è l'enunciato pragmatico con cui il collega esprime rabbia e disaccordo/rifiuto?

_____

Usa l'enunciato pragmatico trovato nelle battute dei personaggi indicati:

a) Lucia fa le pulizie a casa dei Varesi e si lamenta del fatto che sono dei grandi maleducati: buttano la spazzatura a terra, si puliscono le mani sporche di sugo sul divano, lasciano la tavola sempre piena di piatti e bicchieri usati. Una sua amica le risponde, arrabbiata, che non sa come possa sopportare dei selvaggi come quelli, che non hanno rispetto per niente e per nessuno.
   Amica: _____

b) Mario racconta all'amico di aver letto sul giornale la storia di un uomo a cui i medici avevano diagnosticato una malattia incurabile, per poi scoprire che avevano confuso la cartella clinica e che lui era sano come un pesce. L'amico risponde stupito che è una storia incredibile e che la sanità va sempre peggio.
   Amico: _____

4) **Situazione:** Gianni sta cercando casa e va all'agenzia immobiliare di un suo amico con la speranza di trovare qualcosa a basso prezzo.

Gianni: I prezzi degli appartamenti sono alle stelle. Ma come si fa a pagare affitti così alti? Non è possibile!
Amico: Sì che è possibile! Ma che ti credi!? Non sai che il mercato immobiliare è in crescita e i prezzi aumentano ogni giorno di più.

Sapresti dire qual è l'enunciato pragmatico con cui l'amico esprime disaccordo e corregge l'affermazione dell'interlocutore? _____

Usa l'enunciato pragmatico trovato nelle battute dei personaggi indicati:

a) I Moretti sono seduti sul divano a guardare un film. All'improvviso la moglie, un po' capricciosa, ha sete e chiede al marito di andare a prenderle un bicchiere d'acqua. Il signor Moretti, stanco dei modi bruschi e delle continue richieste della moglie, le risponde che lui non è il suo servo e che, se ha sete, si alzi e il bicchiere d'acqua se lo prenda da sola.

Signor Moretti: _____

b) Luciano sta parlando con il cognato del problema dell'immigrazione e dice di non riuscire a capire perché i clandestini mettano a rischio la loro vita con i viaggi sui barconi. Il cognato gli risponde, seccato, che non sono viaggi di piacere, ma che lo fanno perché non hanno altra scelta.

Cognato: _____

5) **Situazione:** Enzo racconta all'amico Giulio la sua ultima serata in discoteca.

Enzo: Sabato sera ho dato il meglio di me: quando sono entrato in pista avevo tutti gli occhi addosso. Un successo!
Giulio: E che è!? Non esagerare! Non sei mica John Travolta.

Sapresti dire qual è l'enunciato pragmatico con cui Giulio esprime enfaticamente sorpresa e rifiuto/disaccordo? _____

Usa l'enunciato pragmatico trovato nelle battute dei personaggi indicati:

a) Antonio dice a uno dei suoi compagni di squadra di sentirsi molto teso e nervoso per la partita. Il compagno replica con enfasi che si tratta solo di una partita tra amici e che deve star tranquillo.

Compagno: _____

b) La signora Melina dice al marito di essere preoccupata perché la figlia Rosaria esce tutte le sere con un tipo strano, pieno di piercing e di tatuaggi. Il marito, rilassato e tranquillo, le risponde di non esagerare, che i piercing e i tatuaggi vanno di moda; e poi Rosaria è sempre stata una ragazza responsabile.
Marito: _____

6) **Situazione:** La signora Gianna, arrabbiata, va dal macellaio a lamentarsi della qualità delle bistecche che ha comprato l'ultima volta.

Gianna: Le bistecche che mi ha venduto erano durissime, non si potevano mangiare. Avevo ospiti e, per colpa sua, ho fatto una pessima figura. Ma non si vergogna di vendere prodotti così scadenti?! Questa è una truffa!
Macellaio: Ma che fa!? Mi dà del truffatore!? Questo è un insulto.

Sapresti dire qual è l'enunciato pragmatico con cui il macellaio esprime rifiuto, disaccordo o rabbia?
_____

Usa l'enunciato pragmatico trovato nelle battute dei personaggi indicati:

a) Vai a casa della zia Ugolina e lei ti offre un pandoro del Natale passato. Tu ti accorgi che è scaduto e, un po' arrabbiato, le chiedi se ti vuole intossicare.

Tu: _____

b) Sei in viaggio con uno gruppo di amici; vi fermate a mangiare in una trattoria popolarc. Uno dei tuoi compagni dice che lui in un posto così mediocre non mangia. Tu gli rispondi che sono tutti affamati e che non è questo il momento di mettersi a fare il buongustaio.

Tu: _____

10. IO SO TUTTO...

I. ENTRIAMO IN TEMA!

 I-1. In questa unità ti presentiamo degli enunciati pragmatici usati dal parlante per indicare che è a conoscenza di un fatto, di una situazione o che sa perfettamente come stanno le cose; come potrai notare, questi enunciati si costruiscono con due verbi che indicano conoscenza: "sapere" e "conoscere". Ascolta e poi leggi i seguenti dialoghi facendo attenzione agli enunciati pragmatici in neretto.

1) A: Come mai non vuoi che tuo figlio esca col gruppo dei ragazzi del muretto?
   B: Perché? **Perché li conosco io quelli!** Sono dei poco di buono.

2) A: Pietro ha detto che veniva alle quattro, ma sono le sei e ancora non è arrivato.
   B: Io lo sapevo, **non lo conoscessi...!** Non è mica una novità, lui è sempre in ritardo.

3) A: Certo che Gianni è strano: adesso mi invia addirittura delle e-mail un tantino spinte.
   B: **Ma ancora non lo conosci?** È proprio da lui fare certe scemenze.

4) A: Chissà perché Marina ci tiene tanto ad andare alla festa di Luca.
   B: **Lo so io, lo so!** Di sicuro ci sarà Marco... Non lo sai che Lucia ha una cotta per lui?

5) A: Senti, dov'è andata Giuliana?
   B: **E che ne so io!** È da ieri che non la vedo. Quella è sempre in giro.

6) A: Ma lo sai che Michele ha vinto duecentomila euro alla lotteria di Capodanno?
   B: **E che, non lo so!?** Ieri abbiamo festeggiato alla grande: champagne, caviale e frutti di mare a volontà!

7) A: Tre anni fa quell'imbecille di Stefano non aveva una lira e ora ha soldi a palate! Chissà come avrà fatto?
   B: **E chi lo sa?** Avrà vinto al lotto, al totocalcio, un'eredità improvvisa ... boh?

8) A: Che c'ha Sandro? Ultimamente lo vedo un po' serio, giù di corda.
   B: Boh, **lo saprà lui**. Sandro è sempre stato un tipo misterioso...

I-2. Rileggi i dialoghi ed indica con quali enunciati pragmatici:
a) si fa riferimento a qualcuno, alludendo implicitamente al suo modo di essere;
b) si esprime esplicitamente che si conosce o meno un fatto o una situazione e le ragioni che l'hanno determinata.

A	Enunciati pragmatici	B
1. Perché non vuoi giocare a poker con i fratelli Abrami.	a. **Questo lo saprai tu!**	a. Quello è un bugiardo patologico, la verità non la sa dire.
2. Non capisco perché Giorgio continui a mentire alla sua fidanzata.	b. **Perché li conosco io quelli!**	b. Mica sono uno specialista di tratti somatici. Sarà per via del clima.
3. Hai visto Gianni? Quando eravamo seduti al tavolo si è alzato all'improvviso e se ne è andato. Chissà perché.	c. **Ancora non lo conosci!?**	c. È un tipo così misterioso...
4. Senti un po', tu sai perché i nordici hanno tutti la pelle chiara e i capelli biondi?	d. **Lo so io, lo so...**	d. È tuo cugino, mica il mio. Io neanche lo conosco.
5. Lo sai che Marco mi ha dato buca di nuovo? Non è venuto neanche stavolta.	e. **E che ne so!?**	e. Barano sempre.
6. Non mi ricordo se il marito di mia cugina fa l'idraulico o l'elettricista. Tu che dici?	f. **E che, non lo so!?**	f. C'era il suo ex-ragazzo e non se la sentiva di incontrarlo.
7. Chissà perché ieri Susanna non è venuta al compleanno di Laura.	g. **E chi lo sa!?**	g. Lo sai che di lui non ci si può fidare.
8. Lo sai che il centroavanti della nazionale si è fatto male al menisco?	h. **Non lo conoscessi!**	h. Sono informatissimo. Leggo tutti i giorni la Gazzetta dello Sport.

III. Situazioni tracciate!

III-1. Ricostruisci le risposte alle domande dell'interlocutore A seguendo le indicazioni tra parentesi e usando uno o più enunciati pragmatici tra quelli visti negli esercizi I-1 e II-1, come nell'esempio.

Es.:
A: Chissà perché Giorgio arriva sempre tardi ai colloqui di lavoro?
(non ha voglia di lavorare)
B: **Lo so io, lo so...** Quello non ha nessuna voglia di lavorare.
B: **E che ne so!** Non avrà voglia di lavorare.
B: **Ma ancora non lo conosci!?** Quello voglia di lavorare, saltami addosso!

1) A: I soldi dell'eredità della nonna non si trovano. Che fine avranno fatto?
(se li è tenuti il nostro caro cugino Goffredo)
   B: _____ .

2) A: Lo sai che si dice in giro? Che Carlo è uno strozzino! Ma che vorrà dire?
(presta soldi e poi ne rivuole il doppio)
   B: _____ .

3) A: Chissà perché Antonio tutte le mattine ha sempre il viso stanco e le occhiaie.
(non lo vedo mai rientrare prima delle quattro di notte)
   B: _____ .

4) A: Carlo mi ha chiesto perché ce l'hai con lui.
(non mi ha invitato alla festa d'inaugurazione del suo nuovo locale)
   B: _____ .

5) A: Perché Marco non frequenta più i suoi vecchi amici del liceo?
(non lo so, forse non si trova più bene con loro)
   B: _____ .

6) A: Perché non credi che tuo cognato riuscirà a smettere di fumare?
   (è la terza volta che ci prova)

   B: _____ .

7) A: Perché quando hai un appuntamento con Alessia esci sempre con mezz'ora di ritardo?
   (tanto so che arriverà in ritardo, come sempre)

   B: _____ .

8) A: Faccio bene a togliermi le scarpe quando vado da mia suocera?
   (non so se sia giusto o sbagliato)

   B: _____ .

IV. ORA TOCCA A TE!

IV-1. Sulla base delle indicazioni riportate di seguito, costruisci i dialoghi tra i personaggi indicati usando nelle repliche (ossia nelle battute dell'interlocutore B) gli enunciati pragmatici visti negli esercizi I-1, II-1 e III-1 (ricorda che in alcuni contesti possono essere usati vari enunciati diversi).

1) Giorgio non riesce credere che sia vero che Francesco, famoso per il suo ateismo, sia stato visto in chiesa a pregare. Tu, che lo conosci bene, sai che non è possibile perché non metterebbe mai piede in chiesa.

   Giorgio: _____

   Tu: _____

2) Sei in uno zoo e il tuo nipotino ti domanda perché le tartarughe vivano più di cento anni; tu non ne hai la piú pallida idea.

   Nipotino: _____

   Tu: _____

3) Durante una serata in discoteca, il tuo amico Marco ti dice che ha bevuto solo un bicchierino e che già gli gira la testa; tu invece sai che ha il vizio di bere un po' troppo, e gli fai notare che è stato più di un bicchierino.

   Marco: _____

   Tu: _____

4) Questa mattina la sveglia non ha suonato e il marito della signora Lia dice preoccupato alla moglie che non sa come giustificare il ritardo in fabbrica. Lia, nel dormiveglia, risponde che non ne ha idea, che si inventi lui una scusa credibile.

   Marito: _____

   Lia: _____

5) Sei al bar; si avvicina Gianni e ti chiede se hai saputo della rissa che c'è stata tra lui e Paolo. Tu gli rispondi che lo hai saputo e che nel quartiere non si parla d'altro.

   Gianni: _____

   Tu: _____

11. MA CHE VERBI E VERBI!

I. ENTRIAMO IN TEMA!

 I-1. Ascolta e poi leggi i seguenti dialoghi facendo attenzione agli enunciati pragmatici in neretto: come puoi notare, sono formati solo da verbi.

1) A: Due punti e abbiamo lo scudetto in tasca... .
   B: Sì, questa volta penso proprio che **ci siamo...** Dopo tanti anni di attesa, quest'anno lo scudetto è nostro!

2) A: Piero aveva smesso di bere dopo l'ultimo ricovero in ospedale, ma gli è bastato un goccio per riprendere alla grande.
   B: Cavolo! **Ci risiamo!** Questo mi sa che va a finire male.

3) A: Non è che non ci voglio venire, lo sai che mi fa sempre piacere vedere i tuoi cugini... Ma sai, con questo mal di testa... .
   B: Guarda che con me **non attacca!** Se non ci vuoi venire, basta dirlo.

4) A: La Golf ormai è una macchina che hanno cani e porci, mi ha proprio stufato.
   B: Eh sì, **buttala via!** Magari l'avessi io una macchina del genere!

5) A: Per preparare l'esame di matematica pensavo di chiedere aiuto a Marco, visto che sta studiando ingegneria.
   B: Sì... **Te lo raccomando!** Quello ha superato un esame in tre anni, di matematica ne sa meno di me!

6) A: Questo sabato niente bambini: li lascio alla nonna, così potremo finalmente goderci una bella cenetta a lume di candela.
   B: Eh sì, **ti piacerebbe!** Non ti ricordi che tua madre sabato va a un matrimonio.

7) A: Quest'inverno si vola al caldo: Capodanno ai Caraibi!
   B: **Tu te lo sogni!** Non sai che dobbiamo finire il progetto per il nuovo centro commerciale? Questo Capodanno resti a Milano a lavorare e per di più con la nebbia.

8) A: Da quando ci siamo sposati non mi hai mai portato a cena fuori; per non parlare dei fine settimana rinchiusi in casa... .
   B: Adesso **non cominciare!** Lo sai benissimo che dopo una dura giornata di lavoro non mi va di affrontare certi discorsi.

II. ENTRIAMO IN TEMA!

II-1. Rileggi i dialoghi dell'esercizio I-1 e, per ogni enunciato pragmatico usato, scegli la parafrasi giusta in base al contesto in cui è inserito.

1) **Ci siamo!**:

   a) Finalmente alla fine siamo arrivati.
   b) Finalmente questa volta ci riusciremo.

2) **Ci risiamo!**:

   a) Finalmente ci rivediamo!
   b) Siamo tornati al punto di partenza!

3) **Non attacca!**:

   a) Non è la medicina che va bene per me!
   b) Con me non funziona!

4) **Buttala via!**:

    a) *Buttala via perché non vale niente!*
    b) *Io non capisco di che ti lamenti!*

5) **Te lo raccomando!**:

    a) *E fai bene a chiedergli aiuto!*
    b) *Non è proprio la persona giusta!*

6) **Ti piacerebbe!**:

    a) *Sono sicura che ti piacerebbe.*
    b) *Vorresti che fosse così, ma purtroppo non sarà possibile!*

7) **Te lo sogni!**:

    a) *Torna sulla terra! È impossibile.*
    b) *Sognare non costa niente!*

8) **Non cominciare!**:

    a) *Non attaccare con il solito argomento!*
    b) *Non possiamo cominciare adesso ad uscire la sera!*

III. A CIASCUNO IL SUO!

III-1. A ognuna delle battute della colonna A reagisci in modo secco e diretto con l'enunciato pragmatico adeguato, scegliendo tra quelli elencati.

A	Enunciato pragmatico
1. Te l'ho detto mille volte: questa casa non è un albergo! Sono stufa del tuo disordine. Qui o le cose cambiano o te ne vai!	a. Ci siamo!
2. Sto cercando di avviare una nuova impresa. Ho pensato di dirlo a Giulio, il nostro vecchio compagno di università. Tu che lo conosci bene, che ne dici?	b. Ci risiamo!
3. Ma per chi mi hai preso!? Io vado a Cuba per le bellezze del paesaggio, mica per vedere le cubane!	c. Non attacca!
4. Io Fulvio non lo capisco proprio, non riesce a tenersi un lavoro per più di una settimana. È stato licenziato un'altra volta!	d. Buttalo via!
5. Hanno telefonato dall'agenzia e hanno detto che il proprietario è disposto a vendere. Sono convinto che questa volta troviamo casa.	e. Te lo raccomando!
6. Mio padre mi ha detto che se voglio, mi lascia il suo vecchio cellulare. Non è dei più tecnologici, però funziona bene.	f. Ti piacerebbe!
7. Allora che ne dici? Mi li presti questi mille euro? Poi te li ridò appena posso.	g. Te lo sogni!
8. Senti Marco, non è che puoi chiedere alla tua fidanzata di convincere Sara, quella sua amica che fa la spogliarellista, ad uscire con me?	h. Non cominciare!

IV. ORA TOCCA A TE!

IV-1. Enrico è un personaggio un po' singolare, infatti gli capitano cose strane e ha spesso idee, progetti o desideri un po' particolari. Ora si trova nelle situazioni descritte di seguito. Tu cosa diresti ad Enrico? Replica alle sue battute usando gli enunciati pragmatici visti in questa unità.

1) Enrico: "Sai qual'è il mio desiderio più grande? Fare un viaggio di un anno intorno al mondo".

Replica: _____

2) Enrico: "Non mi piace per niente questo orologio d'oro che mi hanno regalato"

Replica: _____

3) Enrico: "Tutte le mattine vorrei che mia moglie mi portasse la colazione a letto".

Replica: _____

4) Enrico: "Mi è stato consigliato un avvocato che dicono sia piuttosto scadente: pare che vinca una causa su cento! È l'avvocato Romazzoli, tu lo conosci, vero?".

Replica: _____

5) Enrico: "È venuta la Finanza e, dopo una verifica spietata, per l'ennesima volta mi ha fatto una multa di 1.000 euro".

Replica: _____

6) Enrico: "Dopo nove lunghi mesi di attesa, finalmente manca solo una settimana perché nascano i miei gemelli. Non vedo l'ora!"

Replica: _____

7) Enrico: "Non sai quanto mi dispiace, ma non ti posso restituire i soldi che mi hai anticipato per pagare il viaggio alle Maldive. Ti giuro che non è la solita scusa"

Replica: _____

8) Enrico: "Dai, per una volta lasciami vedere quella telenovelas brasiliana. Lo sai che mi piace tanto. Sono stufo delle partite di calcio!"

Replica: _____

V. ALTRE IN ARRIVO...

 V-1. Ascolta e poi leggi i seguenti dialoghi facendo attenzione agli enunciati pragmatici in neretto.

1) A: Carlo è arrabbiatissimo con te! Mi ha detto che se ti becca, ti fa nero.
   B: **Capirai**, per picchiarmi ci vuole ben altro! Pensa te la paura che mi fa quello, magrolino e deboluccio com'è.

2) A: Bei tempi quando le donne portavano la gonna ed erano nel loro habitat naturale, la cucina...
   B: **Ma andiamo!** Che discorsi sono questi!? Certo che sei un po' indietro con i tempi.

3) A: Carla non ha il fidanzato perché punta troppo in alto: continua a cercare il principe azzurro.
   B: Boh, **sarà!** Se lo dici te! Secondo me, non ce l'ha perché fa l'oca.

4) A: Accidenti! Il dentista dice che ho tutti i denti cariati!
   B: **E direi!** A forza di mangiare dolci e caramelle, mi pare normale.

V-2. A partire dalle situazioni descritte, individua in ognuno dei dialoghi seguenti quale enunciato pragmatico è usato per svolgere la funzione indicata nella domanda. Poi, in base ai contesti che ti presentiamo, scrivi i dialoghi corrispondenti inserendo nella battuta di uno degli interlocutori l'enunciato pragmatico individuato.

1) **Situazione**: Al ristorante "La forchetta e il coltello".

Cameriere: Allora, il signore desidera una bistecca ben cotta?
Cliente: Direi! Mica sono un cannibale, io!

Sapresti dire qual è l'enunciato pragmatico con cui il cliente esprime enfaticamente conferma e accordo con quanto detto dal cameriere? _____

Scrivi i dialoghi corrispondenti alle due situazioni seguenti usando nella battuta di uno dei due interlocutori l'enunciato pragmatico individuato.

a) Un tuo collega avvocato ti dice che alla fine l'ingeniere Martini è stato giudicato colpevole al processo. Tu rispondi che c'era da aspettarsi una sentenza così dura, perché c'erano prove di truffa e di falso in bilancio.
b) Al mercato, il fruttivendolo ti chiede se è vero che la signora Laura si è separata dal marito, perché è da parecchi giorni che non la vede. Tu rispondi che si sono lasciati e che era ora, visto che lui le aveva messo le corna.

2) **Situazione**: Al bar di un centro di cura per la fertilità.

Maria: Allora tua sorella ce l'ha fatta! Dopo tante cure, finalmente è rimasta incinta. Chissà quanto sarà contenta!
Aurora: Capirai...! Con quattro gemelli in arrivo c'è poco da star contenti!

Sapresti dire qual è l'enunciato pragmatico con cui Aurora esprime ironicamente disaccordo o contrasto con quanto detto da Maria e ne corregge l'affermazione?

_____

Scrivi i dialoghi corrispondenti alle due situazioni seguenti usando nella battuta di uno dei due interlocutori l'enunciato pragmatico individuato.

a) Ti dicono che Aurelio, il tuo fisioterapista, ce l'ha con te perché non sei andato all'ultima seduta. Tu rispondi che non potevi andare e che ti pare esagerata la sua reazione; comunque per te non è un problema, troverai un altro fisioterapista.
b) In fabbrica i tuoi compagni indicono uno sciopero con cui tu non sei d'accordo; uno dei tuoi colleghi ti dice che tutti gli operai parlano male di te e ti danno del crumiro. Tu gli rispondi che la cosa non ti preoccupa e che per te è più importante mantenere il posto di lavoro.

3) **Situazione**: Roma, nella metropolitana stracolma all'ora di punta.

Claudia: Ma insomma! Vuole stare più attento! Un altro spintone così e mi manda all'ospedale.
Lucio: Ma andiamo! L'ho appena sfiorata, non esageri! Comunque mi scusi.

Sapresti dire qual è l'enunciato pragmatico con cui Lucio corregge e rifiuta quanto detto da Claudia minimizzando il contenuto della sua affermazione o rimprovero? _____ .

Scrivi i dialoghi corrispondenti alle due situazioni seguenti usando nella battuta di uno dei due interlocutori l'enunciato pragmatico individuato.

a) Sei al matrimonio di tua cugina Rosita e tua nonna è un po' brilla. Il nonno si lamenta dicendo che è la solita ubriacona, ma tu gli dici che ha bevuto soltanto un bicchierino di spumante.
b) La cameriera del bar che frequenti comincia all'improvviso a strillare "Oddio che schifo! Che brutta bestiaccia!". Tu ti avvicini e vedi solo un piccolo topolino; le dici di non esagerare e che è un animaletto innocuo.

4) **Situazione**: In un negozio di biancheria intima.

Carlo: Hai mai usato il perizoma? Lo so che non sembra, ma è molto comodo!
Tonino: Sarà! Ma io preferisco i boxer di sempre. Sono tradizionalista.

Sapresti dire qual è l'enunciato pragmatico con cui Tonino esprime non conoscenza, dubbio o indifferenza? _____

Scrivi i dialoghi corrispondenti alle due situazioni seguenti usando nella battuta di uno dei due interlocutori l'enunciato pragmatico individuato.

a) La persona con cui di solito giochi a tennis ti dice che insieme fate una coppia eccezionale. Tu però hai qualche dubbio visto che avete perso le ultime dieci partite.
b) Un tuo amico dice che non vale la pena spendere tanti soldi in camicie firmate, che lui le compra al mercato e sono belle lo stesso. Tu lo guardi e gli rispondi che è ognuno è libero di fare quello che ritiene più giusto, ma che comunque la camicia che porta in questo momento è scolorita.

12. BENE, MA MOLTO BENE!

I. Entriamo in tema!

 I-1. Crea dei dialoghi a partire dalle situazioni descritte, utilizzando l'enunciato pragmatico indicato:

1) A: Domenica prossima andiamo a prendere il sole; hanno detto che farà bel tempo.
   B: **Speriamo bene!** Altrimenti che si fa? Come al solito ci tocca restare a casa.

2) A: In tre anni ho dato tre esami, me ne mancano ancora una ventina più o meno.
   B: **Andiamo bene!** Di questo passo, forse, ti laurerai per la pensione.

3) A: Sono tre mesi che non piove e non si prevedono piogge per il resto dell'estate.
   B: **Siamo messi bene!** Anche quest'anno faremo la doccia con l'acqua minerale non gassata.

4) A: Hai visto? Primo minuto, cross del centrocampista e rete del numero 10. Ci hanno già fatto un goal!
   B: **Cominciamo bene!** Speriamo che la squadra si riprenda.

II. A ciascuno il suo!

II-1. Abbina gli enunciati pragmatici visti nell'esercizio I-1 con le funzioni corrispondenti (attenzione: alcuni di questi enunciati pragmatici possono compiere più funzioni).

1. Speriamo bene!	a. esprimere rammarico/rasseganzione
2. Andiamo bene!	b. esprimere speranza
3. Siamo messi bene!	c. esprimere rabbia
4. Cominciamo bene!	d. esprimere delusione

III. Situazioni tracciate!

III-1. A partire dalle situazioni descritte, individua in ognuno dei dialoghi seguenti quale enunciato pragmatico è usato per svolgere la funzione indicata nella domanda. Poi, in base ai contesti che ti presentiamo, scrivi i dialoghi corrispondenti inserendo nella battuta di uno degli interlocutori l'enunciato pragmatico individuato.

1) **Situazione**: Nel reparto maternità di un ospedale.

   Infermiera: Signor Giacometti, sua moglie ha rotto le acque; fra poco sarà papà.
   Signor Giacometti: Speriamo bene! È il nostro primo figlio e sono un po' nervoso.

   Sapresti dire qual è l'enunciato pragmatico con cui il Signor Giacometti esprime speranza?

   _____

   Scrivi i dialoghi corrispondenti alle due situazioni seguenti usando nella battuta di uno dei due interlocutori l'enunciato pragmatico individuato

   a) Il tuo amico Gianni domani ha un colloquio di lavoro in una grande azienda. Tu gli dici di star tranquillo perché lui è il candidato ideale e tutto andrà bene. Lui ti risponde che è un po' nervoso e che spera di essere assunto.
   b) Hai letto sul giornale che oggi si tiene il processo contro gli attivisti di un gruppo ecologista, denunciati per aver bloccato un peschereccio che andava a caccia di balene. Lo racconti a un tuo amico dicendo che speri che vengano assolti.

2) **Situazione**: Lucio ha organizzato una festa per il suo compleanno, ma molti degli invitati gli fanno sapere che, per varie ragioni, non potranno esserci.

   La madre di Lucio: Ha chiamato Gaetano: dice che stasera non potrà venire alla festa perché ha la febbre; e pare che non potranno venire neanche Marta e Gianni perché la figlia si è presa la varicella.
   Lucio: Andiamo bene! Di questo passo spegnerò le candeline da solo.

   Sapresti dire qual è l'enunciato pragmatico con cui Lucio esprime rammarico e rassegnazione?

   _____

   Scrivi i dialoghi corrispondenti alle due situazioni seguenti usando nella battuta di uno dei due interlocutori l'enunciato pragmatico individuato

   a) Massimo, il figlio del signor Cetti, non è mai stato uno studente modello: nella sua pagella ci sono tutti voti bassi. Un giorno Massimo arriva a casa con una comunicazione del preside in cui si dice che rischia di essere espulso perché ha insultato un insegnante. Il signor Cetti si arrabbia e dice al figlio che non possono andare avanti così, che il suo comportamento peggiora ogni giorno di più.
   b) Laura ha invitato degli amici a cena e sta preparando le penne al pomodoro. Prima si accorge che non ha il basilico e poi nota che la fiamma del gas è sempre più debole. Il marito le dice che forse sta per finire la bombola e lei gli risponde che le cose vanno di male in peggio.

3) **Situazione**: Sei in un taxi e hai dieci minuti per arrivare in stazione. Dici al taxista di sbrigarsi perché devi prendere un treno e, quindi, hai molta fretta.

   Taxista: Non per essere pessimisti, ma forse dovrà aspettare il treno successivo. In questo momento c'è uno sciopero dei metalmeccanici e molte strade del centro sono bloccate.
   Tu: Siamo messi bene! Sempre la solita fortuna.

   Sapresti dire qual è l'enunciato pragmatico con cui tu esprimi rammarico e rassegnazione?

   _____

   Scrivi i dialoghi corrispondenti alle due situazioni seguenti usando nella battuta di uno dei due interlocutori l'enunciato pragmatico individuato

a) Dopo aver lavorato tutta la settimana, vorresti partire per il week-end. Ti telefona tua moglie e ti dice che il nonno è in ospedale perché ha la febbre alta e quindi forse dovrete rimandare il viaggio. Tu esprimi il tuo rammarico.

b) Non sei potuto andare al cinema perché i biglietti erano esauriti. Decidi allora di noleggiare un film e di vederlo a casa, ma la tua ragazza ti ricorda che il DVD è rotto. Tu, esasperato, dici che non è proprio una buona serata e che è meglio andare a dormire.

4) **Situazione**: Tua moglie ti ha convinto ad andare a cena in uno dei ristoranti più eleganti e costosi della città. Tu, anche se non ne avevi voglia, ci sei andato lo stesso. Ma, allo stappare la bottiglia, il cameriere ti versa il vino sulla tua camicia nuova.

Cameriere: Mi scusi tanto! Sono davvero spiacente.
Tu: Cominciamo bene! Chissà cosa mi riserva il resto della cena.

Sapresti dire qual è l'enunciato pragmatico con cui tu esprimi rabbia e delusione?

_____

Scrivi i dialoghi corrispondenti alle due situazioni seguenti usando nella battuta di uno dei due interlocutori l'enunciato pragmatico individuato

a) Finalmente è arrivato agosto; dopo un anno di duro lavoro, stai per partire in vacanza. Accendi la televisione e al telegiornale annunciano che è previsto uno sciopero dei controllori di volo proprio il giorno in cui devi partire. Tu ti lamenti e dici che, come inizio, non poteva andare peggio.

b) Sei riuscito a partire per le vacanze, ma quando arrivi in albergo il portiere ti dice che l'aria condizionata non funziona. Tu, arrabbiato, dici che non hai prenotato un albergo a quattro stelle per morire di caldo e che le tue vacanze non potevano iniziare peggio di così.

13. UN SOLO ENUNCIATO PRAGMATICO MA CON TANTE FUNZIONI!

I. Entriamo in tema!

I-1. Ascolta e poi leggi i seguenti dialoghi; noterai che in tutti gli enunciati pragmatici evidenziati in neretto si usa la forma verbale: figurati/figuriamoci (infinito: "figurarsi"). Come altri enunciati pragmatici, questi svolgono più di una funzione nel discorso, infatti, a seconda del contesto linguistico ed extralinguistico in cui vengono usati, possono avere diversi valori.

1) A: Senti, ma la smetti di guardarmi di continuo con quell'aria lì!? Se hai qualcosa da dirmi, dimmela!
   B: **Ma figurati!?** Chi ti guarda!? Per fortuna ho di meglio da fare.

2) A: Ti ringrazio di cuore per il tuo aiuto, sei stato molto carino.
   B: **Ma figurati!** Non è niente e poi siamo amici, no?

3) A: Luca non mi sta per niente simpatico! È un pallone gonfiato!
   B: **Figurati a me!** L'anno scorso quasi facciamo a pugni.

4) A: Ho chiesto a Piero di sua cognata e ha cominciato a parlarne malissimo, mi ha elencato tutti i suoi difetti.
   B: **Figuriamoci se** gli chiedi della suocera! Diventa nero dalla rabbia.

I-2. Per ognuno degli enunciati pragmatici utilizzati nell'esercizio I-1, indica, tra i seguenti, il corrispondente enunciato pragmatico sinonimo.

a) Ci mancherebbe altro! (lo faccio volentieri) _____
b) Pensa un po' se... (immaginati se...) _____
c) Capirai a me! (anche a me) _____
d) Ma cosa stai dicendo!? (certo che no) _____

II. A CIASCUNO IL SUO!

II-1. Ricostruisci i dialoghi unendo le frasi della colonna A con quelle della colonna B e usando gli enunciati pragmatici elencati.

A	Enunciati pragmatici	B
1. Posso chiederti un favore? Ti dispiacerebbe portarmi un pacco di mezzitoscani?	a. Certo! **Figurati!**	a. Nessun problema! Te li porto volentieri.
2. Non farti fregare da Gianni.	b. **Ma figurati!?**	b. Non ho mai votato in vita mia.
3. La politica non mi interessa.	c. **Figurati a me!**	c. Come vuoi che mi freghi quello!
4. Ho detto a Carlo che a volte mi sembrava un po' superficiale e mi ha picchiato.	d. **Figuriamoci se**	d. gli dicevi che la moglie lo tradisce! Ti spaccava in due.

III. ALTRE IN ARRIVO!

 III-1. Ecco dei nuovi enunciati pragmatici caratterizzati dall'uso della forma verbale: "non mi dire". Ascolta e poi leggi i seguenti dialoghi.

1) A: Hai saputo del trasferimento di Carlo? Lo spediscono ai confini del mondo: in Siberia!
   B: **Ma non mi dire!** Chissà quanto sarà contenta sua moglie! Lei che non ha mai messo piede fuori dall'Italia e che, soprattutto, non sopporta il freddo!

2) A: Oggi ho incontrato Enrico; siccome era da parecchio che mi stava sulle scatole mi sono avvicinato e gli ho detto: "Te e la tua mogliettina andate a quel paese, non vi reggo più!"
   B: Ma dai, **non mi dire!** Come sei! Hai ragione ad essere arrabbiato con lui, ma un po' di tatto ci vuole! Hai esagerato!

3) A: All'inizio non ci volevi venire alla festa dell'ultimo dell'anno, ma poi alla fine ti sei divertita, **non mi dire di no!**
   B: Sì, è vero. All'inizio non ero in vena e poi invece che risate...

III-2. Per ognuno degli enunciati pragmatici utilizzati nell'esercizio III-1, indica, tra i seguenti, il corrispondente enunciato pragmatico sinonimo.

a) Non ci posso credere! (non me lo sarei mai aspettato) _____

b) Ma dimmi te! (non è possibile). _____

c) Dai ammettilo! (non puoi affermare il contrario). _____

III-3. Ricostruisci le battute seguenti unendo le frasi della colonna A con quelle della colonna B e usando gli enunciati pragmatici elencati.

A	Enunciati pragmatici	B
1. Ti piace Roberta, eh?	a. **Ma non mi dire!**	a. E pensare che si odiavano!
2. Sei incinta!?	b. **Non mi dire!**	b. Perché ho visto come la guardavi.
3. Carlo è tornato di nuovo con Marina!?	c. **Non mi dire di no!**	c. Che bella notizia, auguri!

14. CHI SE NE FREGA!

I. ENTRIAMO IN TEMA!

 I-1. Ascolta e poi leggi i seguenti dialoghi. Come potrai notare, gli enunciati pragmatici evidenziati in neretto si costruiscono tutti con il verbo "fregare" che acquista nell'italiano parlato colloquiale diversi significati, dando agli enunciati un valore informale.

1) A: Sai chi ho incontrato stamattina all'università? Gianna! Siamo andati a prendere un caffè insieme e non ti puoi immaginare quello che mi ha detto!
   B: Guarda, **non me ne può fregare di meno!** Io di quella non ne voglio sapere più niente, non me la devi nemmeno nominare!

2) A: Matteo mi ha detto che non ti invita al suo matrimonio perché gli stai antipatico.
   B: Meglio così! **Me ne frego** di Matteo e del suo matrimonio. Un regalo in meno.

3) A: Tesoro, lo so che sono le dieci di sera, ma non è che andresti a comprarmi dei cioccolatini al bar dell'angolo? Ho un leggero languorino.
   B: Va bene, ci vado... Certo che la tua dolcezza **è quello che mi frega!**

4) A: Quando litigo con il mio collega dello studio legale ci rimango male. Non capisco perché dobbiamo sempre discutere per ogni minima sciocchezza.
   B: **E fregatene!** Lo sai che è un gran bel cretino.

5) A: Ho scoperto che l'albergo che abbiamo prenotato non ha la piscina. E ora come facciamo?
   B: **Ma chi se ne frega!** Abbiamo la spiaggia a 100 metri, a che ci serve la piscina!?

I-2. **Il tono delle affermazioni con "fregarsene" è un po' brusco. Riscrivi le battute in cui compare l'enunciato pragmatico con "fregarsene" in un registro meno trascurato e più formale sostituendo gli enunciati in neretto con i seguenti.**

a) non ci badare;	b) non me ne importa un bel niente;	c) è quello che mi convince;
d) non è una cosa importante;	e) me ne infischio di..., cioè non me ne occupo o preoccupo di...	

I-3. **Conosci la canzone di Vasco Rossi "Vita spericolata", quella che dice: "Voglio una vita maleducata, di quelle vite fatte così... Voglio una vita che se ne frega, che se ne frega di tutto, sì! (...)"? Secondo te, cosa intende dire il cantante?:**

a) che se ne frega della sua vita
b) che vuole vivere a modo suo, in piena libertà, cioè fregandosene di tutto e tutti, cioè di cosa pensano della sua vita gli altri.

15. FACCIAMO IL PUNTO DELLA SITUAZIONE

I. LASCIA IL MESSAGGIO DOPO IL BIP!

 I-1. Monica Treviso, trentenne e impiegata in un'agenzia di viaggi, torna a casa dopo il lavoro e accende la segreteria telefonica. Ascolta i messaggi che ha ricevuto: individua l'enunciato pragmatico usato in ciascuno di essi e, in base al contesto, cerca di stabilirne la funzione.

Primo messaggio: Ciao bella, sono Toni e sono alla trattoria "Da Nino". Ma che fai, non vieni? Non mi dire che hai dimenticato il nostro appuntamento!? Sei la solita sbadata! Telefonami appena puoi.

Enunciato pragmatico: _____

Funzione: a) rassegnazione   b) rimprovero   c) indifferenza

Secondo messaggio: Ciao tesoro, sono la mamma! Ho saputo del tradimento di Gaetano; che vuoi farci!? Gli uomini sono così! Comunque non ti preoccupare, bella come sei, un altro fidanzato lo trovi quando vuoi. Ti richiamo stasera.

Enunciato pragmatico: _____

Funzione: a) sorpresa   b) rimprovero   c) rassegnazione.

Terzo messaggio: Ciao Monica, sono Giulia. Mi dispiace tanto per la storia con Gaetano. Certo che tradirti con la sua insegnante di spinning! Comunque non ti meritava. Sai che ti dico? Fregatene! Stasera usciamo a caccia di uomini! Chiamami!

Enunciato pragmatico: _____

Funzione: a) rimprovero   b) rassegnazione   c) indifferenza/incoraggiamento.

Quarto messaggio: Monica, sono io, Gaetano. Ma ti pare giusto mollarmi senza motivo!? Ma andiamo! Dopo tanti anni passati insieme la nostra storia non può finire così. Con Marina non c'è stato nulla, te lo giuro! Dobbiamo parlare. Passo da te stasera, e non fare che non mi apri.

Enunciato pragmatico: _____

Funzione: a) rassegnazione   b) rimprovero/disaccordo   c) sorpresa.

Quinto messaggio: Ciao Monica, sono Patrizia, ti chiamo dall'ufficio. Il capo ha saputo dei problemi che ci sono stati con l'organizzazione del viaggio a Cuba, e si è arrabbiato di brutto; ho provato a dirgli che non è colpa tua, ma non ha voluto sentire ragioni. Che vuoi che ti dica!? Devi venire subito. Ti aspetto.

Enunciato pragmatico: _____

Funzione: a) rassegnazione   b) sorpresa   c) disaccordo.

II. ORA TOCCA A TE!

II-1. **In base ai contesti descritti, costruisci le battute o repliche dei personaggi indicati usando gli enunciati pragmatici contenuti nel riquadro (attenzione: per inserire alcuni degli enunciati pragmatici nei dialoghi corrispondenti sono necessari dei cambiamenti morfologici)**

E che ti aspettavi!?	E che ti devo dire!?	E che vuoi farci?
E che vuoi!? E che vuoi che ti dica!?	E che vuoi che succeda!?	E che ti posso dire!?

1) La domestica incompetente ti ha bruciato la tua camicia preferita; tu ti lamenti con tua moglie e lei ti dice che può succedere e che te ne puoi comprare un'altra uguale.

   La moglie: _____

2) Tua sorella ti chiede quale costume potrebbe mettersi per andare in piscina: quello intero o il bikini alla brasiliana. Tu non sei esperto e non sai cosa consigliarle.

   Tu: _____

3) Tua sorella alla fine ha scelto il bikini e tuo padre ti dice di convincerla a non mettere un costume così ridotto. Tu rispondi che non sai cosa dirle e che non sono affari tuoi.

Tu: _____

4) I tuoi amici ti chiedono di raccontare come hai fatto a rimorchiare la cubista brasiliana del Maracanà e tu rispondi che è tutto merito del tuo fascino.

Tu: _____

5) Marta confessa a Giulia di essere insoddisfatta della sua vita: si è stancata di settimane bianche, crociere ai Caraibi e shopping in via Montenapoleone. Giulia la guarda sdegnata e le dice che non riesce proprio a capire cosa ci sia da lamentarsi.

Giulia: _____

6) Il tuo vicino di casa è triste per la morte del suo cane. Tu gli dici che c'era da aspettarselo perché era molto vecchio, aveva più di quindici anni.

Tu: _____

7) Marco ti dice che Marcello, un po' goffo, si è fratturato una caviglia mentre andava sui pattini a rotelle. Tu rispondi che la cosa non ti stupisce.

Tu: _____

III. ANDIAMO AL CINEMA!

III-1. "Santa Maradona"; 2002.

Regista: Marco Ponti. **Attori principali**: S. Accorsi, A. Caprioli, L. De Rienzo, M. Tayde.
Contesto: Due giovani fidanzati -Andrea e Dolores- stanno litigando perché la ragazza racconta che ha avuto una storia con un regista cinematografico.

Andrea: Basta, io e te abbiamo finito!
Dolores: Ma Andrea, che cosa dici!?
Andrea: Dico che di stronzate non ne voglio più sapere niente!

- **Quale enunciato pragmatico usa Dolores per esprimere il proprio stupore di fronte all'affermazione di Andrea?**

- **Dolores domanda ad Andrea cosa ha detto perché:**
  a) non ha capito o non ho sentito bene la sua affermazione?
  b) perché non è d'accordo con la sua affermazione e ne è stupita?

III-2. "Vacanze di Natale 2000"; 1999.

Regista: Enrico e Carlo Vanzina. **Attori principali**: C. de Sica, M. Boldi.
Contesto: La famiglia Covelli, arrivata a Cortina, ha un problema: la coppia di domestici filippini si è ammalata. La figlia viziata si lamenta con la mamma.

Figlia: I domestici filippini hanno l'influenza!?
Mamma: E che!? Non hanno diritto?
Figlia: Mamma sì, ma che ne so!? Pensavo che i filippini non si prendessero l'asiatica.

- **Con quale valore la mamma usa l'enunciato pragmatico "E che!?"?:**
  a) sopresa   **b) rimprovero**

- **Quale funzione svolge l'enunciato pragmatico "ma che ne so!?" usato dalla figlia? Esprime:**
  a) rabbia   **b) indifferenza/non conoscenza.**

III-3. "Vacanze di Natale 2000"; 1999.

Regista: Enrico e Carlo Vanzina. **Attori principali**: C. de Sica, M. Boldi.
Contesto: La famiglia Covelli sta arrivando in macchina a Cortina.

Covelli: C'è la neve, la macchina scivola, non ce la faccio!
Maglie: E che fai, ti fermi!?

- **Con l'enunciato pragmatico "E che fai...!?" la moglie dell'avvocato Covelli:**
  a) chiede al marito perché si ferma?   **b) gli dice di non fermarsi e andare avanti?**

- **Che funzione ha l'enunciato pragmatico "E che fai, ti fermi!?":**
  a) sorpresa   **b) ordine**   **c) rimprovero**

III-4. "Vacanze di Natale 2000"; 1999.

Regista: Enrico e Carlo Vanzina. **Attori principali**: C. de Sica, M. Boldi.
Contesto: Due ragazzi fanno credere a due ragazze che appartengono alla famiglia Barilla, grossi imprenditori fabbricanti di pasta e fior fiore dell'alta società italiana.

Covelli: Tu di cognome fai Barilla; pensa un po'! Ma Barilla Barilla? Io pensavo che eri il solito cretino che voleva rimorchiare.

- **Con quale enunciato pragmatico la ragazza esprime la sua sorpresa?**

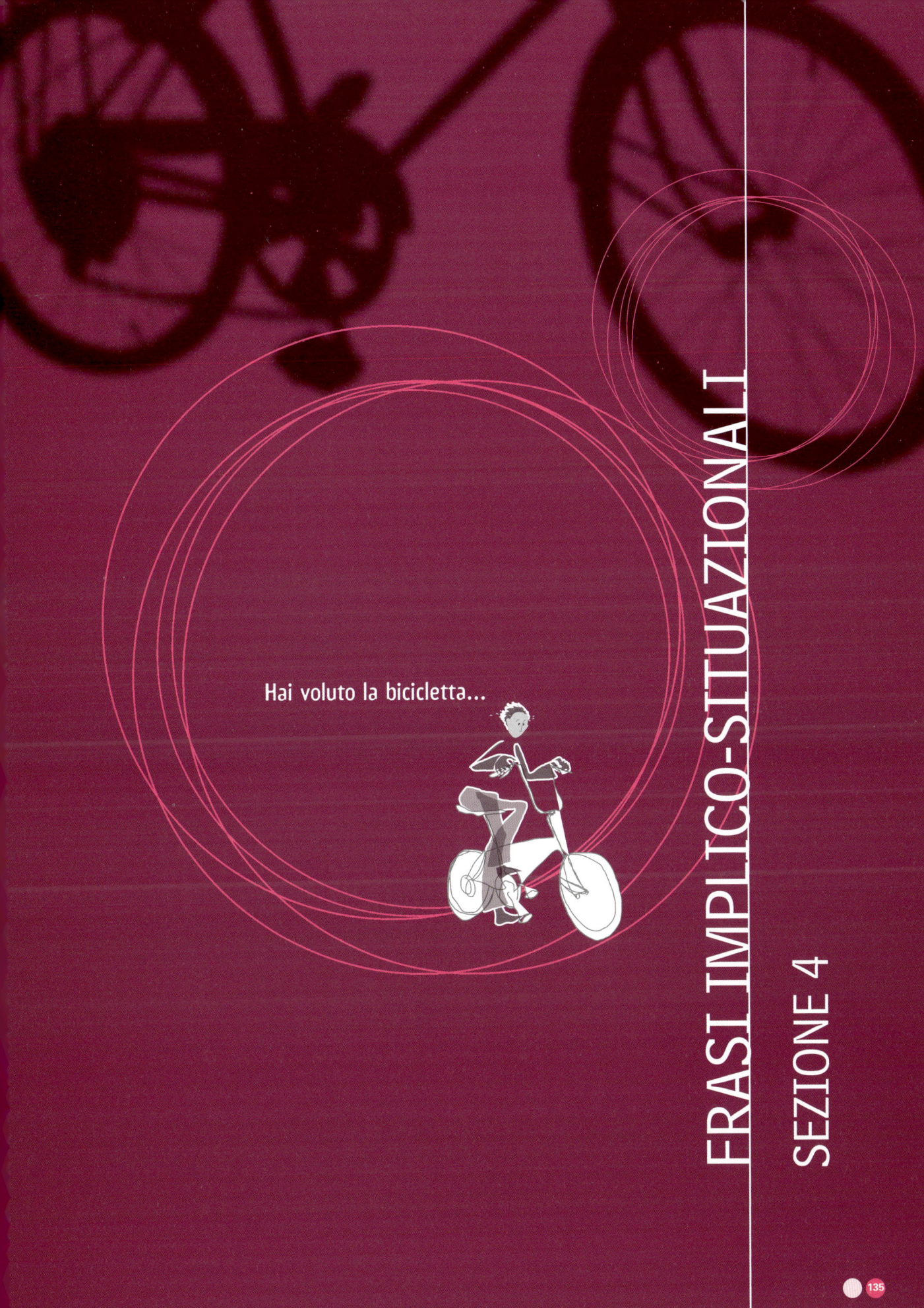

Hai voluto la bicicletta...

FRASI IMPLICO-SITUAZIONALI

SEZIONE 4

FRASI IMPLICO-SITUAZIONALI

Le frasi implico-situazionali sono delle forme apparentemente non idiomatiche, ossia con un significato letterale, trasparente. In realtà, sono delle strutture fraseologiche in quanto il loro significato va al di là di quello letterale, offrono cioè delle informazioni aggiuntive, dette implicature, non espresse esplicitamente a parole. Noi parlanti siamo in grado di cogliere e di capire le informazioni contenute nelle frasi implico-situazionali, cioè di decodificare il messaggio del nostro interlocutore, in quanto condividiamo con lui quel bagaglio di dati detto "sapere enciclopedico", ossia la conoscenza di tutta una serie di notizie, informazioni, elementi che riguardano la nostra cultura, società, stile di vita, ecc.

Le frasi implico-situazionali si definiscono quindi "implico" perché contengono implicature e "situazionali" perché sono repliche che si usano in situazioni ben precise, in contesti determinati.

1. NON È COME SEMBRA...

I. ENTRIAMO IN TEMA!

 I-1. Ascolta e poi leggi i seguenti dialoghi facendo attenzione alla frase implico-situazionale in neretto.

1) A: Lucia è andata a raccontare a Marina che ieri sei uscita con il suo ex.
   B: Ma stai scherzando! **Ora mi sente!** Le avevo detto di tenere la bocca chiusa. E adesso come faccio!? Marina sarà furiosa!

2) A: Senti, ma non eri te quello che ho visto uscire dal bar di Mario ieri notte alle due?
   B: Sì ero io, ma mi raccomando, **tu non mi hai visto!** A casa ho detto che andavo a una cena di lavoro.

3) A: Questa collana mi piace ed è proprio lo stile di Angela, la prendo. Ma se la vedi non dirle che sono venuto alla gioielleria, voglio farle una sorpresa.
   B: No no, non ti preoccupare, **tu qui non ci sei mai stato**.

4) A: Se io fossi in te non metterei quel vestito: è trasparente e ti si vede tutto!
   B: Senti, bigotta, **io sono io e te sei te** e poi scusa, che male c'è!?

5) A: Ma non ti vergogni di andare in giro con quei capelli!? Sembri mio nonno! Perché non ti fai un taglio più moderno?
   B: Ma dico, **ti sei visto!?** Ha parlato quello all'ultima moda, ha parlato!

6) A: Antonio!!! Che mi dici della macchia di rossetto rosso fuoco sul colletto della tua camicia!?
   B: Eh!? Ah, beh...no, **non è come sembra...** Posso spiegarti tutto!

II. PARAFRASIAMO!

II-1. Scegli tra le parafrasi seguenti il significato e le intenzioni corrispondenti alle frasi implico-situazionali viste nell'esercizio I-1.

a) Io non voglio che si sappia in giro che sono stato qui, ti prego di non dire nulla, tu e io sappiamo che non ci dovevo essere.

b) Mi hai fatto arrabbiare! Sia chiaro che siamo due persone diverse: che tu la pensi in un modo e io in un altro, tu hai i tuoi gusti e io i miei!

c) Questa persona ha fatto una cosa scorretta, che non doveva fare, e ora glielo dico in malo modo, lo sgriderò.

d) Sei stato chiaro, non aggiungere altro. Lo so che non devo dire che sei stato qui, ci siamo capiti.

e) Le apparenze possono ingannare: quello che hai visto ti fa pensare una cosa non vera.

f) Come ti permetti di fare certi commenti quando tu fai di peggio o quando i difetti che trovi in me tu li hai molto più accentuati!?

III. COMPLETIAMO!

III-1. Completa le battute seguenti usando le frasi implico-situazionali viste nell'esercizio I-1.

1) Carletto ha rotto il mio vaso cinese, _____ !

2) Ieri siamo andati a festeggiare l'addio al celibato di mio cugino! Quando ci siamo incontrati nel parcheggio, stavamo tornando a casa. Lo so che le sei del mattino è un po' tardi, ma mi raccomando, _____ !

3) È vero: non esco la sera, non frequento gli amici, non piace andare in discoteca, ma nessuno ti dà il diritto di giudicarmi! _____ ! Tu fa come ti pare, che a me ci penso da sola.

4) Senti Giulio, per l'altra sera _____ ! La ragazza bionda che era con me è una mia collega e stavamo andando in ufficio.

5) Che combinazione! Anche tu al casinò! Tranquillo: nessuno lo verrà a sapere, _____ !

6) Lo so, hai ragione... È vero che da qualche mese mi sono lasciato un po' andare nel vestire! Però mi sembra che tu stia esagerando con le critiche! Ma dico, _____ ! Di sicuro non vesti Armani né Versace!

IV. LASCIA UN MESSAGGIO DOPO IL BIP...!

 IV-1. Alla fine di una giornata di lavoro, Giuseppe torna a casa e la prima cosa che fa è accendere la segreteria telefonica. Ascolta i messaggi che ha ricevuto. Come reagirà o cosa dirà Giuseppe in ognuna delle situazioni seguenti? Scrivi la sua reazione o risposta usando la frase implico-situazionale adeguata tra quelle viste nell'esercizio I-1.

Messaggio 1:

Ciao Beppe! Sono Aurelio. Ti telefono per avvertirti che domani al lavoro avrai dei problemi: quel cretino di Bertucci ha detto al capoufficio che la storia dell'influenza era una bugia, e che in realtà sei stato a Capri con la tua fidanzata! Ci vediamo domani, così mi racconti come è andata!

Risposta di Giuseppe: _____

Messaggio 2:

Giuseppe, ci sei? Ho bisogno di te! Ti devo parlare urgentemente! Carla ti telefonerà per chiederti se mi hai visto alla festa di Giulia. Lo sai quant'è gelosa! Mi raccomando, non dirle niente, lei non deve sapere che ci sono andato! Conto su di te!

Risposta di Giuseppe: _____

Messaggio 3:

Cavolo Giuseppe! Che brutta figura mi hai fatto fare con il direttore generale! Ma io dico, si va conciato così a un pranzo di lavoro!? Certo che la barba te la potevi anche fare! Sei sempre il solito. Ah, sono Aurelio, nel caso non mi avessi riconosciuto.

Risposta di Giuseppe: _____

Messaggio 4:

Ti ho chiamato sul cellulare cento volte! Ma dove ti sei cacciato? Ieri a casa tua ho trovato quattro bottiglie di whisky vuote. Non mi dire che hai ricominciato a bere? Ma come devo fare io con te!? Quanto deve soffrire una madre! Chiamami appena torni, sono preoccupata.

Risposta di Giuseppe: _____

Messaggio 5:

Ciao bello, sono il tuo fratellino preferito! Ma come ti viene in mente di comprarti il vecchio maggiolino di Mirella! Con una macchina come quella non ci fai neanche cento chilometri! Sicuro che ti lascia per strada! Non imparerai mai! Fa come me: comprati una buona utilitaria, sicura e affidabile!

Risposta di Giuseppe: _____

Messaggio 6:

Ciao Geppy! Ho un dubbio: se qualcuno, per esempio la tua morosa, mi chiede se sei stato nel mio negozio, cosa dico? Per chi è il cucciolo che hai comprato? Non vorrei che fosse una sorpresa e io, non sapendolo, rovino tutto!

Risposta di Giuseppe: _____

2. VERBI E NON SOLO!

I. ENTRIAMO IN TEMA!

 I-1. Ascolta e poi leggi i seguenti dialoghi; scegli, tra quelli indicati, il significato corretto della frase implico-situazionale in neretto.

1) A: È permesso? Posso entrare?
   B: Certo, senza paura, **non mordo mica!**

   a) *Io non sono un cane.*
   b) *Non faccio male a nessuno.*

2) A: Stefano Accorsi è davvero un gran bel ragazzo!
   B: Tu dici? Mah... Chissà **che c'avrà mai** questo tipo per piacere tanto alle donne!?

   a) *Chissà cos'avrà lui di particolare che non hanno il resto degli uomini...*
   b) *Lui ha una macchina sportiva che io non ho.*

3) A: Hai visto quel signore laggiù? Avrà più di ottanta anni e fa il bagno in piscina con il tanga!
   B: **Ma guardalo!** Ma non si vergogna!

   a) *Ma non si vergogna! Che figura fa! Non ha più l'età per mettersi in tanga...*
   b) *Mettiti gli occhiali e guardalo bene!*

4) A: Non vieni al cinema? È perché non ti piace il film che abbiamo scelto?
   B: **L'hai detto!** Vado al cinema per divertirmi e non per pensare e il film che volete vedere voi deve essere davvero pesante.

   a) *L'hai detto tu, non io.*
   b) *Appunto! È proprio così. Hai indovinato.*

5) A: Insomma, te l'ho già detto in tutte le salse che non voglio che rientri alle tre di notte!
   B: Uffa! Per una volta **non muore nessuno**.

   a) *Non ho mai visto nessuno che muore uscendo la sera.*
   b) *Non succede niente di grave.*

II. A CIASCUNO IL SUO!

II-1. Collega ogni battuta della colonna A con quella corrispondente della colonna B. Attenzione: le battute della colonna B contengono le frasi implico-situazionali viste nell'esercizio precedente e servono per replicare all'interlocutore A rifiutando una sua opinione, un suo consiglio, una sua domanda, una sua richiesta, ecc.

A	B
1. La mia nuova collega è una ragazza fantastica! Sono stato davvero fortunato, non si trovano tutti i giorni collaboratori così competenti.	a. Ma dai, non esagerare! **Non morde mica!** Ti farà qualche domanda e ti assume di sicuro.
2. Ma quello non è Luigi? Che ci fa in spiaggia? Non doveva tornare a Roma per lavoro?	b. **E che c'avrà mai!** Io non ci vedo niente di eccezionale, semplicemente fa il suo lavoro.
3. Ma davvero quest'anno vuoi restare ad agosto in città? Ma sei pazzo! Con il caldo che fa non ci sarà un cane.	c. **L'hai detto!** E non c'è nessun altro, ma così non possiamo andare avanti. Non è per te, ma ho bisogno dei miei spazi.
4.Oggi devo vedere tuo padre per parlare di quel posto di lavoro nella vostra azienda di famiglia. Chissà cosa mi chiederà!? È così esigente! Speriamo bene...	d. E vabbè, pazienza! Sai che quest'anno non ho soldi per le vacanze. E poi, per una volta, **non muore nessuno!**
5. Ma cosa stai dicendo? Dove vuoi arrivare? Non è che hai trovato un altro? Non vorrai mica lasciarmi?	e. **Ma guardalo!** Che faccia tosta che ha! Quella del lavoro era una scusa per non invitarci a cena da lui!

III. Ora tocca a te!

III-1. A partire dalle situazioni comunicative delineate, costruisci i dialoghi corrispondenti usando nella replica del secondo intelocutore la frase implico-situazionale indicata tra parentesi.

1) La tua nuova fidanzata si rifiuta categoricamente di conoscere i tuoi genitori. Tu, dopo aver insistito un po', le dici che faccia come vuole, che in fin dei conti non è così importante.

Fidanzata: _____

Tu: _____ (non muore nessuno)

2) Il tuo fidanzato va pazzo per Monica Bellucci, non fa che ripetere che è una donna bellissima! Tu, esasperata e un po' invidiosa, gli chiedi cosa abbia lei di così speciale.

Fidanzato: _____

Tu: _____ (che c'avrà mai!?)

3) Il figlio della signora Maria le dice che ha deciso di passare il Natale con i suoceri; Maria, offesa, gli rimprovera di essere un figlio senza cuore, un traditore! Dopo aver passato sempre il Natale in famiglia, quest'anno la lascia sola!

Figlio: _____

Maria: _____ (ma guardalo!)

4) Il tuo vicino di casa dice di avere la sensazione che ti dia fastidio che lui lasci ogni giorno il sacchetto con l'immondizia sul pianerottolo; tu gli rispondi che ha proprio ragione, in effetti non è piacevole avere la spazzatura di fronte alla tua porta.

Vicino: _____

Tu: _____ (l'hai detto!)

5) Devi fare un esame di guida per prendere la patente; sali in macchina molto agitato e dici all'esaminatore che hai un po' paura; lui ti risponde di stare tranquillo, perché è un tipo comprensivo e andrá tutto bene.

Tu: _____

Esaminatore: _____ (non mordo mica)

3. SITUAZIONI!

I. Entriamo in tema!

I-1. Individua le frasi implico-situazionali contenute nei dialoghi seguenti; rispondi poi alle domande che troverai alla fine di ciascun dialogo.

1) **Situazione**: Un collega di lavoro un po' chiacchierone si avvicina a Gianni e comincia a fare delle domande per iniziare una conversazione.

Collega: Ah, questo il tuo computer nuovo, vero? E questi nella foto sono i tuoi figli, no? Carini, quanti anni hanno?
Gianni: Senti, ma non hai niente da fare!? Non lo vedi che sono occupato? Ho tantissimo lavoro.

• **Con quale frase implico-situazionale Gianni esprime il suo dissenso e rifiuto ad iniziare una conversazione con il collega?**

Risposta: _____ .

2) Situazione: Luca dice a Giuseppe che ha visto la sua ex fidanzata con un altro ragazzo.

Luca: Sai chi ho incontrato ieri in pizzeria? Silvia! Era con quel suo compagno dell'università. Erano seduti accanto a me e non si staccavano gli occhi di dosso.
Giuseppe: Cavolo! Non perde tempo quella! È da una settimana che ci siamo lasciati e già se ne ha trovato un altro.

- **Con quale frase implico-situazionale Giuseppe rimprovera l'atteggiamento di Silvia?**

Risposta: _____ .

3) **Situazione**: Giovanna chiede a Laura di un ragazzo sconosciuto con cui l'ha vista il giorno prima in biblioteca.

Giovanna: Non hai qualcosa da dirmi? Chi era quel ragazzo con cui eri in biblioteca?
Laura: Certo che sei curiosa, eh! Se te lo volevo dire, te lo dicevo.

- **Con quale frase implico-situazionale Giovanna esorta Laura a raccontarle qualcosa che lei già sa?**

Risposta: _____ .

4) **Situazione**: Arianna e Lucia, due tifose, parlano della loro squadra.

Arianna: Sei andata allo stadio? Cosa ha fatto la squadra?
Lucia: Tu che dici!? Scarsa com'è, ha perso come al solito.

- **Con quale frase implico-situazionale Lucia indica ovvietà rispetto ai risultati della squadra?**

Risposta: _____ .

5) **Situazione**: Marina dice a Enrico che non fumerà più.

Marina: Ho deciso: da domani smetto di fumare!
Enrico: Brava, è così che ti voglio! Basta con le sigarette che ti fanno male.

- **Con quale frase implico-situazionale Enrico esprime accordo e incoraggiamento?**

Risposta: _____ .

6) **Situazione**: Piero e Paolino, due bambini, si preparano per fare una gita; la mamma li invita a fare i bravi e a non comportarsi male.

Piero e Paolino: Che bello! Domani tutti in gita con la scuola.
Mamma: Mi raccomando, non fatevi riconoscere come al solito! Non gridate per la strada, non buttate niente per terra, insomma, comportatevi bene.

- **Con quale frase implico-situazionale la mamma esorta i bambini a non comportarsi come sempre?**

Risposta: _____ .

7) **Situazione**: Maria e Eugenia, due cognate, parlano della suocera.

Maria: A Pasqua viene a pranzo da noi la nostra carissima suocera.
Eugenia: Ah sì!? Non sai quello che ti aspetta! A Natale è venuta da noi e non c'era niente che le piacesse, neanche il panettone! Buona fortuna!

- **Con quale frase implico-situazionale Eugenia avverte Maria di quello che può succedere prevedendo che non sarà niente di buono?**

Risposta: _____ .

8) **Situazione**: La madre torna dal lavoro e trova il figlio, che a quell'ora avrebbe dovuto essere a scuola, a casa.

Madre: E tu cosa ci fai qui!? Non mi dire che anche oggi hai marinato la scuola?
Eugenio: I professori hanno fatto sciopero e non siamo entrati.

- **Con quale frase implico-situazionale la madre stupita rimprovera il figlio perché in quel momento avrebbe dovuto essere a scuola?**

Risposta: _____ .

II. ORA TOCCA A TE!

II.1. A partire dalla situazione indicata, rivolgiti a ogni personaggio descritto usando nella replica la frase implico-situazionale adatta tra quelle viste nell'esercizio I-1.

1) Al rompiscatole logorroico che non ti lascia finire il tuo lavoro in santa pace:

Replica: _____

2) Al timidone riservato che non ti ha raccontato le sue ultime novità, di cui tu già hai sentito parlare:

Replica: _____

3) Al depresso che decide di iniziare ad affrontare la vita con entusiasmo e di tornare ad essere quello di una volta:

Replica: _____

4) Allo spendaccione che, subito dopo aver ricevuto una grossa eredità, si compra uno yacht:

Replica: _____

5) Al disgraziato che tu sai che dovrà sopportare qualcosa di negativo in futuro:

Replica: _____

6) Al cafone maleducato che si farà una settimana a Porto Cervo con la famiglia aristocratica della sua fidanzata, avvertendolo di non comportarsi male come al solito:

Replica: _____

7) All'ingenuo che ti fa una domanda che è piuttosto ovvia e scontata:

Replica: _____

8) Allo sfacciato che va a tutte le feste senza essere invitato:

Replica: _____

II-2. A partire dalle situazioni descritte, costruisci i dialoghi corrispondenti usando nella battuta di uno dei due interlocutori la frase implico-situazionale adeguata tra quelle viste nell'esercizio I-1.

1) Il tuo capo ti chiede di accompagnarlo a una cena di lavoro e ti prega di non comportarti come sempre e di evitare di raccontare le solite barzellette un po' spinte. Tu gli assicuri che sarai all'altezza della situazione e che non gli farai fare brutta figura.

Capo: _____

Tu: _____

2) Un amico, un po' depresso, ti racconta che da domani in poi andrà finalmente in palestra per tirarsi su e conoscere gente nuova. Tu gli dici che ti sembra un'ottima idea.

Amico: _____

Tu: _____

3) Hai sonno e vuoi dormire, ma tua madre, annoiata, ha voglia di chiacchierare e inizia a tempestarti di domande: ti chiede cosa hai fatto ieri, dove andrai in vacanza, come vanno gli studi, ecc. Tu le dici che sei stanco e che non ti va di parlare e la inviti ad andare via e a lasciarti dormire.

Mamma: _____

Tu: _____

4) Sei un po' stufa che tutte le domeniche il tuo fidanzato si metta sempre giacca e cravatta, e un giorno all'improvviso si presenta in jeans, scarpe da ginnastica e maglietta verde fosforescente e ti chiede se ti piace il suo nuovo look. Tu esprimi la tua approvazione dicendogli che l'abbigliamento sportivo gli sta bene.

Fidanzato: _____

Tu: _____

5) Tuo cugino sta facendo l'Erasmus a Firenze. Un giorno ti chiama e ti racconta che ha conosciuto la ragazza della sua vita e che è felicissimo. Tu stupito gli rispondi che lui sì che è veloce, perché è a Firenze da una settimana e già si è trovato la fidanzata.

Cugino: _____

Tu: _____

6) Un tuo collega di lavoro ti dice che deve prendere il traghetto per andare in Sardegna e tu lo avverti che il viaggio sarà duro: hanno previsto mare molto mosso e vento fortissimo.

Collega: _____

Tu: _____

7) Un amico ti chiede come va con il golf, se hai imparato a giocare. Tu gli rispondi che logicamente sei migliorato perché è da due anni che prendi lezioni con un istruttore e ti alleni tre volte a settimana.

Amico: _____

Tu: _____

4. AD OGNI SITUAZIONE LA SUA REPLICA!

I. ENTRIAMO IN TEMA!

 I-1. Ascolta e leggi i seguenti dialoghi; scegli, tra le opzioni indicate, il significato corretto e le implicature giuste della frase implico-situazionale in neretto.

1) A: Cavolo! Mamma mia, che giornata! Me ne sono successe di tutti i colori: stamattina sono rimasto senza benzina in mezzo alla strada, sono arrivato tardi al lavoro e, proprio mentre stavo finendo un progetto importante, il computer si è rotto.
B: Caspita che bella giornata! Mi sa che **se restavi a letto era meglio.**

a. Quando si ha l'influenza è bene stare a letto e non uscire.
b. Ci sono certe giornate in cui tutto va storto e sarebbe meglio non fare nulla.

2) A: Che puzza, mi sa che abbiamo bruciato il pollo...
B: **Abbiamo?** Hai cara! Sei tu che invece di stare in cucina hai passato due ore in bagno a farti bella.

a. Perché usi il plurale? Sei stata tu a far bruciare il pollo, io non c'entro.
b. Davvero? Non ci posso credere!

3) A: Povero Luigi, è stato appena licenziato.
B: **Fosse solo questo...** Il padre malato, la moglie isterica... Non gliene va bene una...

a. Essere licenziato non è poi così grave.
b. È davvero sfortunato: non solo ha questo problema, ma ne ha tanti altri.

4) A: Ho sentito dire che Laura fa l'attrice.
B: Sì, è attrice **quanto lo sono io**, avrà fatto al massimo una pubblicità.

a. Io e Laura abbiamo recitato spesso insieme.
b. Laura non può considerarsi un'attrice perché non ha mai fatto un film.

5) A: Enrico è la copia sputata di Robert Redford.
   B: Sì, **di notte e a luce spenta**: ma l'hai visto bene!?

   a. Ma cosa dici!? Ti sbagli: Enrico non assomiglia assolutamente a Robert Redford.
   b. Con poca luce si potrebbero confondere.

6) A: Simpatico il fratello di Luigi, no? Magari una sera si organizza qualcosa insieme...
   B: Ma che dici? Con uno come quello io **non prendo neanche un caffè!**

   a. Non prendo mai il caffè perché mi rende nervoso.
   b. Io con quello non voglio avere niente a che fare e non ho nessuna intenzione di uscire con lui.

7) A: Allora si parte! Certo che Lucia poteva scegliere un ristorante più vicino per festeggiare il suo matrimonio. Io quella zona non la conosco per niente, la troveremo la strada?
   B: E certo! **Non ci vuole mica la laurea** per trovare una strada! E poi ho qui la cartina.

   a. Io ho una laurea in geografia, troviamo il ristorante senza problemi.
   b. Non bisogna essere molto competenti o avere qualità particolari per trovare una strada.

8) A: Bello il ritratto che la zia ha messo in salotto! È tale e quale a lei! Chissà quanto lo avrà pagato! Magari ce ne facciamo fare uno, che dici?
   B: Bello? Ma stai scherzando? È orribile! Un quadro come quello non lo voglio **neanche se me lo regalano**.

   a. Il quadro non mi piace affatto, non lo accetterei neanche gratis.
   b. Il quadro mi sembra talmente brutto che non è da regalare.

II. A CIASCUNO IL SUO!

II-1. Collega ciascuna battuta della colonna A con quella corrispondente di B. Attenzione: le battute della colonna B presentano le frasi implico-situazionali viste nell'esercizio I-1 e servono per replicare all'interlocutore rifiutando una sua opinione, un suo consiglio, una sua domanda, una sua richiesta, ecc.

A	B
1. Senti caro, oggi ho incontrato i nuovi vicini in ascensore: ci hanno invitato a cena da loro. Tu che dici?	a. **Dobbiamo!?** Devi! Ti avevo già detto che io non ne voglio sapere nulla. Quando abbiamo traslocato noi, lui aveva mal di schiena e lei doveva stare con i bambini.
2. Ieri ho bucato una gomma e io, da solo e senza l'aiuto di nessuno, sono riuscito a cambiarla. Quanto sono bravo!	b. Sì, tale e quale! Ma **di notte e a luce spenta!**
3. Ha telefonato mia sorella, domani iniziano il trasloco. Dobbiamo dargli una mano.	c. Nobili!? Quello è nobile **quanto lo sono io!** Ma se siamo nati nello stesso quartiere popolare!
4. Enrico è un tipo un po' strano, non ti pare? Ha un senso dell'umorismo molto particolare: non si capisce mai se scherza o dice sul serio.	d. Bella!? Ma se sembra un collare per cani! Io una cosa del genere non me la metterei **neanche se me la regalassero**.
5. Hai visto che bella collana ha comprato Lucia?	e. **Fosse solo questo!** Oltre ad avere uno strano senso dell'umorismo, è molto scontroso.
6. Ieri ho incontrato Carla dal parrucchiere, lo sapevi che suo marito ha origini nobili?	f. Una delle tue giornate migliori! **Se restavi a letto era meglio.**
7. Oggi me ne sono successe di tutti i colori! Stamattina ho fatto una lavatrice e per sbaglio ho messo una maglietta rossa tra le lenzuola di lino della nonna, e poi sono uscita a comprare il pane e ho dimenticato di prendere le chiavi.	g. Io che dico? Dico che con quegli snob **non ci prendo neanche un caffé!**
8. Non ti pare che con questo nuovo taglio di capelli assomiglio un po' Sharon Stone?	h. Bravo!? Guarda che per cambiare una gomma **non ci vuole mica la laurea.**

III. ORA TOCCA A TE!

III-1. Come ogni domenica, Enrico e la moglie vanno a pranzo dai genitori di Enrico, insieme ai suoi quattro fratelli e ai nonni. La famiglia è riunita a tavola e, durante il pranzo, ognuno racconta le ultime novità.
Scrivi le repliche di Enrico al commento di ogni commensale, seguendo le indicazioni in corsivo (ricordati di usare le frasi implico-situazionali viste nell'esercizio I-1).

La mamma: "Ieri al mercato ho incontrato la zia Angelina con la figlia Mirella. Quanto è cresciuta Mirella! E che bella ragazza è diventata! Ci vedo una certa somiglianza con quella presentatrice della televisione, quella che fa il programma sul calcio".
Enrico, che ha visto la cugina Mirella qualche giorno prima, esprime il suo disaccordo con quanto detto dalla madre e replica che Mirella non assomiglia per niente alla presentatrice:
Enrico: "_____"

La moglie: "Sentite, qualcuno ha una macchina da prestarci? È che martedì siamo andati a far la spesa al nuovo centro commerciale che hanno aperto in periferia e, quando tornavamo, non abbiamo visto uno stop e abbiamo fatto un incidente. Ora la macchina è dal meccanico".
Enrico esprime il suo dissenso che quanto affermato dalla moglie sottolineando che alla guida c'era la donna e quindi l'incidente l'ha fatto lei:
Enrico: "_____"

Il nonno: "Enrico, chiudi la finestra, per favore. Ho un raffreddore tremendo e non vi dico il mal di schiena, non mi posso muovere".
Enrico replica, scherzando, che il nonno non può certo dirsi un giovanotto infatti, oltre al raffreddore e al mal di schiena, soffre di pressione alta, diabete e problemi cardiaci:
Enrico: "_____"

Il padre: "Ho sentito che Mario Cipolla, il tuo vecchio compagno di università, è stato nominato amministratore delegato di quella grossa fabbrica di alluminio che è stata aperta qualche anno fa. Questo sì che è far carriera! Non come te che continui a perdere tempo in quella ditta di nullafacenti."
Enrico, un po' offeso, esprime il suo disaccordo con quanto affermato dal padre replicando che Mario Cipolla non è affatto amministratore delegato, ma un semplice caporeparto.
Enrico: "_____"

Il fratello minore: "Quanto è brava la mia Roberta! Lei sì che se ne intende di informatica. Ieri, in cinque minuti, mi ha inserito un antivirus nel mio nuovo portatile. Fantastica!"
Enrico corregge quanto affermato dal fratello sottolineando che, per installare un antivirus, non ci vuole una bravura particolare, anzi è una cosa semplicissima:
Enrico: "_____"

La nonna: "Ieri sono andata a ritirare la pensione e allo sportello c'era una nuova impiegata: la tua ex fidanzata, Isabella. Com'è gentile quella ragazza, mi è sempre piaciuta! Mi ha chiesto anche di te, come stavi, cosa facevi, se ti eri sposato...".
Enrico, che non ha ancora superato il trauma di essere stato lasciato da Isabella a quindici anni, replica arrabbiato che lui con quella non vuole averci niente a che fare, che non la vuole neanche vedere:
Enrico: "_____"

La sorella: "Che giornata venerdì! Avevo un colloquio di lavoro alle nove, prima ho perso il treno, poi mi si è rotto un tacco per strada e, per finire in bellezza, mentre tornavo a casa in metropolitana mi hanno rubato il portafoglio. Ovviamente, non sono stata assunta".
Enrico enfatizza la sfortuna che ha perseguitato la sorella replicando che certi giorni è meglio non fare niente e non uscire di casa:
Enrico: "_____"

Il fratello maggiore: "Ieri finalmente ho trovato quello che cercavo da tanto tempo: un paio di scarpe di coccodrillo! Bellissime! Mi sono costate un fortuna, ma sono il massimo!"
Enrico, animalista convinto, esprime il suo disaccordo e rimprovero nei confronti del fratello replicando che mai e poi mai metterebbe delle scarpe di coccodrillo, neanche se fossero gratuite:
Enrico: "_____"

5. SINCERO O BUGIARDO?

I. ENTRIAMO IN TEMA!

 I-1. Ascolta e poi leggi i seguenti dialoghi; scegli, tra quelli indicati, il significato corretto della frase implico-situazionale in neretto.

1) A: Carlo, hai un attimo? Ti vorrei raccontare le conclusioni della mia ricerca sull'influsso di Pietro Bembo sulla lingua spagnola del Cinquecento.
   B: È un argomento davvero interessante, ma... meglio **un'altra volta,** dai! Ora vado un po' di fretta... Scusami, ma sai, il lavoro è il lavoro!

   a) Carlo è veramente dispiaciuto di non poter conoscere le conclusioni della ricerca.
   b) Carlo non è molto interessato a conoscere le conclusioni della ricerca e trova una scusa per rifiutare.

2) A: Ieri in palestra si parlava di uno che era un po' imbranato con le donne e **non so perché, ma ho pensato a te**.
   B: Ah, ah, ah, che spiritoso che sei! Lo sai che a me non mi resiste nessuna! Sono un vero don Giovanni.

   a) Siccome tu sei un po' imbranato, mi sei venuto in mente.
   b) Non capisco perché abbia pensato proprio a te.

3) A: Certo che Paolo è proprio un tipo strano! Pensa te che per il mio matrimonio mi ha regalato un cesto con salame, mortadella, pancetta e una scatola di trippa. **Con questo ti ho detto tutto...**
   B: Paolo sì che ha gusto! Molto raffinato!

   a) Con le informazioni che ti ho dato puoi capire che tipo è Paolo.
   b) Non aggiungo altre informazioni perché non so cosa dirti di più.

4) A: Ho detto a Lucio che deve uscire più spesso.
   B: Sì! **Diglielo pure!** Per lui ogni scusa è buona per non restare a casa.

   a) Fai bene a dirglielo: deve uscire più spesso a divertirsi.
   b) Esce già abbastanza, ti prego di non incoraggiarlo dicendogli di uscire di più; è meglio che tu stia zitto.

I-2. Secondo te, il parlante è sincero quando dice al suo interlocutore che:

a) È meglio che A gli racconti le conclusioni della tesi un'altra volta?
b) Non sa perché quando si stava parlando di imbranati gli è venuto in mente proprio l'interlocutore B?
c) Ha detto a B tutto quello che sapeva su Paolo e che non aveva altre notizie su di lui?
d) L'interlocutore A ha fatto bene a dire a Lucio di uscire più spesso?

II. A CIASCUNO IL SUO!

II-1. Per ognuna delle battute di A scegli tra le due opzioni indicate (B1 o B2) e, in base al contesto comunicativo, indica quale replica di B ti sembra più adatta per rispondere ad A

1) A: Ho visto il giardino di Mariano, è bellissimo! Gli ho detto che un giardino così lo deve curare nei minimi particolari.
   B1: Mariano, io con quello non ci andrei neanche a prendere un caffè!
   B2: Diglielo pure! Una volta è per potare, un'altra per innaffiare, insomma è sempre lì, giorno e notte.

2) A: Laura dice che parla benissimo l'inglese. Voi siete stati a Londra insieme, vero?
   B1: Benissimo!? Una volta siamo andati al bar a fare colazione e per chiedere quello che voleva indicava col dito... Con questo ti ho detto tutto...
   B2: Per parlare l'inglese non ci vuole la laurea.

3) A: Com'era il film che avete visto ieri?

B1: Bravo! È così che ti voglio! Che ti interessi di cinema!

B2: Non era niente male. Il sottotitolo era "Tutto quello che non devi fare se il tuo partner ti lascia" e, non so perché, ma ho pensato a te.

4) A: Oggi il Prof. Angoletti tiene una conferenza sul disavanzo pubblico nell'Unione Europea. Un argomento interessante, no? Che dici se ci andiamo insieme?

B1: No guarda, meglio un'altra volta. Oggi ho un mal di testa...

B2: Se non ci andiamo, non muore nessuno.

III. Ora tocca a te!

III-1. A partire dalle situazioni comunicative descritte, costruisci i dialoghi corrispondenti usando nella battuta di uno dei due interlocutori le frasi implico-situazionali viste negli esercizi I-1 e II-1.

1) Lo zio Aurelio, un tipo noioso a cui piace molto parlare, ti chiede se ti va di andare a cena a casa sua; tu rifiuti l'invito con la scusa che questa sera devi finire di leggere un libro essenziale per la tua esistenza: "Ricerca sulla sopravvivenza del tonno nell'Adriatico: problemi e soluzioni".

Zio Aurelio: _____

Tu: _____

2) Dici al tuo amico Giorgio che, quando l'altro giorno alla radio hai sentito dire che l'invidia è la malattia del ventunesimo secolo, ti è venuto in mente proprio lui. Giorgio, offeso, risponde che lui è molto soddisfatto della sua vita e che non prova invidia per nessuno.

Tu: _____

Giorgio: _____

3) Al ritorno dalle vacanze chiedi a un tuo collega come è andata la sua estate. Lui, con una faccia triste, ti dice che ti bastano poche informazioni per capirlo: la mattina gli toccava andare in spiaggia con le bambine, trascinando sulla sabbia bollente sedie a sdraio, materassino, ombrellone e frigorifero portatile; il pomeriggio alle giostre e la sera gelato sul lungomare con i suoceri.

Tu: _____

Amico: _____

4) Un'amica di tua moglie vi suggerisce di invitare più spesso tua suocera a casa vostra, così non sta da sola e vi aiuta con i bambini. Tu gli rispondi che tua suocera è praticamente sempre a casa vostra e che non è il caso di incoraggiarla a venire ancora più spesso.

Amica: _____

Tu: _____

6. TI CONOSCO?

I. ENTRIAMO IN TEMA!

I-1. In questa unità ti presentiamo un nuovo gruppo di frasi implico-situazionali formate dai verbi "conoscere", "riconoscere" o "sapere". Ascolta e poi leggi i seguenti dialoghi; sapresti riconoscere il significato della frase implico-situazionale in neretto? Scegli tra le parafrasi indicate quella che ti sembra corretta.

1) A: Pietro ha detto che sarebbe arrivato alla riunione alle quattro ma sono le sei e ancora non si è visto.
   B: Io lo sapevo, **come se non lo conoscessi!** Pietro arriva sempre in ritardo, non è una novità.

   a) I difetti di Pietro io li conosco benissimo.
   b) Io Pietro non lo conosco.

2) A: Senta scusi, mi fa passare? Può spostare la macchina? Ma non lo vede che non ci passo! Non può bloccare l'uscita in questo modo! Si vuole togliere di mezzo!
   B: Ma come si permette! **Lei non sa chi sono io!** Io sono il padrone del centro commerciale e se voglio faccio chiamare i vigili e gliela faccio sequestrare la macchina!

   a) Non mi hai riconosciuto!?
   b) Sono una persona importante e qui comando io.

3) A: Mi sono fatto il piercing alla lingua e un tatuaggio sul fondoschiena.
   B: Ma va! **Non ti riconosco più!** E pensare che qualche mese fa eri tutto casa e chiesa.

   a) Sei cambiato tantissimo! Non sei più quello di una volta.
   b) Non ti avevo riconosciuto per il cambio di look.

4) A: Davvero hai deciso di andare al ritrovo mondiale dei giovani comunisti a Pechino!? Se non ti vedo, non ci credo, guarda!
   B: Certo che ci vado; si vede che **non mi conosci**, caro mio.

   a) Non hai mai capito come sono fatto davvero!
   b) Noi due non ci conosciamo!

5) A: Sì davvero, te lo giuro! Ieri sono andato a teatro a vedere la Tosca, che emozione!
   B: Eh sì, come se non ti conoscessi! Di sicuro sei stato al cinema a vedere uno di quei film **che sappiamo noi**.

   a) Uno di quei film che conosciamo a memoria.
   b) Uno di quei film per adulti che, una persona seria come te, non dovrebbe vedere.

6) A: Tieni il mezzo toscano. Eccoti l'accendino.
   B: Ah! Ma questo mi sembra **di conoscerlo**, da quanto tempo è che te l'ho prestato?

   a) Questo accendino mi sembra di averlo già visto perché è mio.
   b) L'accendino l'ho già comprato dal tabaccaio.

7) A: Quanto è tirchio Paolo! Non regala mai niente a nessuno, neanche a Natale.
   B: Eh già! Diciamo che generosità è **una parola che non conosce**.

   a) Non ha l'istinto della generosità.
   b) È straniero e non sa il significato di "generosità" perché è una parola troppo lunga.

8) A: Ho detto a quel generale di mia suocera: "Ora basta! Mi sono rotto! D'ora in avanti si fa come dico io; a fare la spesa il sabato mattina ci vai te!"
   B: Finalmente! Questo sì che è il Pietro **che conosco io!** Era ora che ti facessi valere!

   a) Questo Pietro l'ho conosciuto quindici anni fa.
   b) Finalmente sei tornato ad essere quello che eri! È così che mi piaci, bravo Piero!

II. LETTERALE O IDIOMATICO?

1) A: Pronto? Ciao bella! Passami Papà.
   B: Chi lo desidera?
   A: Ma non mi hai riconosciuto? **Non sai chi sono io!?** Sono lo zio Umberto.

2) A: Ahó! Ma dove vai? Stai fermo, lì è proibita l'entrata.
   B: Ma come dove vado? **Lei non sa chi sono io!** Sono il presidente della società, e lei un portiere che sta per essere licenziato!

3) A: Sta piovendo. Aspetta un attimo che prendo l'ombrello.
   B: Bello quest'ombrello! **Mi sembra di conoscerlo...** Comunque ora ho imparato la lezione: non ti presterò mai più niente in vita mia!

4) A: Cosa stai guardando con tanta attenzione?
   B: Il tipo seduto al bar, **mi sembra di conoscerlo.** Assomiglia al mio fruttivendolo.

5) A: Ma di quale Paolo stai parlando? Di quello alto che lavora dal benzinaio dell'incrocio?
   B: Esatto, questo è il Paolo **che conosco io.** Quello che dici tu, che lavora in banca, non so chi sia.

6) A: Ho deciso: da domani vado tutti i giorni in palestra. E se devo uscire prima dall'ufficio, esco prima.
   B: Bravo, questo sì che è il Paolo **che conosco io!** Era ora che ricominciassi a prenderti cura di te stesso.

7) A: Ma che ti aspettavi da Giorgio? Lo sai che fa sempre scenate in pubblico e mette in imbarazzo la gente. Educazione **è una parola che non conosce!**

8) A: È inutile che dici al bambino che non può mangiare il gelato perché ha la gastroenterite. Gli devi spiegare che il gelato gli fa venire il mal di pancia, perché gastroenterite **è una parola che non conosce.**

9) A: Ti sei messo a dieta!? Non ci credo! Tu non resisti neanche una settimana. Al primo pezzo di torta o di pizza che vedi, addio dieta!
   B: **Tu non mi conosci!** Ho un forza di volontà pazzesca e quando mi metto in testa una cosa la faccio.

10) A: Ciao bello! Ma che fai, non mi saluti?
    B: Scusa, dici a me? Devi avermi confuso con qualcun'altro, **tu non mi conosci**.

III. A CIASCUNO IL SUO!

A	Frasi implico-situazionali	B
1. Tutti fermi! Oggi offro io.	a. Davvero!? **Non ti riconosco più!**	a. Non ci credo neanche se lo vedo. Sottomesso come sei, non avresti il coraggio nemmeno di dargli del tu!
2. Non farmi ridere! Non uscirai mai con Caterina; troppo bella per te!	b. **Tu non mi conosci!**	b. Dov'è andata a finire la tua taccagneria!

A	Enunciati pragmatici	B
3. Oggi sono andato dal direttore e gli ho detto che è un incompetente e che non capisce niente di affari!	c. **Tu non sai chi sono io!**	c. Ma come ti permetti! Vuoi vedere che ti spacco la faccia!
4. Ahò, ma che ti credi, che sei trasparente? Spostati che non ci vedo!	d. Ma va! **Come se non ti conoscessi!**	d. Quando voglio qualcosa la ottengo! Scommettiamo che in un mese è mia!?

III-2. Forma i dialoghi unendo ogni battuta della colonna A con quella corrispondente della colonna B.

A	B
1. Senti Stefano, ieri è venuto Eugenio a trovarmi e mi ha detto di chiederti se hai un po' di lavoro extra questo mese. Ha avuto parecchie spese e ha bisogno di soldi.	a. Questa penna ha un'aria familiare, **mi sembra di conoscerla!** Ora ho capito dov'era andata a finire... E io che pensavo di averla persa. Me la riprendo.
2. Quest'anno ho messo le cose in chiaro con la mia fidanzata: per le vacanze niente villaggi né alberghi a cinque stelle. Quest'anno si va in campeggio sui Pirenei a fare rafting.	b. Bravo! Questo sì che è l'Indiana Jones **che conosco io!** Finalmente una vacanza come quelle dei vecchi tempi!
3. Ieri ho incontrato Piero e mi ha tenuto due ore parlandomi dei suoi successi personali. Certo che è davvero un gran bel presuntuoso!	c. Non te la prendere! Si sa che umiltà **è una parola che non conosce!**
4. Tieni, eccoti la penna. Per il mutuo, devi firmare su entrambi i fogli, in fondo a destra.	d. Sì, le spese **che sappiamo noi!** Ma quando smetterà di giocare ai cavalli!?

IV. ORA TOCCA A TE!

IV.1 Per ognuno dei seguenti dialoghi, scrivi la replica del secondo interlocutore tenendo conto delle indicazioni fornite tra parentesi e usando la frase implico-situazionale adeguata tra quelle viste in questa unità.

1) **Roberto:** Che bello! Non vedo l'ora di arrivare a casa e trascorrere una di quelle serate che piacciono a me: divano, pantofole, televisione e coperta termica! Cosa si può volere di più dalla vita!?

Tu: *(Stupito, dì a Roberto che non è più quello di una volta, quando era il re delle discoteche napoletane)*

2) **Andrea:** Ma davvero vuoi aiutare le suore ad organizzare la cena di beneficenza? Tu non sai neanche cosa sia il volontariato!

Tu: *(Offeso, spiega ad Andrea che lui non sa come sei fatto davvero e che, per una buona causa, metti tutto il tuo impegno)*

3) **Lucia:** Sono stanca di lavorare come impiegata. Con l'esperienza che ho, chiedo un prestito e mi metto in proprio. Ho deciso di aprire un negozio di biancheria intima.

Tu: *(Appoggi l'iniziativa di Lucia sottolineando che sei contento che abbia ritrovato l'entusiasmo di una volta)*

4) **Enrico:** Ti giuro che non sono stato io a raccontare a Maria cosa è successo alla festa. Non capisco perché tu dia la colpa sempre me!

Tu: *(Metti in dubbio quanto affermato da Enrico, perché lo conosci bene e sai che è un gran pettegolo)*

_____

5) **Giulio:** Non capisco come Giovanna possa continuare a raccontare tante bugie al marito! E pensare che lui l'ha sempre trattata come una principessa! Se lei non lo ama più, che gli dica la verità! Dovrebbe essere sincera.

Tu: *(Enfatizzi quanto affermato da Giulio dicendo che Giovanna non sa neanche cosa sia la sincerità)*

_____

7. FACCIAMO IL PUNTO DELLA SITUAZIONE

I. COMPLETIAMO!

I-1. Completa i dialoghi seguendo le indicazioni fornite nelle tracce tra parentesi e utilizzando le frasi implico situazionali elencate nel riquadro.

a. Non ci prendo neanche un caffè!	b. Ma guardalo!	c. Non muore nessuno!
d. Non farti riconoscere!	e. Ti sei visto!?	f. Neanche se me li regalano
g. Tu che dici!?	h. Tu non mi hai visto!	

1) A: Ma guarda che combinazione! Anche tu al cinema!? Ma a quest'ora non dovresti essere al lavoro!?
   (B non vuole che si venga a sapere che è andato al cinema)

   B: Sì, poi ti spiego... Ma mi raccomando, non dire niente! _____

2) A: Lo sai chi mi ha telefonato? Luigi! Mi ha chiesto se una sera andiamo a cena insieme.
   (B dice che non vuole andare a cena con Luigi perché gli sta antipatico e perché non ha dimenticato il bidone che gli ha tirato qualche anno fa)

   B: Vacci tu! Io con quello _____

3) A: Oggi ho ricevuto l'invito al matrimonio di mio cugino, ma non ho nessuna voglia di andarci. I matrimoni non mi piacciono e poi con lui non ho mai avuto una grande amicizia, sono anni che non lo vedo. Mi ha invitato solo per cortesia
   (B dice ad A che se non va al matrimonio non succede niente, che in ogni caso il cugino si sposerà lo stesso)

   B: E di che ti preoccupi? Se non ti va di andarci non ci vai, punto e basta. Che vuoi che succeda se non ci sei tu? _____

4) A: Senti, quel tizio che esce dal bar ubriaco fradicio, con la camicia fuori dai pantaloni e la cravatta in testa allo Rambo non è Lucio?
   (B dice che purtroppo è proprio Lucio e che è un peccato che si stia rovinando la vita con l'alcol)

   B: Eh sì! _____ Poveraccio!

5) A: Belli questi stivali! Ti starebbero bene, sai... Perché non te li compri?
   (B dice che non le piacciono proprio, che non li comprebbe mai)
   B: Fossi pazza! Io quelli non li metto _____

6) A: Che bello rivedersi dopo tanto tempo! Ti trovo bene, sai! Comunque devo dire che hai perso un bel po' di capelli!
   (B, scocciato, dice ad A che anche lui non ha più la chioma folta di una volta e gli ricorda che gli anni passano per tutti)
   B: Ma scusa, bello! Tu _____

7) A: Sabato ho la partita di tennis con l'archittetto Simonini.
   (B consiglia ad A di non fare le sue solite figuracce e di comportarsi in modo educato)
   B: Mi raccomando, niente insulti né parolacce! Non _____

8) A: Allora è vero che hai vinto settecentomila euro al totocalcio?
   (B dice ad A che è vero, basta osservare gli ultimi cambiamenti che ci sono stati nella sua vita)
   B: _____, altrimenti da dove avrei tirato fuori i soldi per comprarmi l'attico in centro e l'ultimo modello della Ferrari.

II. Andiamo al cinema!

II-1. "L'ultimo bacio"; 2001.

Regista: G. Muccino. **Attori principali**: S. Accorsi; G. Mezzogiorno.
Contesto: Una coppia di giovani sposi, Livia e Adriano, stanno vivendo una crisi matrimoniale; tornati dalla cerimonia per il matrimonio di un amico, i due litigano mentre il figlio piange.

Livia: Guarda che io a te come compagno di vita ormai ci ho rinunciato, hai capito!? È lui *(il bambino)* che forse meritava qualcosa di più come padre.
Adriano: Ah sì, eh!?
Livia: Sì, meritava qualcosa di più!
Adriano: Lo sai? C'è una novità Livia!
Livia: Ah sì? E qual è?
Adriano: Sì, c'è che non ti amo più Livia! Io non ti amo più, anzi, la mattina quando mi sveglio e ti trovo nel letto mi viene l'angoscia. Tu sei cambiata da quando è nato lui, non ti riconosco più Livia.
Livia: Neanche io ti riconosco più! Pensavo fossi un po' meglio francamente.

- **Quale frase implico-situazionale usano Livia e Adriano per dirsi che entrambi sono cambiati e non sono più quelli di una volta?**

II-2. "Paolo Borsellino"; 2004.

Regista: G. M. Tavarelli. **Attori principali**: G. Tirabassi; E. Fantastichini; D. Giordano.
Contesto: Il commissario Cassarà, appartenente al pool antimafia di Palermo insieme ai magistrati Falcone e Borsellino, è in macchina insieme agli uomini della scorta.

Cassarà: E tu cosa ci fai qui!? Non dovevi essere al mare?
Uomo della scorta: Sono tornato prima. Comunque, qualcuno doveva pur proteggerla.

- **Quale frase implico-situazionale usa il commissario Cassarà per esprimere il suo stupore quando vede l'uomo della scorta, che in quel momento avrebbe dovuto essere in vacanza, in servizio?**

Hai voluto la bicicletta...

SCHEMI SINTATTICI FRASEOLOGICI PRAGMATICI

SEZIONE 5

SCHEMI SINTATTICI FRASEOLOGICI PRAGMATICI

Gli schemi sintattici fraseologici pragmatici sono delle strutture sintattiche in cui si combinano costituenti fissi -non soggetti a cambiamenti lessicali - insieme a costituenti liberi - soggetti a cambiamenti lessicali -; la presenza di elementi fissi fa sì che queste strutture appartengano all'ambito della fraseologia.

Hanno valore pragmatico in quanto:
a) sono atti linguistici usati per reagire a una situazione o un commento fatto dall'altro interlocutore;
b) il loro significato si attiva unicamente nel discorso, ossia nell'ambito dell'interazione comunicativa.

1. STRUTTURE UN PO' PARTICOLARI

I. ENTRIAMO IN TEMA!

 I-1. Ascolta e poi leggi i seguenti dialoghi facendo attenzione agli schemi sintattici fraseologici pragmatici evidenziati in neretto.

1) A: Non mi guardare mentre mi trucco, lo sai che mi dà fastidio!
   B: **Ma chi ti guarda!** Sto leggendo il giornale, uffh... donne!

2) A: La figlia di Sara è proprio bellina.
   B: **Chiamala bellina!** È tutta suo padre, povera piccola: stesso naso a patata, stessi occhi sporgenti, stessa fronte bassa... Speriamo che con il tempo cambi un po'!

3) A: Domani tutti al mare!
   B: Sfigati como siamo, **vuoi vedere che pioverà a dirotto!?**

4) A: Allora, hai accettato l'invito di Gianni per venerdì prossimo?
   B: **Vogliamo scherzare!?** Io mica ci vado a cena con uno sciupafemmine come quello!

5) A: Giorgio mi ha detto che quel generale di sua suocera passerà qualche settimana da loro.
   B: **Chissà quanto sarà contento!** Se non si spara questa volta...

> **I-2.** Per ognuno degli schemi sintattici fraseologici pragmatici visti nell'esercizio I-1, individua la struttura sintattica corrispondente, poi collegala con la rispettiva funzione scegliendo tra quelle che ti indichiamo di seguito.

Strutture
1) Ma + chi + forma verbale!?
2) Vogliamo + forma verbale (infinito)!?
3) Vuoi + forma verbale (infinito) + che + ... !?
4) Chiamare (forma verbale coniugata) + pronome clitico + sostantivo/aggettivo/forma verbale!
5) Chissà + quanto/come/se + forma verbale + ... !

Funzioni
a) B nega di star facendo qualcosa di cui è stato accusato;
b) B rifiuta un'affermazione dell'interlocutore A in modo sarcastico;
c) B ha un'intuizione negativa e la enfatizza;
d) B ipotizza un fatto o una situazione, dando in alcuni casi un valore ironico.
e) B nega e smentisce un'affermazione o ipotesi di A, dicendo che A si sbaglia.

II. A CIASCUNO IL SUO!

> **II-1.** Ricostruisci i dialoghi collegando ciascuna battuta della colonna A con quella corrispondente di B. Attenzione: le battute della colonna B servono per replicare all'interlocutore A rifiutando una sua opinione, un suo consiglio, una sua domanda o una sua richiesta (sono evidenziati in neretto gli schemi fraselogici pragmatici).

A	B
1. Nonno, spegni quella sigaretta! Lo sai che ti fa male fumare!	a. **E chi fuma!?** La sigaretta non è mia, è della nonna che è andata in bagno.
2. Ma che fai lì per terra? Sei caduto? Ti sei fatto male?	b. **E chi si rilassa in questa casa!?** Mi sembra di vivere in una gabbia di pazzi!
3. Cosa ti succede? Non stai bene? Ti vedo un po' stressato in questo periodo, hai bisogno di rilassarti!	c. Ahi! Che male! Sfigato come sono, **vuoi vedere che mi sono rotto il menisco!?**
4. Povero Gianni, l'azienda di cui era azionista è fallita!	d. Ti pare questa l'ora di telefonare!? È l'una e la tavola non è ancora apparecchiata, ma dico, **vogliamo mangiare!?**
5. Mario ogni sera beve come una spugna, un whisky dietro l'altro.	e. **Chiamalo povero!** In banca avrà almeno un paio di milioni di euro.
6. Mi raccomando! Domani è il compleanno della nonna; non farai come al solito che non te lo ricordi e non le fai gli auguri, eh?	f. **E non me lo ricordo!?** Le ho addirittura comprato un pensierino.
7. Mentre aspetto che l'acqua bolle, telefono a mamma e le racconto il fine settimana.	g. **Chissà come avrà il fegato,** in un paio di anni avrà la cirrosi!

III. Letterale o idiomatico?

III-1. Aiutandoti con il contesto decidi se le affermazioni, le domande o le esclamazioni in neretto contenute nelle seguenti battute sono letterali (L) oppure hanno un valore idiomatico (I).

1) Giorgio è a New York con la sua nuova fiamma! **Chiamalo scemo**, quello non perde un'occasione!
2) Luigi? **Chiamalo scemo** e vedrai se non ti dà un pugno che ti manda dritto all'ospedale.
3) **Vuoi vedere** che per il nostro ventesimo anniversario di matrimonio mio marito mi regala 20 rose rosse, proprio a me che sono allergica!?
4) **Vuoi vedere** che mi ha regalato mio marito per l'anniversario!? Rose rosse, le mie preferite!
5) Mi deve visitare il dottore Mandorloni, **chi lo conosce**? Lo avete mai sentito nominare? È bravo? In che ospedale lavora?
6) Mia moglie mi ha detto che il dottore Mandorloni, l'inquilino del primo piano, le ha fatto una scenata per il parcheggio; vuole parlare con me per risolvere la cosa tra uomini. **Ma chi lo conosce questo!?** Chi si crede di essere! Io con gente così non voglio averci niente a che fare!
7) Enrico, sembri un barbone! **Vogliamo tagliare i capelli!?**
8) Signor Enrico, **vogliamo tagliare i capelli?** Il solito taglio?
9) Gianni aveva deciso di venire ma sua sorella mi ha detto che sta poco bene, **chissà se verrà**.
10) Gianni non viene, **chissà cosa avrà combinato!** È il solito ritardatario!

IV. Ricomponiamo

IV-1. Ricomponi gli schemi sintattici fraseologici pragmatici contenuti nelle battute seguenti e otterrai una reazione da parte dell'interlocutore B alla domanda di A.

1) A: Cosa hai fatto ieri di bello?
   B: Cosa ho fatto ieri? **se lo / chi / E / ricorda!** In questo periodo non ci sto proprio con la testa.

2) A: Guarda, una macchia sul soffitto! Che dici, si sarà rotto un tubo?
   B: Cavolo! **che / vedere / Vuoi** il vicino dell'appartamento di sopra ha lasciato il rubinetto aperto.

3) A: Un attimo di pazienza, sto finendo! Ma cos'è tutta questa fretta!?
   B: Ma io dico, **andare / vogliamo!?** Il film inizia alle otto.

4) A: Domani andiamo a cena da Pina.
   B: **preparerà / Chissà / cosa!?** Quella in cucina zero!

5) A: Ti è piaciuto il concerto di ieri?
   B: **concerto / Chiamalo!** C'erano quattro sfigati a suonare.

V. Ora tocca a te!

V-1. A partire dalle seguenti situazioni comunicative, costruisci delle battute o repliche per esprimere il tuo dissenso, la tua sorpresa, la tua critica, la tua conoscenza e/o la tua rabbia, usando i cinque schemi sintattici visti in quest'unità.

1) Un tuo vecchio compagno di scuola ti dice che hai avuto molta fortuna nel trovare lavoro; tu gli rispondi che la fortuna non c'entra, ma che te lo sei meritato perché eri il più preparato dei candidati: hai la laurea in Economia e Commercio e hai fatto due masters in Direzione Aziendale a New York.

   Replica: _____

2) Prendi la macchina e non riesci a metterla in moto, allora ti viene in mente Carlo: ti ricordi che gli hai prestato la tua auto ieri e che lui ha la brutta abitudine di non far mai benzina.

   Replica: _____

3) Un tuo amico ti racconta che ha festeggiato alla grande il suo matrimonio nel miglior ristorante della città; tu gli dici sorpreso che avrà speso un sacco di soldi .

Replica: _____

4) Stai guardando un film in televisione e chiedi ai vicini di casa di abbassare il volume dello stereo perché non riesci a sentire la voce degli attori.

Replica: _____

5) Sei solo in un bar e osservi due persone sedute a un tavolo che stanno litigando e si insultano. All'improvviso uno si alza e ti chiede cosa hai da guardare. Tu, seccato, gli dici che si sbaglia e che non li stai affatto guardando.

Replica: _____

2. TAUTOLOGIE

Lo schema sintattico "X è X", dove lo stesso termine X viene ripetuto due volte, si chiama "tautologia". Come i precedenti schemi sintattici fraseologici pragmatici, le tautologie hanno un significato implicito, cioè non espresso esplicitamente a parole, ma che noi parlanti possiamo capire o "scoprire" grazie alle conoscenze linguistiche e culturali che condividiamo.

I. A CIASCUNO IL SUO!

I-1. Unisci ognuna delle seguenti tautologie con il corrispondente significato implicito.

A	B
1. Uno sciopero è uno sciopero	a. Porta sempre dei disagi ai cittadini.
2. Seimila euro sono seimila euro	b. È una malattia grave.
3. Il cancro è il cancro	c. È una grossa cifra.
4. Un Chianti è un Chianti	d. È un aceto di ottima qualità.
5. La domenica è la domenica	e. È una malattia comune non tanto grave, ma non va trascurata.
6. Un'influenza è un'influenza	f. È un ottimo vino.
7. L'aceto balsamico di Modena è l'aceto balsamico di Modena	g. È un evento sportivo importante, prestigioso.
8. Una tesi di ricerca è una tesi di ricerca	h. La domenica non si lavora e ci si riposa…
9. La Champion's League è la Champion's League	i. È un ingrediente essenziale nella colazione degli italiani.
10. Il caffè è il caffè	j. È un tipo che non sa gioire della fortuna degli altri.
11. Un invidioso è un invidioso	k. È un lavoro impegnativo.

II. ORA TOCCA A TE!

II-1. Ora immagina di essere un pubblicitario e di dover creare degli annunci per ognuno dei seguenti prodotti sintetizzandone con una tautologia i vantaggi e le qualità e invitando il cliente ad acquistarli, come nell'esempio.

Es.: Totò è stato uno dei più grandi attori comici italiani di tutti i tempi e i suoi film sono da vedere.

Tautologia: Totò è Totò. È uno dei più grandi attori comici italiani e chi ama il cinema deve vedere i suoi film.

1) L'olio extravergine d'oliva fa bene al cuore e fa diminuire il colesterolo.

Tautologia: _____

2) La Sardegna è l'isola con il mare più azzurro e le spiaggie più belle.

Tautologia: _____

3) L'aspirina continua ad essere il medicinale più efficace contro il mal di testa.

Tautologia: _____

4) La Barilla è una delle marche di pasta più comprate dagli italiani.

Tautologia: _____

5) Armani è lo stilista italiano più illustre ed è il simbolo del made in Italy.

Tautologia: _____

III. A TE LA SCELTA!

III-1. Il significato delle tautologie non è sempre unico, ma può essere molteplice: la stessa tautologia può avere due o più significati diversi, a seconda del contesto.
A partire dalle seguenti situazioni comunicative, costruisci la tautologia adeguata ad esprimere i vari significati che ti indichiamo; ricordati di usare nella tautologia il sostantivo al singolare, in modo che questo acquisti un valore generico (un ospedale = gli ospedali in generale).

1) Marco parla degli ospedali, che secondo lui possono essere:

- *un posto triste.*
- *una garanzia per curare i malati.*

Quale tautologia userà Marco per esprimere entrambi i giudizi che dà degli ospedali?

Tautologia: _____

2) L'impiegata di un'agenzia di viaggi parla degli alberghi a cinque stelle che possono essere:

- *costosi.*
- *meglio di una pensione.*
- *lussuosi e comodi.*
- *il meglio per riposarsi in vacanza.*

Quale tautologia userà l'impiegata dell'agenzia di viaggi per esprimere qualità e difetti degli alberghi a cinque stelle?

Tautologia: _____

3) Sofia parla delle chiese osservando possono essere considerate come:

- *monumenti da visitare.*
- *posti da rispettare.*
- *quattro sassi.*

Quale tautologia userà Sofia per parlare delle chiese?

Tautologia: _____

4) Gianni parla della sua villa fuori città sottolineando che, come tutte le ville, è:

- *bellissima e senza vicini accanto.*
- *meglio di una casa in città.*
- *costosa.*

Quale tautologia userà Gianni per parlare delle caratteristiche di una villa?

Tautologia: _____

5) Carlo parla delle sei del mattino, orario a cui dà, a seconda del contesto e dell'interlocutore con cui sta parlando, i seguenti valori:

- *è prestissimo.*
- *mi raccomando, sii puntuale!*

Quale tautologia userà Carlo per esprimere questi valori?

Tautologia: _____

IV. Scegliamo!

IV-1. Ci sono tauolologie fisse e "famose", cioè usate comunemente nella lingua italiana. Te ne presentiamo alcune nel riquadro seguente.

a. gli affari sono affari	b. ieri era ieri	c. i soldi sono i soldi
d. il calcio è il calcio		e. un giorno è un giorno

A seconda delle seguenti situazioni, scegli tra le tautologie del riquadro quale userebbe ciuscuno dei seguenti personaggi.

1) L'imprenditore edilizio, una bestia disumana, ha appena fatto sfrattare quattro vecchietti dall'antico immobile in rovina dove abitavano perché lo vuole far abbattere per costruire un palazzo con cui guadagnerà milioni e milioni di euro. Ai vicini che lo rimproverano per la sua crudeltà, lui risponde, senza vergognarsi, che:

_____ .

2) L'allenatore della nazionale, la cui squadra ha giocato malissimo mentre la squadra avversaria ha avuto varie palle goal e ha addirittura preso due pali, commenta la vittoria finale dei suoi giocatori, che sono riusciti a segnare all'ultimo minuto con l'unica occasione che hanno avuto, dicendo che:

_____ .

3) Il direttore della banca, nonostante il cliente lo abbia pregato di concedergli un paio di giorni in più per estinguere il mutuo che l'istituto gli aveva concesso, ha detto che era molto spiacente, che lo capiva benissimo, ma che purtroppo:

_____ .

4) La moglie ricorda al marito pantofolaio che il giorno precedente le aveva promesso che la avrebbe portata a cena fuori e poi in discoteca. Lui, che sa che oggi trasmettono in televisione la partita di calcio Milan-Inter, le dice che:

_____ .

5) Durante il pranzo di nozze di un parente, Marina, ossessionata con le diete dimagranti, viene vista dall'amica mentre mangia con gusto un pezzo di torta gigante. All'amica che le ricorda della dieta, Marina risponde:

_____ .

3. IO QUALCHE OBIEZIONE L'AVREI...

I. ENTRIAMO IN TEMA!

 I-1. Ascolta e leggi i seguenti dialoghi facendo attenzione agli schemi sintattici fraseologici pragmatici evidenziati in neretto.

1) A: Quell'attrice svedese è davvero affascinante, mi manda fuori di testa!
   B: **Per essere bella è bella**, ma diciamo la verità, come attrice lascia un po' a desiderare: non sa recitare.

2) A: Non è che potresti prestarmi cento euro? Sono rimasto al verde: non ho più un soldo.
   B: **Potere, potrei**, lo sai che i soldi non sono un problema... Ma devi imparare a regolarti: non puoi spendere tutto il tuo stipendio in una settimana.

3) A: Tua sorella è pesantissima! Non so come fai a sopportarla... Quando inizia con i suoi discorsi non c'è modo di farla smettere!
   B: Insomma, **pensantissima pensantissima non è**, non esagerare! Diciamo che è un po' insistente, ecco.

4) A: L'albergo che hai prenotato è vicino al mare?
   B: **Proprio vicino vicino non è**, diciamo che è cinquecento metri dalla spiaggia.

5) A: Quel calciatore biondino corre tantissimo.
   B: **Correre corre**, ma gli manca la fantasia... Non è un fuoriclasse.

I-2. Come avrai potuto notare le forme in neretto contenute nelle battute dell'interlocutore B sono schemi sintattici che hanno una medesima funzione: obiettare a quanto affermato dall'interlocutore A, correggendolo parzialmente e dando la propria opinione o aggiungendo un commento. Ti diamo di seguito le strutture sintattiche di ognuna delle forme in neretto contenute nelle frasi dell'esercizio I-1; collega ogni struttura con la frase corrispondente.

a) Aggettivo/sostantivo + aggettivo/sostantivo + non (negazione) + forma verbale (coniugata).
b) Forma verbale (infinito) + forma verbale (coniugata).
c) Per + forma verbale (infinito) + aggettivo + forma verbale (coniugata) + aggettivo.
d) Forma verbale (infinito) + forma verbale (condizionale).
e) Proprio + aggettivo/sostantivo (può essere ripetuto) + non (negazione) + forma verbale (coniugata).

II. COMPLETIAMO!

II-1. Completa la battuta dell'interlocutore B usando gli schemi sintattici fraseologici pragmatici visti negli esercizi I-1 e I-2. A partire dai termini evidenziati in neretto, costruisci lo schema sintattico adeguato seguendo la struttura indicata, come nell'esempio.

Es: A: Per me il nonno non ci sente un tubo, è **sordo**.
   B: Sordo sordo non è, sente abbastanza bene da un orecchio e all'altro porta l'apparecchio.
   Struttura: Aggettivo / sostantivo + aggettivo / sostantivo + non (negazione) + verbo.

1) A: "Ti senti **pronto** per l'esame?" dice preoccupato il compagno di banco.
   B: "_____, anche se non si sa mai cosa mi possono chiedere".
   Struttura: **Per + forma verbale (infinito) + aggettivo + forma verbale (coniugata) + aggettivo**.

2) A: "Ma non ti avevo detto di fare le pulizie! La casa è **sporca**, ora facciamo una figuraccia con i tuoi genitori!" si lamenta la moglie.
   B: "_____, c'è solo un po' di polvere".
   Struttura: **Aggettivo / sostantivo + aggettivo / sostantivo + non (negazione) + verbo**.

3) A: "Hai visto che interessante il programma della mostra? **Andiamo** a vederla insieme stasera?" ti dice tua madre.

   B: "_____, ma purtroppo stasera ho già un altro impegno".
   Struttura: **Forma verbale (infinito) + forma verbale (condizionale)**.

4) A: "Ti piace la nuova fiamma di Lucia, dicono che è un **manager**!" dice l'amica pettegola.

   B: "_____, diciamo che fa il ragioniere in una ditta che produce salumi".
   Struttura: **Proprio + aggettivo/sostantivo + non (negazione) + forma verbale (coniugata)**.

5) A: "Come va con tuo figlio? Ha **smesso** di fare i capricci per mangiare?" dice l'amica.

   B: "_____, però cresce poco; la prossima settimana lo porto dal pediatra".
   Struttura: **Forma verbale (infinito) + forma verbale (coniugata)**.

III. Ora tocca a te!

III-1. Riscrivi le frasi seguenti usando gli schemi sintattici fraseologici pragmatici visti negli esercizi I-1, I-2 e II-1, come nell'esempio. Ricorda che puoi adoperare più di uno schema sintattico.

Es:
Il cane non è di razza ma neanche un bastardino, ha un certo pedigree.
1. Di razza di razza non è, ma neanche un bastardino, ha un certo pedigree.
2. Proprio di razza non è, ma neanche un bastardino, ha un certo pedigree.

a) Il pesce non è molto fresco, ma è buono.
b) Il pesce è fresco, ma per i bambini non va bene perché ha troppe lische.
c) Carlo è vegetariano, ma ogni tanto mangia il pesce.
d) Vorrei mangiare un piattone di pasta, ma ho paura di ingrassare.
e) Quest'anno ha nevicato, ma molto meno dell'anno scorso.

III-2. A partire dalle seguenti situazioni comunicative, costruisci delle repliche usando gli schemi sintattici fraseologici pragmatici visti in quest'unità.

1) Zia Angelina ti chiede come mai non vai mai al mare con il caldo che fa, tu replichi che ci vai anche se non spesso perché la spiaggia è troppo lontana.

   Replica: _____

2) Un tuo amico ti chiede se il tuo motorino è nuovo e tu gli rispondi che è usato, ma ha fatto soltanto mille chilometri.

   Replica: _____

3) Un collega ti chiede se tua moglie è una brava cuoca; tu gli rispondi che cucina molto bene, ma soltanto quando avete ospiti.

   Replica: _____

4) Lin ti chiede se ti piace la cucina cinese; tu gli rispondi che ti piace molto, ma che alcuni piatti per te sono un po' pesanti.

   Replica: _____

5) Il tuo insegnante, che ti ha visto sbadigliare più volte, ti chiede se ti sei annoiato a lezione. Tu, un po' in imbarazzo ma sincero, gli dici che non ti sei annoiato, ma neanche divertito.

   Replica: _____

6) Tua moglie ti chiede se hai tempo di passare in tintoria a ritirare i due tappeti che avete portato a pulire; tu le rispondi che hai tempo, ma che hai mal di schiena e preferisci non portare pesi.

Replica: _____

III-3. Quale schema sintattico tra quelli visti negli esercizi precedenti userebbe la dottoressa Marcella per rispondere ai seguenti pazienti?

1) Il Signor Ballocini, ipocondriaco, pensa di avere la febbre altissima.
   (ha soltanto qualche linea, non può considerarsi febbre)

   Dott.ssa Marcella: _____ .

2) La Signora Magralli fa visitare sua figlia perché è convinta che sia anoressica.
   (è vero che molto magra, ma è la sua costituzione anche se dovrebbe mangiare un po' di più; non ha i sintomi dell'anorressia)

   Dott.ssa Marcella: _____ .

3) Il signor Marchesi, pensionato, è in pensiero perché ha il colesterolo alto.
   (non è grave, comunque ha i livelli leggermente più elevati del normale)

   Dott.ssa Marcella: _____ .

4) Stefania è incinta e non sa se fare aerobica può danneggiare il feto.
   (non è pericoloso, anche se sarebbe meglio che non facesse sforzi)

   Dott.ssa Marcella: _____ .

5) Paolo, gran mangione, ha una forte gastroenterite, ma gli piacerebbe mangiare la pasta.
   (può mangiare un po' di pasta in bianco, ma sarebbe meglio che seguisse una dieta)

   Dott.ssa Marcella: _____ .

4. CONTINUO A RIPETERE

I. Entriamo in tema!

I-1. Ascolta e poi leggi i seguenti dialoghi facendo attenzione allo schema sintattico frseologico pragmatico in neretto; nello schema, come potrai notare, si ripete la forma verbale. Scegli per ogni schema il significato corretto.

1) A: Ma come ti è venuto in mente di dire a Giorgio che è un fannullone!? Ci è rimasto male.
   B: Lo so che ci è rimasto male, ma non ne potevo più, **quando ci vuole ci vuole!**

   a) Se ci è rimasto male, pazienza! Non me ne importa un bel niente!
   b) A volte bisogna fare o dire certe cose, anche se possono essere sgradevoli.

2) A: Questa sera vado via presto, ma bisogna finire la pratica del signor Mussi. Lo fai te?
   B: Tocca sempre a me! Ora basta, sono stufo di fare il mio e il tuo lavoro: **quando è troppo è troppo!**

   a) Quando una situazione è esagerata o si ripete troppo spesso, diventa insostenibile.
   b) Quando è troppo lavoro, io non lo voglio fare, non ho tempo!

3) A: Amore, per la cena di stasera mettiamo la tovaglia rossa o quella a quadretti. Perché sai con il servizio azzurro...
   B: Dai, mettine una qualsiasi, **com'è, è**. Chi se ne frega dell'abbinamento!

   a) *La tovaglia è quella che è e non ne abbiamo un'altra.*
   b) *Qualsiasi tovaglia va bene, non ti preoccupare!*

4) A: Basta, non compriamo altro, altrimenti chissà quanto spendiamo.
   B: **Spendiamo quello che spendiamo**: il frigorifero è vuoto.

   a) *Spendiamo il giusto, non di più. Bisogna risparmiare.*
   b) *Dobbiamo spendere il necessario per mangiare, anche se non abbiamo tanti soldi.*

5) A: Mi piace eccome Tom Crois.
   B: Ignorante! Vorrai dire Tom Cruise.
   A: Uffa! **Ma come si dice, si dice**. Insomma, lui. Ci siamo capiti, no?

   a) *Si dice così! Te lo ripeto, si dice proprio così.*
   b) *Non importa come si dice, quel che conta è che ci capiamo.*

6) A: Carlo non viene neanche questa volta a giocare a calcetto: dice che fa troppo caldo.
   B: Sì, ho capito! **Quando fa freddo perché fa freddo, quando è caldo perché è caldo**... Insomma, trova sempre qualcosa che non va! Per l'anno prossimo dobbiamo cercare un altro giocatore.

   a) *Quando fa molto freddo o molto caldo non si può giocare a calcetto.*
   b) *Qualsiasi scusa è buona quando non si vuole fare qualcosa.*

7) A: Continui ad avere la vecchia Cinquecento anni settanta?
   B: Eh sì! Mi piacerebbe comprare una macchina nuova, ma **il mio stipendio è quello che è**.

   a) *Ho un grosso stipendio e vengo pagato profumatamente.*
   b) *Il mio stipendio non è altissimo, cioè guadagno poco, e me lo devo far bastare.*

II. A CIASCUNO IL SUO!

II-1. Abbina ogni battuta della colonna A con la replica corrispondente della colonna B, in cui sono presenti gli schemi sintattici fraseologici pragmatici visti nell'esercizio I-1.

A	B
1. Pierluigi, non ti sembra di avere esagerato con la punizione di Piero? È vero che è stato rimandato in matematica, ma un mese senza poter suonare la chitarra mi sembra troppo.	a. **Quando ci vuole, ci vuole**. Deve studiare di più.
2. Da quando sono incinta non posso più praticare il mio sport preferito: lo sci.	b. **Quando è troppo, è troppo**. Questa volta hai esagerato con lo scherzo.
3. Dai non te la prendere, non volevo offenderti con la battuta su tua moglie. Era solo uno scherzo.	c. **Com'è, è**. In piena estate ci dobbiamo accontentare. L'importante è che sia pulito.
4. Quest'anno mi sa che andiamo in serie B.	d. **Quando ti fa male la testa perché ti fa male la testa, quando sei stanco perché sei stanco**. Trovi sempre una scusa per non lavare i piatti.
5. Ma come ti permetti di dire certe cose di me? Ripetilo se ne hai il coraggio.	e. **Quando si è incinta si è incinta**. Dopo la nascita del bambino potrai riprendere a sciare.
6. Caro, quest'albergo non è che sia proprio il massimo. L'arredamento è davvero di cattivo gusto.	f. **Ho detto quello che ho detto** e ne sono convinto.
7. Ho un mal di testa tremendo! Non ce la faccio a stare in piedi, vado a letto.	h. Mi sa proprio di sì... D'altronde **la squadra è quella che è**. Non si possono fare i miracoli.

III. ORA TOCCA A TE!

III-1. A partire dalle seguenti situazioni comunicative, costruisci le battute dei personaggi indicati usando gli schemi sintattici fraseologici pragmatici visti negli esercizi I-1 e II-1.

1) Il padre di Marco vede il figlio uscire tutte le sere. Un giorno gli dice che è preoccupato perché gli sembra che non studi abbastanza; Marco gli risponde che quando deve studiare lo fa sul serio, e che preferisce studiare meno ore ma essere più concentrato.

   Marco: _____

2) La vicina di casa di Maria continua ad organizzare delle feste tutti i fine settimana; Maria, esasperata, racconta a una sua amica che la notte scorsa, con la musica a tutto volume, non riusciva a chiudere occhio e ha chiamato la polizia.

   Maria: _____

3) Il cugino di Gustavo ha fatto di tutto per prendersi l'intera eredità della nonna; Gustavo, stufo delle discussioni e dell'atteggiamento prepotente del cugino, dice alla moglie che ha deciso di fargli causa e di andare in tribunale, perché c'è un limite a tutto.

   Gustavo: _____

4) Carlo racconta alla moglie di aver trovato un appartamento in affitto a Taormina per il mese di agosto; le spiega che dovranno aranggiarsi un po' perché l'appartamento non è molto grande, ma che il mare in quella zona è splendido.

   Carlo: _____

5) La moglie di Diego lo rimprovera arrabbiata perché ha perso parecchi soldi a poker. Diego risponde che ormai è troppo tardi per lamentarsi, ma le promette che non giocherà mai più.

   Diego: _____

6) Enrico regala alla sua fidanzata un viaggio in Australia per festeggiare il loro anniversario; la fidanzata, sempre scontenta di tutto, gli dice che il viaggio è troppo lungo e che ci metteranno tantissime ore per arrivare. Enrico le risponde che non importa quanto tempo ci metteranno, che l'Australia è l'Australia e che ne vale la pena.

   Enrico: _____

7) Aurelio, arrabbiato, rimprovera il suo compagno d'appartamento perché non vuole mai andare a pagare le bollette e gli dice di non credere più alle sue stupide scuse: una volta perché non ha tempo, un'altra perché gli fa male il ginocchio. E alla fine non fa mai nulla.

   Aurelio: _____

5. DICO E RAFFORZO!

I. ENTRIAMO IN TEMA!

I-1. Ascolta e poi leggi i seguenti dialoghi facendo attenzione allo schema sintattico in neretto. Come noterai, la caratteristica comune di ogni struttura fraseologica evidenziata è la ripetizione di una parte della frase.

1) A: Vedere quella bona di Lucia con quel deficiente di Marco, tutto muscoli e niente cervello **mi fa venire un nervoso**, **mi fa venire.**

   B: Ora non esagerare! In fondo anche lei non è un geniaccio, anzi!

2) A: Carla, quanto sei pelosa, sembri una scimmia!
   B: **Ma quale pelosa e pelosa**, se mi sono fatta la ceretta ieri!

3) A: Oggi ho tantissimo lavoro e non posso portare la nonna all'aeroporto.
   B: **Ma che non puoi e non puoi!** Non mi rompere, prendi la macchina e accompagnala. Sono stufo delle tue scuse!

4) A: Volevo prendere il treno per Roma e sono finito a Bari: ho sbagliato binario.
   B: **Tu sei scemo, ma scemo forte!** Non cambierai mai!

5) A: Ieri sera, alla festa, spinelli a iosa... Non si vedeva da qui a lì dal fumo.
   B: **Drogato, sei un drogato!** Vergogna! Ma non lo sai che la droga fa male!

6) A: Cameriere, due analcolici.
   B: **Analcolici!? Ma che anacolici!?** Due tequila... E questo è solo l'inizio!

7) A: Quest'anno mi metto d'impegno: palestra, piscina e domenica bicicletta.
   B: Sì, sì, **tu parli e parli**, ma poi... fatti zero.

8) A: Le penne non mi sono venute tanto bene, mi sa che ho sbagliato marca.
   B: Ma non lo sai che **c'è pasta e pasta!?** Dai, tirchio, compra quella buona, di grano duro!

9) A: Senti un po', Mario lavora da qualche parte in questo periodo? Te lo chiedo perché è sempre in giro...
   B: **Diciamo che lavora e non lavora**, cioè, non ha un orario fisso.

I-2. Come avrai potuto notare le forme in neretto contenute nelle battute dell'interlocutore B sono schemi sintattici fraseologici pragmatici. Ti diamo di seguito le strutture sintattiche delle forme evidenziate in neretto nelle frasi contenute nell'esercizio I-1: collega ogni struttura alla forma corrispondente.

a) Forma verbale (coniugata) + aggettivo/sostantivo + forma verbale (coniugata)!
b) Ma quale + aggettivo/sostantivo + e (congiunzione) + aggettivo/sostantivo!
c) Ma che + aggettivo/sostantivo/forma verbale + e (congiunzione) + aggettivo/sostantivo/forma verbale!
d) Esserci + sostantivo + e (congiunzione) + sostantivo!
e) Diciamo che + forma verbale (coniugata) + e (congiunzione) + non + forma verbale (coniugata).
f) Forma verbale (coniugata) + e (congiunzione) + forma verbale (coniugata).
g) Aggettivo/sostantivo + forma verbale (coniugata) + aggettivo/sostantivo!
h) Aggettivo/sostantivo/forma verbale!? + Ma che+ aggettivo/sostantivo/forma verbale!
i) Forma verbale (coniugata) + aggettivo + ma + aggettivo + rafforzativo (es. "forte")!

II. ORA TOCCA A TE!

II-1. A partire dalle seguenti situazioni comunicative, costruisci le battute che diresti tu usando gli schemi sintattici fraseologici pragmatici visti negli esercizi I-1 e I-2.

1) Un tuo amico ti chiede perché compri solo il caffè della marca Lavazza e tu gli rispondi che i caffè non sono tutti uguali e che il Lavazza è il tuo preferito.

Tu: _____

Struttura: **Esserci + sostantivo + e** (congiunzione) **+ sostantivo!**

2) Qualcuno ti offre un caffè e tu preferisci una camomilla perché ti senti nervoso e agitato.

Tu: _____

Struttura: **Sostantivo!? + Ma che + sostantivo!?**

3) Un tuo amico ti chiede la macchina in prestito per portare in giro la fidanzata, e tu gli rispondi che non gliela lasci assolutamente perché sai che lui guida come un cane.

Tu: _____

Struttura: **Ma che + sostantivo + e** (congiunzione) **+ sostantivo!**

4) Hai acquistato due biglietti per il concerto di Francesco di Gregori. Tua moglie ti dice che non le va di andarci perché oggi in televisione tramettono l'ultima puntata di "Grande fratello". Tu le rispondi stupito che non sai come possa guardare certi programmi.

Tu: _____

Struttura: **Ma quale + sostantivo + e** (congiunzione) **+ sostantivo!**

5) Il parrucchiere ti fa vedere su una rivista un nuovo taglio di capelli e ti chiede se ti piace. Tu gli rispondi che ti piace, ma non credi che ti stia bene.

Tu: _____

Struttura: **Diciamo che + forma verbale** (coniugata) **+ e** (congiunzione) **+ non + forma verbale** (coniugata).

6) Un amico ti racconta che ieri sera si è scolato un'intera bottiglia di vino. Tu, arrabbiato, gli dici che è un ubriacone.

Tu: _____

Struttura: **Sostantivo + forma verbale** (coniugata) **+ sostantivo!**

7) Ora di pranzo, arrivi a casa affamato e, quando chiedi cosa c'è da mangiare, tua madre ti dice che c'è un'altra volta insalata. Tu rispondi che sei stufo di mangiare sempre insalata e che oggi vuoi un piatto di pasta.

Battuta: _____

Struttura: **Forma verbale** (coniugata) **+ sostantivo + forma verbale** (coniugata)!

8) Una tua amica ti racconta che lei mangia di tutto e che non ha mai avuto problemi di linea. Tu, un po' invidiosa, le dici che è molto fortunata perché può mangiare quanto vuole senza ingrassare.

Tu: _____

Struttura:: **Forma verbale** (coniugata) **+ e** (congiunzione) **+ forma verbale** (coniugata).

9) Devi andare in banca con tuo fratello e lui ti dice di parcheggiare tranquillamente la macchina in doppia fila perché in quella zona non ha mai visto un vigile e che per cinque minuti non succede niente. Quando uscite trovi una multa sul parabrezza. Tu, arrabbiatissimo, dici a tuo fratello che è un gran bel cretino.

Tu: _____

Struttura: **Forma verbale** (coniugata) **+ aggettivo + ma + aggettivo + rafforzativo** (es. "forte/davvero")!

6. QUALE FISSO E QUALE LIBERO?

I. Entriamo in tema!

I-1. Ascolta e poi leggi i seguenti dialoghi facendo attenzione agli schemi sintattici fraseologici pragmatici evidenziati in neretto; questi schemi hanno la funzione di enfatizzare o rafforzare un'affermazione o un commento. Per ogni espressione evidenziata, prova a stabilire qual è la base fissa (la parte che non cambia) e quale il costituente libero (la parte che può cambiare), come nell'esempio.

Es.:   A: Ho visto l'ultimo film di Salvatores: è interessante.
       B: **Altro che interessante**, è un vero capolavoro!
       <u>Base fissa</u>: Altro che - <u>Costituente libero</u>: interessante.

1) A: Il nonno a ottant'anni si è preso una cotta per una signora della sua età: si scrivono bigliettini d'amore, lui le manda rose, passeggiano mano nella mano, cenette a lume di candela...
B: **Forte tuo nonno!** Comunque è proprio vero che non è mai troppo tardi; l'amore non ha età.

Base fissa: _____

Costituente libero: _____

2) A: Non so come faccia Marina a sopportare che sua figlia abbia sposato un senegalese!
B: **Mica sarai razzista!?** Bianchi, gialli, neri siamo tutti uguali.

Base fissa: _____

Costituente libero: _____

3) A: Sul serio hai fatto cinque ore di fila per il concerto di Baglioni!?
B: Certo, **per Baglioni faccio questo e altro!**

Base fissa: _____

Costituente libero: _____

4) A: Lo sapevi che il ragioniere è scappato in Brasile con una ballerina di samba ventenne e i due milioni di euro che ha fregato all'azienda in cui lavorava?
B: **Senti, senti il ragioniere...** E pensare che pareva tutto casa e chiesa e invece...

Base fissa: _____

Costituente libero: _____

5) A: L'hai visto l'ultimo film di Diego Abatantuono?
B: **L'ho visto sì!** Che domande! Lui sì che è un grande, non come quei giovani scialbi che si vedono oggi in giro! Quelli non li sopporto proprio!

Base fissa: _____

Costituente libero: _____

6) A: Io, di donne, ne posso avere quante ne voglio. Basta uno schiocco di dita ed eccole quà, mi cadono ai piedi.
B: Cavolo! **Tu sì che ci sai fare con le donne!**

Base fissa: _____

Costituente libero: _____

II. A CIASCUNO IL SUO!

II-1. In questo esercizio troverai per ogni battuta dell'interlocutore A due possibili repliche di B. Entrambe le opzioni offerte per la replica di B sono possibili, ossia valide e accettabili dal punto di vista comunicativo, quello che le distingue è che in un caso si usano delle strutture fraseologiche fisse, ossia degli schemi sintattici fraseologici pragmatici, mentre nell'altro si usano costruzioni libere, non fraseologiche.
In ognuno dei dialoghi seguenti indica quale replica di B è fraseologica, ossia quale contiene uno degli schemi sintattici fraseologici pragmatici visti nell'esercizio I-1; sottolinea poi lo schema sintattico individuato e specifica qual è la parte fissa e quale quella libera.

1) A: Hai saputo che vogliono chiudere la fabbrica?
  B1: Purtroppo sì, l'ho saputo. Non me ne parlare!
  B2: L'ho saputo sì! Non me ne parlare!

2) A: Ho convinto Antonio a offrirci un pranzo! Domenica tutti al ristorante.
  B1: Tu sì che sei un tipo convincente! Non me lo sarei mai aspettato da un tirchio come lui!
  B2: Tu sai come convincere la gente! Non me lo sarei mai aspettato da un tirchio come lui!

3) A: Domani allo stadio c'è la partita di calcio Juventus – Milan! Non vedo l'ora di battere i bianconeri!
    B1: Mica sarai del Milan!? Proprio tu che sei nato a Torino!
    B2: Ma sei del Milan!? Proprio tu che sei nato a Torino!

4) A: Ma è vero che da giovane andavi a suonare la chitarra alle stazioni della metropolitana?
    B1: Sì è vero! Per mangiare si fa questo ed altro!
    B2: Sì è vero! Per guadagnare un po' di soldi ci si inventa di tutto!

5) A: Sai cosa ho saputo? Che Marina, la figlia di Ugo, fa la cubista in una grande discoteca.
    B1: Senti senti Marina... Sembrava così timida e introversa.
    B2: Davvero! Ma sei sicuro che sia Marina? Sembrava così timida e introversa.

6) A: Sai che la zia Enrichetta ha un nuovo hobby? Va tutte le sere a ballare la salsa in una vecchia balera del centro.
    B1: La zia Enrichetta è sempre la migliore! Con i suoi ottanta anni, non la ferma nessuno.
    B2: Forte la zia Enrichetta! Con i suoi ottanta anni, non la ferma nessuno.

7) A: Ho trovato un albergo in pieno centro, vicino al mare, per 250 euro a notte. Forse è un po' caro, tu che ne dici?
    B1: Altro che caro! 250 euro in bassa stagione è una rapina!
    B2: Carissimo! 250 euro in bassa stagione è una rapina!

III. COMPLETIAMO!

III-1. Completa i seguenti dialoghi aggiungendo nella battuta dell'interlocutore B la parte fissa agli schemi sintattici in neretto; ricorda che le strutture degli schemi sono quelle viste nell'esercizio I-1.

1) A: Stasera vado a vedere l'ultimo film di George Clooney. Bell'uomo, eh?
    B: _____ **bello!** Certo che uno così non si vede mai in metropolitana o in giro per strada!

2) A: Posso chiederti un piccolo favore? Devo andare dal dentista e non so dove lasciare la bambina, me la potresti tenere tu?
    B: Certo! Non c'è problema. **Lo sai che per te** _____

3) A: Se fosse per me mangerei solo pasta e verdure. Non capisco quelle persone che mangiano tutti i giorni la carne, per non parlare delle bistecche al sangue.
    B: _____ **vegetariano!** Secondo me uno deve mangiare un po' di tutto per stare bene.

4) A: Ecco il tuo computer! Ora funziona bene: te l'ho riprogrammato e ho installato l'antivirus.
    B: Grazie!! Tu _____ **te ne intendi di computer!** Io non ci capisco niente.

5) A: Ho saputo che a casa di Aurelio è la moglie che porta i pantaloni: è sempre lei a prendere le decisioni più importanti!
    B: _____ **Aurelio!** Al bar si vanta di avere una moglie che fa tutto quello che dice lui, e poi invece...

6) A: Il mio cane Bob è davvero incredibile! Mio padre lo ha addestrato ad andare a buttare la spazzatura!
    B: _____ **il tuo cane!** Certo che è proprio vero che a volte gli animali sono più intelligenti degli esseri umani.

7. FRASI-ECO

I. Entriamo in tema!

I-1. Ascolta e poi leggi i seguenti dialoghi facendo attenzione all'espressione riportata in neretto. Si tratta di una frase-eco perché, come potrai notare, riprende l'ultima parte della battuta precedente, come se fosse un'eco. Per ogni espressione evidenziata scegli la parafrasi giusta tra le opzioni fornite.

1) A: Gianni è rientrato tardi perché è andato in giro con i suoi amici a fare danni; quando lo è venuto a sapere suo padre lo ha sgridato e gli ha dato una bella punizione.
   B: **E che punizione!** Non potrà prendere la macchina per un mese.

   a) *Quale sgridata? Non ne sapevo niente.*
   b) *Una punizione molto dura!*

2) A: Se il direttore ti chiedesse di lavorare di più, che fai?
   B: **E che faccio?** Lavoro di più! Con i tempi che corrono, uno non può rischiare di perdere il lavoro.

   a) *E me lo chiedi!? Che domanda!*
   b) *Non lo so, ci dovrei pensare.*

3) A: Devi pagare le bollette arretrate della luce: trecento euro! Paga!
   B: **Paga un cavolo!** In questa casa non ci vivo solo io e le spese vanno divise!

   a) *Io non ho nessuna intenzione di pagare.*
   b) *Pago, pago. I debiti sono debiti.*

4) A: Ti ho visto mettere l'asso sotto la manica. Non barare!
   B: **Ma che barare!** Io sono un signore, sono!

   a) *Io mica baro a carte!*
   b) *Cosa vuol dire barare?*

5) A: Il dvd non funziona, vieni a vedere cosa è successo!
   B: **Che vieni!?** Non vedi che sono in cucina con le mani sporche di farina.

   a) *Chi viene a sistemarlo?*
   b) *Non posso venire!*

6) A: Oggi venite a mangiare da me, ok? A tua sorella le piace il cous cous?
   B: **Le piace il cous cous...?** Uhm... Non saprei... Ah sì! Una volta lo abbiamo mangiato in un ristorante marocchino e le era piaciuto.

   a) *Non le piace.*
   b) *Non so se le piace... Fammi pensare...*

7) A: Qui non ci abita nessun Giovanni. Hai sbagliato numero, scemo!
   B: **Scemo sarai te!** E per giunta anche un gran bel maleducato!

   a) *Se qui c'è uno scemo, quello sei te.*
   b) *Anche te sei scemo.*

8) A: Dai, ragazzi, stasera si balla, andiamo tutti in discoteca!
   B: **Andiamo in discoteca!?** E in banca domani mattina alle 7 ci vai te!?

   a) *Quando andiamo in discoteca? Dai, dimmi l'ora.*
   b) *E chi ce la fa ad andare in discoteca!? Io domani mattina devo alzarmi prestissimo.*

II. COMPLETIAMO!

II-1. Completa i seguenti dialoghi aggiungendo nella battuta dell'interlocutore B la frase- eco adeguata, scegliendo tra quelle contenute nel riquadro.

a. E che le dico!?	b. Ma che copiato!	c. Che ho mangiato...	d. Tocca a me un cavolo!
e. E che pizza!	f. Stanco sarai te!	g. Che apri!	h. Avete fatto il bagno!?

1) A: Sapessi che risate ieri al mare: abbiamo fatto anche il bagno!

   B: _____ Ma voi siete pazzi! L'acqua era gelata, c'era da prendersi una polmonite!

2) A: Allora, come è andata la cena da Maria? Vi ha fatto la pizza?

   B: _____ Ce n'era per tutti i gusti: con i funghi, con il prosciutto, con il tonno... Insomma, di tutto!

3) A: Com'è andata la cena da tua nonna? Che hai mangiato di buono?

   B: _____ Fammi pensare... Ah, sì! Ci aveva preparato il coniglio in umido: buonissimo, ovviamente!

4) A: Ma come hai fatto a prendere un otto in chimica? Avrai copiato sicuramente!

   B: _____ ! Ho studiato come un pazzo tutto il fine settimana.

5) A: Oggi tocca a te fare la spesa al mercato?

   B: _____ Vorrai scherzare, spero! Ma se non ho neanche il tempo per respirare, ho un sacco di lavoro.

6) A: Due ore in palestra a sollevare pesi! Sarai stanco eh!?

   B: _____ Lo sai che io ho un fisico bestiale!

7) A: Hanno suonato il campanello, apri!

   B: _____ Non vedi che mi sto facendo la doccia!

8) A: Se tua moglie ti chiede che ci facevi al parco con Giulia durante le ore di ufficio, che le dici?

   B: _____ Nego tutto! Lo sai qual'è la regola d'oro: negare tutto, sempre!

III. ORA TOCCA A TE!

III-1. E tu cosa diresti nelle seguenti situazioni? A partire dai contesti indicati, scrivi le tue risposte usando gli schemi sintattici fraseologici pragmatici visti in quest'unità (ricorda che si tratta di frasi-eco, quindi nella tua battuta dovrai riprendere la parte finale della battuta del tuo interlocutore).

1) Un tizio entra nel tuo ufficio e ti chiede: " Qui si può fumare?". Tu gli rispondi che non si può e che, se per caso non lo sapesse, è assolutamente vietato fumare in tutti gli uffici pubblici.

   Tu: _____

2) Roberto ti ha fatto un brutto sgarbo e adesso cerca di rimediare il danno scusandosi e ti dice: "Mi dispiace tanto, davvero! Scusa!"; tu, arrabbiato, rifiuti le sue scuse e gli dici che tu certe offese non le perdoni.

   Tu: _____

3) Carletto, un tuo amico un po' fuori testa, ti propone di uscire con lui: "Stasera andiamo in un night-club"; tu gli rispondi sorpreso che non ci pensi proprio e gli chiedi come gli vengano in mente certe idee.

Tu: _____

4) Sono le tre di notte e tua moglie, esasperata, ti dice: "Ma la vuoi smettere di muoverti! È tardi, dormi!". Tu le rispondi che non riesci a dormire perché fa troppo caldo.

Tu: _____

5) Tua madre sa che il tuo migliore amico sta per sposarsi e ti chiede: "Se Giulio ti propone di fargli da testimone, che rispondi?"; tu le dici che, nonostante non ti piacciano i matrimoni, se te lo chiede non potrai rifiutare.

Tu: _____

6) Di ritorno da una cena di famiglia, tuo fratello ti chiede se hai visto la donna che era con lo zio Lamberto, il gigolò della famiglia: " Hai visto lo zio Lamberto? È venuto alla cena con una nuova fidanzata!"; tu gli dici che l'hai vista, sottolineando che una donna così non poteva di certo passare inosservata.

Tu: _____

7) Arrivi a casa e tua moglie ti chiede: "Com'è andata in ufficio oggi? Cosa hai fatto?"; tu ci pensi un po' su e cerchi di ricordare, poi le dici che hai fatto le solite cose: sbrigare pratiche, qualche telefonata, niente di particolare.

Tu: _____

8) Un tuo amico ti accusa di non averlo invitato a una cena a casa tua e ti dice: "Mi avevi detto che non avresti organizzato niente, e poi invece fai una cena e non mi inviti! Sei un bugiardo!"; tu gli rispondi offeso che si sbaglia e che tu non sei affatto un bugiardo, che hai provato a chiamarlo tante volte, ma il suo cellulare era sempre spento.

Tu: _____

8. RIPETO IL VERBO

I. ENTRIAMO IN TEMA!

I-1. Ascolta e poi leggi ad alta voce i seguenti dialoghi facendo attenzione agli schemi sintattici fraseologici pragmatici in neretto; per ognuno di essi scegli la parafrasi e la funzione corrispondente tra quelle elencate alla fine dell'esercizio. Attenzione! In queste strutture l'intonazione è essenziale per capirne il significato corretto.

1) A: Ma Gianna non viene? Mica avrà perso il treno, è così sbadata... Con lei non si sa mai.
   B: **Viene viene...** Quando c'è da divertirsi, quella non manca mai.

2) A: Mi ha detto un uccellino che domani alla festa ci saranno due nuove amiche di Lucia.
   B: **Chi sono, chi sono!?** Le conosco? Sono carine?

3) A: Ti ho detto mille volte di non mangiare le caramelle, ti fanno venire la carie ai denti!
   B: **Lo so lo so**, ma sono troppo buone, non riesco a resistere!

4) A: Ma allora, ci andiamo o non ci andiamo a giocare a biliardo?
   B: **Ci andiamo ci andiamo**. Prepara le stecche.

5) A: Carletto, nonostante le apparenze, lavora eccome!
   B: **Ho visto ho visto**, infatti è sempre al bar a giocare a carte.

6) A: Vorrei prelevare 3.000 euro, ma il cassiere mi ha detto che non ho dato il preavviso e quindi non posso!.
   B: **Si può si può**, basta avere un amico alla filiale della banca.

7) A: Hai sentito al telegiornale di quell'imprenditore che nella dichiarazione dei redditi ha scritto di essere "nullatenente", ossia di non avere nessuna proprietà, e invece è ricchissimo! Ma io dico, come si fa a truffare così lo Stato!?
   B: **Si fa si fa**, basta non farsi beccare.

8) A: Questa bistecca sembra una suola! Mamma mia quant'è dura!
   B: **Mangia mangia** che è meglio! Non dire sciocchezze!

Parafrasi e funzioni:

a) Certo che viene! Lo confermo in modo ironico.
b) Ti assicuro che se questa cosa di cui parliamo si vuole fare, si fa.
c) Sono curioso di sapere.
d) Non è affatto vero e nego in modo ironico.
e) Continua a mangiare e smettila di lamentarti.
f) Ma certo che si può fare! Lascio intendere ironicamente che, volendo, si può fare tutto.
g) Hai ragione, ma che vuoi farci!? Mi piacciono troppo!
h) Tranquillo che andiamo, te lo assicuro.

II. ORA TOCCA A TE!

II-1.   A partire dalle seguenti situazioni comunicative, costruisci i dialoghi corrispondenti usando nella replica del secondo interlocutore gli schemi sintattici visti nell'esercizio I-1.

1) Il tuo amico Gilberto ti dice sconsolato che i biglietti per il concerto degli U2 sono esauriti. Lo rassicuri dicendogli di non preoccuparsi, che ci pensi tu, affermando che volendo si può fare tutto e che tu puoi trovare i biglietti.

   Gilberto: _____

   Tu: _____

2) Tua madre è convinta che il vicino di casa non ha soldi; tu le rispondi che sai che ce li ha, anzi che è ricco sfondato.

   Tua madre: _____

   Tu: _____

3) Il nonno pensava che non ti piacesse la musica classica e tu invece gli dici che ti piace molto e che sei un appassionato di Mozart.

   Il nonno: _____

   Tu: _____

4) Una tua amica pensava che Gianni avesse smesso di bere alcool, tu invece sai che continua a bere molto e che spesso si ubriaca.

   Amica: _____

   Tu: _____

5) Tua madre ti chiede se hai sentito alla radio che domani c'è lo sciopero della metropolitana; tu rispondi che purtroppo lo hai sentito e che non sai come fare per andare a lavorare.

Madre: _____

Tu: _____

6) Siete sull'autobus: un tuo amico chiede al conducente quando si parte e lui, scocciato, gli risponde che si parte subito.

Amico: _____

Conducente: _____

7) Sei in macchina con un collega svizzero, che ti chiede stupito come è possibile che in Italia molti automobilisti non si fermino alle striscie pedonali; tu gli rispondi ironicamente che purtroppo certe cose sono possibili.

Collega svizzero: _____

Tu: _____

8) Tuo marito ti dice che, siccome ha molta fame, non ti aspetta per cena e tu, seccata, gli dici che inizi pure a mangiare.

Marito: _____

Tu: _____

9. ANDIAMO PER GRADI...

I. ENTRIAMO IN TEMA!

I-1. Ti indichiamo di seguito evidenziati in neretto degli schemi sintattici che costituiscono delle repliche e che svolgono tutti la stessa funzione: enfatizzare un aggettivo che spesso ha un valore negativo, dispregiativo. Alcuni li abbiamo già visti negli esercizi precedenti, mentre altri sono nuovi.
Ascolta e poi leggi ad alta voce il seguente dialogo, facendo attenzione alle varie possibilità di replica indicate per l'interlocutore B.

Es.:
A: Mi sa che ho fatto una gaffe... Ieri ho incontrato la tua ragazza e, senza volerlo, mi è sfuggito che la sera prima eravamo andati in discoteca insieme... Lei mi ha detto che credeva che tu fossi al lavoro.

B1: **Bel** cretino **che sei**!
B2: **Quanto sei** cretino!
B3: **Certo che** sei un cretino!
B4: **Ma sarai** cretino!
B5: **Guarda che** sei un cretino!
B6: Cretino, **sei un** cretino!
B7: Cretino **che non sei altro**!
B8: **Sei** cretino, **ma proprio** cretino!
B9: **Sei di** un cretino!
B10: **Sei** un cretino **del cavolo**!

L'aggettivo usato da B, **CRETINO**, è il costituente libero degli schemi sintattici fraseologici pragmatici.

II. Ora tocca a te!

1) Sei al bar ed Enrico ricorre alla solita scusa per non pagare il conto: dice di aver dimenticato il portafoglio. Tu, stufo di pagare tutti i giorni, gli dici che è un <u>tirchio</u>.

2) Un tuo collega di lavoro ti angoscia ogni mattina con i racconti delle sue liti con la suocera. Tu, stanco di sentire tutti i giorni le stesse storie, gli dici che è un <u>rompiscatole</u>.

3) Giovanni ti racconta che la storia con Marta, la sua ex, è acqua passata. Proprio in quel momento entra un vostro amico comune e, rivolgendosi a Giovanni, gli fa i complimenti per essere tornato con Marta dicendo che ieri li ha visti passeggiare mano nella mano. Tu, stupito, dici a Giovanni che è un <u>bugiardo</u>.

4) Una tua amica ti racconta che ieri suo marito stava per mandare a fuoco la casa: dopo aver messo la padella con l'olio sul fuoco, si è messo a parlare al telefono; poi, quando è tornato in cucina, ha trovato la padella in fiamme. Tu rispondi alla tua amica che suo marito è uno <u>sbadato</u>.

10. FACCIAMO IL PUNTO DELLA SITUAZIONE

I. Completiamo!

a. Per essere simpatico è simpatico	b. Interessante è interessante	c. Le piacerà le piacerà!
d. Sciopero o non sciopero	e. Ma che innamorata e innamorata!	f. Ma chi la conosce!?
	g. Vuoi vedere che se n'è dimenticato!?	h. Parlare, lo parlo

1) A: Che te ne pare del nuovo libro dello scrittore Balù, interessante, vero?
   (B pensa che è interessante, ma che c'è di meglio)
   B: _____

2) A: Sai, sono proprio innamorata...
   (B la rimprovera e le dice che piuttosto che innamorarsi deve pensare a studiare)
   B: _____

3) A: Ho comprato il regalo per Roberta: una borsa di Gucci. Le piacerà?
   (B afferma convinta che a Roberta il regalo piacerà sicuramente perché ha un debole per le marche di lusso)
   B: _____

4) A: Ma che fai? Ti ho visto che guardavi la bionda seduta al bancone del bar, e non lo negare! Non è che la conosci, eh!?
   (B, con l'espressione offesa, dice che non stava guardando nessuno e che non conosce la ragazza bionda)
   B: _____

5) A: Come fai domani ad andare a Roma? Non hai sentito che c'è lo sciopero dei treni?
   (Anche se c'è lo sciopero B deve assolutamente andare)
   B: _____

6) A: L'istruttore della palestra è proprio simpatico, non credi?
   (B spiega che è simpatico, ma troppo chiacchierone, non sta zitto un attimo)

   B: _____

7) A: Domani devo incontrare un cliente americano e mi serve un interprete. Tu parli inglese, vero?
   (B spiega che lui parla inglese, ma non ha mai fatto l'interprete e non sa se è in grado di farlo)

   B: _____

8) A: È quasi un'ora che aspetto Gianni, ma dove si sarà cacciato! Dobbiamo andare dal notaio e siamo già in ritardo!
   (B dice che, conoscendo Gianni, è probabile che si sia dimenticato dell'appuntamento)

   B: _____

II. ANDIAMO AL CINEMA!

II-1. "Giovanni Falcone"; 1993.

Regista: G. Ferrara. **Attori principali**: Michele Placido, Anna Bonaiuto e Giancarlo Giannini.
Contesto: Il giudice Giovanni Falcone vede con rabbia come viene bloccata la sua indagine sul rapporto tra mafia e politica. Costringendolo a firmare l'inquisitoria del processo politico La Torre - parlamentare ucciso dalla mafia-, gli viene impedito di portare avanti il maxi-processo antimafia. La moglie Francesca lo sente parlare al telefono con un suo collega e quando attacca gli chiede cosa sta succedendo.

Francesca: Che succede?
Falcone: E che succede? Non succede niente e questo è il guaio; non succede niente, sono costretto a firmare *(l'inquisitoria)*.

• **Nel dialogo con quale schema sintattico fraseologico pragmatico il giudice Falcone esprime la sua rassegnazione e anticipa l'"affermazione successiva?**

II-2. "Willy Signori e vengo da lontano"; 1999.

Regista: Francesco Nuti. **Attori principali**: Francesco Nuti, Isabella Ferrari e Alessandro Haber.
Contesto: In seguito a un incidente stradale, un'automobile con a bordo una persona rimane sull'orlo di un precipizio e Willy (Francesco Nuti) tenta in modo disperato di evitare che precipiti. Ad un certo punto passa una macchina...

Willy: Siamo salvi, siamo salvi.
 (La macchina non si ferma)
Willy: Siamo salvi un cazzo!

• **Sapresti individuare la frase-eco che serve per negare in modo enfatico l'affermazione precedente?**

• **Quale elemento serve per enfatizzare la frase-eco? L'elemento appartiene a un registro volgare, lo sapresti sostituire con uno meno "aggressivo"?**

II-3. "L'ultimo bacio"; 2001.

Regista: G. Muccino. **Attori principali**: Stefano Accorsi, Giovanna Mezzogiorno e Stefania Sandrelli.
Contesto: Al matrimonio di un amico di Carlo (Stefano Accorsi), un altro amico parla con una ragazza che incontra lì.

Ragazza: Tra le mie amiche sono rimasta l'unica a non sposarsi. Sono stata dieci anni con uno che non mi faceva uscire neanche con le mie amiche. Finalmente l'incubo è finito e mi godo la mia libertà.
Amico: E fai bene!
Ragazza: E faccio bene sì!

• **Quale schema sintattico viene usato dalla ragazza per rafforzare un'affermazione precedente? Sapresti indicarne la struttura sintattica di base specificando da quali elementi grammaticali è costituita?**

II-4. "Pazza famiglia"; 1994.

Regista: Enrico Montesano. **Attori principali**: Enrico Montesano, Paolo Panelli e Alessandra Caselli.
Soggetto e sceneggiatura: Enrico Montesano e Ottavio Iemma. Sceneggiato Rai.
Contesto: Il protagonista (Enrico Montesano), appena divorziato, passa dal giornalaio che gli chiede di portare i giornali alla sua ex-moglie e di pagare il conto del mese, centomila lire.

Marito: I giornali sono della mia ex-moglie e passa lei a pagarli.
Giornalaio: E se non passa?
Marito: Passa passa... .

• **Con quale schema sintattico il marito assicura ironicamente al giornalaio che la moglie prima o poi passa?**

II-5. "Gallo Cedrone"; 2000.

Regista: Carlo Verdone. **Attori principali**: Carlo Verdone, Regina Orioli, Ines Nobili, Paolo Triestino e Erica Rosso.
Contesto: Armando Feroci (Carlo Verdone), separato, va a prendere sua figlia Morena a casa della sua ex-moglie Marcella in moto e travestito da Elvis.

Armando: Me la mandi giù?
Marcella: Sì, mo' scende. Ma ancora con la moto stai! Ma che vieni a prendere la ragazzina con la moto! Sei proprio un incosciente, sei! E saresti il padre!? Non c'hai un filo di ritegno, non c'hai!

• **Quali schemi sintattici usa la moglie per rafforzare il suo giudizio negativo sul marito Armando Feroci? Sapresti indicarne la struttura sintattica di base specificando da quali elementi grammaticali è costituita?**

II-6. "Amici miei atti II"; 1982.

Regista: Mario Monicelli. **Attori principali**: Ugo Tognazzi, Gastone Moschin, Adolfo Celi, Renzo Montagnani.
Contesto: I cinque amici protagonisti del film -il Melandri, il Sassaroli, il Mascetti, il Necchi e il Perozzi- ricordano la beffa fatta a una contorsionista spagnola. Il Mascetti dice al resto del gruppo di non farglielo ricordare perché, anche se sono passati tre anni, lui non vive più dal rammarico. Uno di loro fa notare che sono passati cinque o sei anni.

Il Mascetti: Meno, era vivo il Perozzi.
Il Necchi: No, lui era morto da almeno un anno.
Il Mascetti: Era vivo era vivo. Ce li comprò lui i biglietti a teatro con lo sconto dei giornalisti.

• **Con quale schema sintattico il Mascetti enfatizza che il Perozzi era vivo?**

II-7. "Il paradiso all'improvviso"; 2003.

Regista: Leonardo Pieraccioni. **Attori principali**: L. Pieraccioni, A. Cepeda, A. Haber, R. Papaleo, A. M. Barbera.
Contesto: Anna va a trovare Lorenzo per parlare con lui e spiegargli cosa è successo; vuole scusarsi per aver preso parte allo scherzo organizzato dagli amici di Lorenzo: lei era stata ingaggiata dai due allo scopo di farlo innamorare. Anna ammette però di essersi innamorata davvero di lui e di essere pentita per averlo ingannato, ma Lorenzo non accetta le sue scuse.

Anna: Senti, io non pretendo né che tu mi perdoni né che tu mi capisca... Non so neanche perché sono venuta qui. So soltanto che quei tre giorni sono stati bellissimi e non me li scorderò mai.

Lorenzo: E io invece me li voglio scordare quei tre giorni, anzi, sai che ti dico? Me li sono già scordati! E mi sono scordato anche di te! Ma chi tu sei!? Ma chi ti conosce!?

- **Quali schemi sintattici usa Lorenzo nella sua replica ad Anna per rifiutare le sue scuse?**

- **Pensi che Lorenzo usi i due schemi sintattici per:**
  a) indicare che davvero non si ricorda di Anna e non sa chi sia.
  b) esprimere enfaticamente il desiderio di dimenticarla e cancellarla dalla sua vita.

Hai voluto la bicicletta...

SEGNALI DISCORSIVI

SEZIONE 6

SEGNALI DISCORSIVI

Ci sono forme -chiamate segnali discorsivi- che noi parlanti usiamo quando conversiamo e che ci aiutano a guidare e a organizzare la conversazione.

Queste forme possono appartenere a varie categorie grammaticali: verbi ("Dai"), interiezioni ("Eh!?"), avverbi ("Insomma...", "Cioè"), sostantivi ("Ragazzi"), pronomi ("Niente"), aggettivi ("Giusto"); tuttavia, quello che più conta non è la loro forma grammaticale ma la funzione discorsiva che svolgono all'interno della conversazione.

1. SEGNALI E FUNZIONI

I. ENTRIAMO IN TEMA!

 I-1. Ascolta e poi leggi i seguenti dialoghi facendo attenzione alle forme evidenziate in neretto.

1) A: **Allora** vado un attimo a fare colazione e torno, va bene?
   B: Sì, ma sbrigati che qui c'è da fare: io lavoro non come altri...

2) A: Signorina, mi parli un po' della scoperta dell'America.
   B: **Niente...** Fu Cristoforo Colombo colui che, diciamo, dopo vari studi capì che...

3) A: **Senti**, quando è che devi andare dal cardiologo?
   B: Domani, speriamo bene!

4) A: Quando quei due hanno cominciato a litigare e poi a picchiarsi, ho detto: io, **ragazzi**, scappo e tolgo il disturbo!
   B: Ma come, te ne sei andato senza fare niente!? Avresti potuto dividerli e farli ragionare...

5) A: **Ecco!** Bello scherzo mi avete fatto, eh? Vi sarete divertiti! Peccato che io ora, per colpa vostra, sono rimasto senza lavoro.
   B: Guarda che io con lo scherzo che ti ha fatto Giulio non c'entro niente! Prenditela con lui.

6) A: **Diciamo** che sei un po' ingrassato dopo le feste e dovresti perdere qualche chiletto...
   B: Hai proprio ragione. Mi sa che farò una cura dimagrante.

7) A: Oggi quasi vengo investito da un motorino... **Ahò, hai sentito?**
   B: Ho sentito, ho sentito, ma che vuoi che faccia!? La prossima volta stai più attento.

8) A: Invece di restare qua tutta la sera, avremmo potuto fare un salto da Luigi, **no?**
   B: Eh sì, ma sicuramente non era a casa. Lo sai che è sempre in giro.

9) A: Mio figlio mi fa proprio dannare: torna sempre alle tre di notte, non studia, non lavora, è sempre nei guai. **Comunque**...
   B: E che ci vuoi fare!? I figli vanno sopportati.

10) A: Comunque, come ti dicevo, Andrei, che è russo, **quindi** extracomunitario, non ha il visto.
    B: Per fortuna con la nuova legge potrà mettersi in regola.

11) A: Al Festival di Sanremo ci saranno Venditti, Baglioni, Dalla, Ramazzotti... . **Cioè** i più grandi.
    B: Allora quest'anno lo seguirò.

I-2. Le forme evidenziate in neretto nei dialoghi precedenti sono segnali discorsivi. Come avrai notato, tutte sono usate dall'emittente, cioè da chi ha il primo turno di parola - l'interlocutore A-. Di seguito ti forniamo una descrizione delle funzioni svolte da ognuno dei segnali discorsivi usati nei dialoghi precedenti tratte da C. Bazzanella, *I segnali discorsivi*.

1) **Allora** → presa del turno di parola - segnale di apertura della conversazione: vorrei parlare e segno l'inizio del mio intervento.

2) **Niente** → riempitivo: sono in difficoltà e allora uso delle forme semanticamente vuote per guadagnare tempo e pensare a cosa voglio dire o formulare.

3) **Senti** → richiesta di attenzione - anticipatore di domanda o replica: non so se l'interlocutore mi ascolta e richiamo la sua attenzione, oppure gli dico di ascoltarmi perché voglio fargli una domanda o esprimere un dissenso, un rimprovero, una critica, ecc.

4) **Ragazzi** → fatismo: uso delle forme per stabilire o continuare il contatto con il mio interlocutore.

5) **Ecco / Diciamo** → meccanismi di modulazione -rafforzativi o mitigativi: uso queste forme per rafforzare o per mitigare un'affermazione, un'opinione, una domanda, una richiesta, un rimprovero, un disaccordo, ecc.

6) **Ahò, hai sentito?** → controllo della ricezione: chiedo all'interlocutore se mi sta ascoltando e se ha capito quello che ho appena detto.

7) **No?** → richiesta o domanda di accordo-conferma o disaccordo-disapprovazione: chiedo all'interlocutore se condivide o no una mia asseverazione o opinione.

8) **Comunque**... → <u>cedere il turno - segnale di chiusura</u>: faccio notare che ho finito il mio intervento e cedo la parola al mio interlocutore.

9) **Quindi** → <u>riformulativo</u>: dico una cosa e poi la ridico adoperando altre parole perché forse non mi sono espresso correttamente o voglio essere più preciso aggiungendo altre informazioni.

10) **Cioè** → <u>riassuntivo</u>: formulo un insieme di idee, di concetti, di nomi, di aggettivi, ecc., e poi uso una forma che serve a marcare il riassunto-conclusivo che segue.

II. ALTRE IN ARRIVO!

 II-1. Ascolta e poi leggi i seguenti dialoghi facendo attenzione alle forme in neretto.

1) A: Cameriere?
   B: **Sì?**
   A: Una grappa, per favore!

2) A: Che tipo il nuovo fidanzato della Laura... Un po' strano, non ti pare?
   B: **Eh sì**, anzi, è proprio un bell'elemento.

3) A: Va be', comunque... Adesso ti lascio, devo andare.
   B: **Ok**, ti chiamo io verso l'ora di pranzo.

4) A: Gianni, ti vogliono al telefono.
   B: **Eh?** Cosa hai detto? Non ti ho sentito.

5) A: **Aspetta, aspetta,** fammi capire bene: cos'è che ti ha detto!?
   B: E che mi ha detto!? Che sei stato tu a mettere in giro certe voci sul suo conto.

6) A: Ieri che casino! I ragazzi del quinto piano hanno organizzzato una festa: musica a tutto volume, canti, balli, grida... Alla fine uno dei vicini ha chiamato la polizia, e poi...
   B: **E poi?** Continua.
   A: Niente... Festa finita e tutti a dormire!

II.2. Le forme evidenziate in neretto nei dialoghi precedenti sono altri segnali discorsivi. Questa volta sono usati dal destinatario, cioè da chi riceve il messaggio e reagisce -l'interlocutore B-. Di seguito ti forniamo una descrizione delle funzioni svolte da ognuno dei segnali discorsivi usati nei dialoghi precedenti tratte da C. Bazzanella, *I segnali discorsivi*.

1) **Sì?** → <u>segnale di attenzione in corso</u>: dico a chi parla che lo sento, che lo sto ascoltando.

2) **Eh sì** → <u>accordo, conferma o disaccordo, disappunto</u>: fai sapere al tuo interlocutore che condividi o meno quello che ha detto.

3) **Ok** → <u>ricezione e acquisizione di conoscenza</u>: dico al parlante che ho capito quello che ha detto.

4) **Eh?** → <u>richiesta di spiegazione, di riformulazione, di precisazione</u>: non ho capito bene ciò che il parlante mi ha detto o raccontato e gli chiedo di esprimersi meglio oppure di spiegare l'evento o l'atteggiamento che ha appena accennato, le loro cause e/o conseguenze.

5) **Aspetta, aspetta** → <u>meccanismo di interruzione</u>: adopero una forma per interrompere chi parla e prendere la parola.

6) **E poi?** → <u>richiesta di proseguimento, continuativo</u>: chiedo al parlante di continuare la sua narrazione dopo un'interruzione.

2. CI STO! / NON CI STO!

I. ENTRIAMO IN TEMA!

I-1. Osserva e leggi i segnali contenuti nel riquadro; tutti esprimono accordo.

a. Eh sì	b. Eh già	c. Appunto	d. Ecco	e. Infatti	f. Proprio così	g. Perfetto

 I-2. Ora ascolta e poi leggi ad alta voce i seguenti dialoghi; cerca i segnali discorsivi, sottolineali e fai attenzione all'intonazione con cui vengono pronunciati.

1) A: Che begli occhi che ha Claudia!
   B: Eh sì, è veramente una ragazza carina.

2) A: Ti vedo un po' dimagrito, cos'hai? Ti senti poco bene?
   B: Proprio così, infatti domani vado dal dottore.

3) A: Certo che Alberto non può continuare a fumare così tanto, altrimenti finisce male.
   B: Infatti! Glielo dico sempre ma lui non mi dà retta.

4) A: E così Marta ha finalmente trovato un lavoro?
   B: Eh già! Meno male perché mandare avanti una famiglia di quattro persone con un solo stipendio non deve essere per niente facile.

5) A: Allora Dante era uno scrittore del Trecento.
   B: Appunto! È nato nel 1265.

6) A: Non sapevo che suonassi il clarinetto. Come coso... quel regista americano...?
   B: Woody Allen.
   A: Ecco, giusto. Proprio lui.

7) A: Che ne dici se la cena la facciamo da me? Con questo freddo preferisco non uscire.
   B: Perfetto! Così non devo lavare i piatti!

II. A CIASCUNO IL SUO!

II-1. Ricostruisci i dialoghi unendo le battute della colonna A con quelle della colonna B e introducendo la seconda battuta con il segnale discorsivo adeguato. Attento perché alcuni di essi hanno valori molto simili e, in alcuni contesti, possono essere usati indistintamente (lo stesso segnale discorsivo può essere usato in più di una frase o, per una stessa frase, possono essere corretti vari segnali discorsivi).

A	Segnali discorsivi	B
1. Allora tuo fratello è stato assunto come cassiere; sarà contento!	a. Perfetto!	a. Ho esagerato con il peperoncino.
2. Ieri Lucia mi è sembrata un po' strana. Sembrava arrabbiata con il marito.	b. Eh sì	b. Con questo mal di schiena non mi posso neanche muovere. Come faccio ad aiutarti!?
3. Buona questa pasta! Anche se ho la lingua che mi brucia un po'.	c. Eh già	c. Finalmente ha trovato lavoro.

A	Segnali discorsivi	B
4. Non so perché, ma Michele non mi pare un tipo di cui fidarsi.	d. Ecco	d. Ho sentito dire che ha avuto problemi con la legge.
5. Per andare al cinema, ti passo a prendere stasera alle dieci.	e. Appunto!	e. Così ho il tempo di fare una doccia e cenare tranquillamente.
6. Ma possibile che tocca sempre a te far le pulizie in casa!	f. Proprio così...	f. Mi trattano come una Cenerentola.
7. Allora mi stai dicendo che non mi aiuterai a imbiancare il mio nuovo appartamento.	g. Infatti	g. Non sempre è tutto amore.

III. COMPLETIAMO!

III-1. **Completa ora i dialoghi con i segnali discorsivi visti negli esercizi I-1, I-2 e II-1. Come nell'esercizio precedente, anche qui in alcuni dialoghi si possono usare segnali diversi, in quanto tutti svolgono la stessa funzione: esprimere accordo.**

1) A: Per me Luigi è proprio uno stupido.

B: _____ ma non è un buon motivo per rubargli la moglie.

2) A: Marina il giorno del suo matrimonio era proprio bella.

B: _____ , bella e raggiante, come tutte le spose.

3) A: Mi sa che non farò cambiare idea a Marco.

B: _____ . Ha una forte personalità e non si fa influenzare da nessuno.

4) A: Gianni è uno che si prende subito delle confidenze.

B: _____ . L'altro giorno ho sentito che diceva al direttore generale "Ahò, come butta?".

5) A: Che ne dici se invece di andare in settimana bianca, quest'anno ce ne andiamo ai Tropici per Natale?

B: _____ . Mi sembra un'ottima idea. Caldo e sole è proprio quello che ci vuole per rilassarci un po'!

6) A: C'eri anche te alla famosa cena di Gianna, quella con la salsa rosa scaduta?

B: _____ . Poche ore dopo eravamo tutti all'ospedale per un'intossicazione alimentare.

7) A: A Lourdes ho comprato una statuina per la zia suora.

B: _____ ! Non potevi scegliere un regalo più azzeccato. La farai contenta.

IV. ORA TOCCA A TE!

IV-1. **A partire dalle seguenti situazioni comunicative, costruisci le battute o repliche del secondo interlocutore usando i segnali discorsivi visti in quest'unità.**

1) Hai dei problemi ai denti e vai dal dentista per fare un controllo. Il dottore ti chiede se quando prendi qualcosa di freddo (acqua ghiacciata, gelato, ecc.), senti un fastidio ai denti. Tu replichi rispondendo che è proprio questo quello che ti succede.

Replica: _____

2) La tua vicina di casa ti chiede se è vero che lascerete l'appartamento. Tu replichi dicendole che tuo marito è stato trasferito in un'altra filiale, quindi dovrete cambiare città.

Replica: _____

3) Sei con un tuo amico e state guardando le Olimpiadi in televisione. Il tuo amico ti indica un atleta keniano dicendoti che sembra molto veloce. Tu replichi dicendogli che è tra i più bravi, ha vinto due medaglie d'oro nelle scorse edizioni.

Replica: _____

4) Un tuo collega di lavoro soffre di colesterolo alto. Un giorno ti dice di aver letto sul giornale che il pesce azzurro aiuta a tenere basso il livello del colesterolo. Tu replichi rispondendo che lo sapevi già e che mangi tante sardine.

Replica: _____

5) Un tuo amico ti chiede se ti va di passare il fine settimana a casa sua: villa con piscina vista mare, discoteca sulla spiaggia, belle ragazze, ecc. ecc. Tu, ovviamente, accetti senza esitare e gli dici che è un'ottima idea.
Replica: _____

6) Tua moglie ti fa notare che, grazie alle scoperte scientifiche degli ultimi anni, la vita si è allungata sempre di più. Tu replichi osservando che non è un caso che siano aumentate le iniziative per la cosidetta "terza età".

Replica: _____

7) Stai cercando una casa in affitto. Vai in un'agenzia immobiliare e l'agente ti chiede se, fra i requisiti dell'appartamento, ci deve essere l'aria condizionata. Tu replichi confermando che, con il caldo che fa d'estate, l'aria condizionta è indispensabile.

Replica: _____

V. Tra l'ironico e il letterale...

 V-1. Ascolta e poi leggi i seguenti dialoghi.

1) A: Che ne dite se facciamo uno scherzo alla professoressa di matematica? Le prendiamo la borsa e poi la nascondiamo...
B: **Ecco**, bravo! Così poi ci andiamo di mezzo tutti quanti. Lo sai quella quanto è severa!

2) A: Guarda che fila che c'è per entrare al cinema!
B: **Infatti!** Ora capisci perché non ci volevo venire.

3) A: Piove, accidenti!
B: **Perfetto!** Proprio quello che ci mancava! Addio gita!

4) A: Visto com'è bello questo vestito? Farò un figurone al matrimonio di mio cugina...
B: **Eh sì**, proprio bello. Ma non c'era qualcosa di meglio? È che il rosso con l'azzurro non stanno molto bene insieme...

5) A: Ho fatto il pieno di super in una macchina diesel.
B: **Appunto!** Bravo! Adesso al lavoro ci vai a piedi.

Come avrai notato, i segnali discorsivi evidenziati in neretto nei dialoghi precedenti sono gli stessi di quelli visti negli esercizi I-1. e II-1. Questa volta però servono per esprimere disaccordo con quanto detto dall'interlocutore A assumendo nel discorso un valore ironico e/o sarcastico.

V-2.   Ricostruisci le battute dell'interlocutore B riordinando gli elementi sottolineati.

1) A: Hai visto cosa ti ha regalato la zia!? Un vocabolario di tedesco! Non è bellissimo!?
   B: Sì, infatti... <u>con l'italiano/ che ho smesso con il tedesco/ Proprio adesso/ e ho iniziato/</u>

2) A: Mi fa male la pancia ma lo zampone lo mangio lo stesso.
   B: Ecco! <u>non prendi/ alla milanese/ anche una cotoletta/ Perché/!?</u>

3) A: Ho deciso: quest'anno non faccio l'assicurazione alla macchina.
   B: Perfetto! <u>in prigione/ un incidente/ ti vengo a trovare/ Così se fai.</u>

4) A: Nonno, perché non mi compri il motorino?!
   B: Eh sì... <u>quando / Poi / diciotto anni / ti compro anche / fai / la macchina!</u>

5) A: Ho comprato una crema antirughe, ma mi pare che invece di diminuire le rughe aumentano.
   B: Appunto! <u>a restare / sì che ci aiuta / La cosmetica / sempre giovani!</u>

V-3.   Rifletti con l'aiuto dell'insegnante sul valore ironico e/o sarcastico dei segnali discorsivi usati nei dialoghi precedenti, differenziandoli dai segnali discorsivi presentati nell'esercizio I-1 (con valore letterale, usati per esprimere un accordo reale).
Seguendo le tracce fornite, replica alle battute di A usando i segnali discorsivi indicati per mostrare accordo oppure per esprimere disaccordo in modo ironico (valore letterale o valore ironico), come nell'esempio

Es.:
   A: Che bello! Oggi i musei sono aperti!
   Traccia: non mi piace visitare i musei / un po' di cultura ci vuole.
   Segnale discorsivo: **Ecco**
   B ironico: Ecco, sai che allegria: ma chi vuoi che ci vada a visitare un museo la domenica!?
   B letterale: Ecco, benissimo! Proprio quello che ci voleva. Un po' di cultura finalmente!

1) A: Le bambine finiscono la scuola a giugno, il che vuol dire che saranno con noi tutti i giorni.
   Traccia: Adoro le bambine, sono due angioletti / E che ci facciamo con queste due pesti!?
   Segnale discorsivo: **Perfetto**

   B letterale: _____

   B ironico: _____

2) A: Hai visto che bel cucciolo di doberman! Ce lo compriamo?
   Traccia: È proprio bello! E poi ci serve un cane che faccia la guardia / Guarda che espressione tenera che ha! Questo, tra qualche mese, ci sbrana...
   Segnale discorsivo: **Eh sì...**

   B letterale: _____

   B ironico: _____

3) A: Oggi vengono a cena mia sorella e il suo maritino.
   Traccia:Sono contentissimo, giochiamo a briscola e ci facciamo quattro risate / Che noia, sempre le solite storie!
   Segnale discorsivo: **Ecco**

   B letterale: _____

   B ironico: _____

4) A: Ho pensato che quest'estate la nonna potrebbe venire al mare con noi, così prende un po' di sole.
   Traccia: Sono d'accordissimo, è sempre un piacere avere la nonna con noi / Ci stavo proprio pensando, non vedo l'ora di avere la nonna tra i piedi per un mese.
   Segnale discorsivo: **Infatti**

   B letterale: _____

   B ironico: _____

5) A: Ho pensato che questo Natale invece di andare a sciare a Cortina, potremmo prenotare in un agriturismo. Non ti pare una buona idea?
Traccia: Mi pare un'ottima idea! Qualche giorno in mezzo la natura è proprio quello che ci vuole!/ Tu sì che hai sempre delle ottime idee: è molto meglio stare in mezzo ai maiali, che vedere gli amici.
Segnale discorsivo: **Appunto**

B letterale: _____

B ironico: _____

VI. ALTRE IN ARRIVO!

 VI-1. Ascolta e poi leggi i seguenti dialoghi. Fai attenzione! I segnali discorsivi in neretto esprimono disaccordo.

1) A: Certo che Massimo deve aver fatto delle vacanze supertrasgressive in Brasile!
   B: **Ma che!** Al massimo si sarà ubriacato un paio di volte!

2) A: Non mi piace affatto che tu vada in giro vestita così.
   B: **Scusa**, così come!? Capirai, tante storie per una minigonna.

3) A: Ho conosciuto Marco: bello da morire, intelligente, colto... .
   B: Cara, ti sei presa una cotta! Ma **insomma**, non avevamo detto "per un po' niente uomini"!

4) A: Ho deciso di iscrivermi in palestra: due ore al giorno, dal lunedì al venerdì.
   B: **Ma va'!** Tu che non hai mai fatto sport in vita tua. Non ci credo neanche se ti vedo.

5) A: Non ti puoi immaginare cosa ho fatto ieri notte? Ho disegnato su un vagone di un treno.
   B: **Ma dai!** Vergognati! Alla tua età metterti a fare i graffiti.

VI-2. Tenendo conto della battuta di A, scegli la replica di B adeguata ad esprimere disaccordo.

1) A: Mamma, il gelato, voglio il gelato! Dai, comprami il gelato!
   B1: Perfetto! Non fare i capricci.
   B2: Insomma, la vuoi smettere di fare i capricci!

2) A: Non mi ricordo... È stato ieri il compleanno di Silvia?
   B1: Ma che... è stato il mese scorso!
   B2: Eh sì... è stato il mese scorso!

3) A: Ogni volta che vado allo stadio mi perquisiscono, neanche fossi un ultras!
   B1: Infatti, non te la prendere! Lo fanno per la tua sicurezza.
   B2: Ma dai, non te la prendere! Lo fanno per ragioni di sicurezza.

4) A: Ho deciso: quest'estate andrò in una spiaggia di nudisti!
   B1: Scusa, ma non ti sembra di non avere più l'età per fare certe cose!?
   B2: Eh già, alla tua età non mi sembra il caso.

5) A: Domenica vado a fare bunjee jumping, il salto con l'elastico!
   B1: Ma va', tu sei pazzo! Ricordati che hai moglie e figli.
   B2: Proprio così, tu sei impazzito.

VI-3. Ricostruisci i dialoghi unendo le battute della colonna A con quelle della colonna B e introducendo la seconda battuta con il segnale discorsivo adeguato. Attento perché alcuni dei segnali discorsivi hanno valori molto simili e, in certi contesti, possono essere usati indistintamente (lo stesso segnale discorsivo può essere usato in più di una frase o, per una stessa frase, possono essere corretti vari segnali discorsivi).

A	Segnali discorsivi	B
1. I piatti sporchi sono ancora nel lavandino!	a. **Ma che...**	a. Non fai altro che lavorare! Ogni tanto ci vuole anche un po' di svago.
2. Ahi! Mi hai pestato il piede! Ma stai attento!	b. **Scusa**	b. Non eri tu quella che diceva sempre che bisogna rispettare i gusti di tutti!
3. È vero che Giorgino sta sfondando nel mondo della moda come indossatore?	c. **Ma insomma**	c. Avrà fatto due o tre sfilate al massimo nella festa patronale del suo paese.
4. Il mio fidanzato si è fissato con la musica heavy-metal! Non lo sopporto più, se continua così lo lascio.	d. **Ma va'**	d. Se non sbaglio questa settimana tocca a te lavarli!
5. Lunedì ho una riunione, martedì un pranzo di lavoro e poi devo andare a Parigi per incontrare i clienti giapponesi. Sono stanco morto!	e. **Ma dai**	e. Quanto sei esagerato!! Se non ti ho neanche sfiorato!

3. ENFATIZZO O MINIMIZZO...

I. ENTRIAMO IN TEMA!

 I-1. Ecco un gruppo di segnali discorsivi che servono per enfatizzare un'opinione, un'affermazione. Ascolta e poi leggi i seguenti dialoghi.

1) A: Ce l'hai con me? Perché mi tieni il muso?
   B: Perché sei un vero cretino, **ecco**! Scusa ma te lo dovevo proprio dire.

2) A: Mi sa che alla fine Giorgio non viene, dice che non ne ha tanta voglia.
   B: **Senti**, se non vuole venire, che non venga. Meglio così!

3) A: Questi spaghetti alle vongole non sono venuti tanto bene, vero?
   B: Direi! È meglio se ordiniamo una pizza, **va'**!

4) A: L'ultimo libro di quello scrittore sarà anche bellissimo, ma io a leggerlo... una noia che non ti dico, **guarda**.
   B: Hai ragione, anch'io l'ho trovato noiosissimo.

5) A: Carla, e non è l'unica, mi ha detto che sono un bonazzo, un gran bel ragazzo.
   B: Sì, ma ora non ti montare la testa però, **eh**!

II. A CIASCUNO IL SUO!

 II-1. Ricostruisci i dialoghi unendo le battute della colonna A con quelle della colonna B e usando il segnale discorsivo adeguato tra quelli contenuti nel riquadro; fai attenzione alla posizione del segnale discorsivo nella replica di B.

a. guarda	b. senti	c. va'	d. eh	e. ecco

A	B
1. Ho visto Enzo a Porto Cervo: era di nuovo in cerca di una donna ricca e sola.	a. fa' come vuoi, i soldi sono tuoi. Ma ricordati che lui se ne è sempre fregato della famiglia.
2. Ma allora hai rubato la fidanzata a Piero!?	b. da lui c'era da aspettarselo, è il solito gigolo.
3. Domani mattina usciamo in mare con il catamarano	c. che ti sbagli. Non è assolutamente vero! Era da tanto che non erano più insieme.
4. Lo so che non sei d'accordo, ma ho deciso di dividere l'eredità con mio fratello.	d. Chiama l'elettricista!
5. Nel cambiare la presa, ho provocato un cortocircuito. Non abbiamo più corrente elettrica.	e. Mi raccomando, state attenti alle correnti.

III. ALTRI IN ARRIVO!

 III-1. I dialoghi che seguono contengono segnali discorsivi che servono per minimizzare un'affermazione. Ascolta e poi leggi a voce alta.

1) A: Allora come è andata oggi?
   B: Be', **diciamo che** è stata una giornata no.

2) A: Allora, come vanno le cose tra te e Ilaria? State insieme?
   B: **Insomma**, non saprei dirti... ci vediamo spesso, ma per ora niente di serio.

3) A: Com'è che è successo l'incidente?
   B: **Niente**, pioveva e **praticamente** sono andato a sbattere contro il cartello di "Attenzione strada sdrucciolevole".

4) A: Lo zio Archimede non è venuto al pranzo di Natale neanche quest'anno.
   B: **Mah**... sai com'è fatto... È già un miracolo che abbia chiamato.

5) A: Al matrimonio di Iolanda ti sei divertita?
   B: Insomma, **non è che** mi sia annoiata. Conoscevo un sacco di gente, un bel rinfresco; comunque alla fine c'era Piero che è riuscito a rovinarmi la serata con le sue solite balle.

III-2. Ricostruisci i dialoghi unendo le battute della colonna A con quelle della colonna B e introducendo le replice di B con il segnale discorsivo adeguato.

A	Segnali discorsivi	B
1. Allora, com'è andata la serata organizzata da Giulio? Vi ha portato in una di quelle discoteche che conosce lui?	a. **Insomma...**	a. Le solite cose: parenti e amici, cena al ristorante e tante fotografie.
2. Com'era la festa di laurea di Marina?	b. **Niente...**	b. il ragazzo si sa divertire.
3. Allora, com'è andato il colloquio di lavoro?	c. **Mah,**	c. io direi che non è molto tollerante.
4. Che te ne pare del nuovo ragazzo di tua sorella?	d. **Non è che**	d. lo conosco molto bene, ma pare un tipo in gamba, simpatico e molto educato.
5. Che ne pensi di Luisa? A me pare insopportabile	e. **Be', diciamo che...**	e. Mi hanno detto di lasciare il curriculum e che mi faranno sapere.

4. NON HO CAPITO, SPIEGATI MEGLIO!

I. ENTRIAMO IN TEMA!

 I-1. Ecco evidenziati in neretto un gruppo di segnali discorsivi che servono per chiedere all'interlocutore di essere più chiaro e preciso, di ripetere e/o spiegare meglio cosa sta dicendo. Ascolta e poi leggi ad alta voce i seguenti dialoghi.

1) Franco: E allora che?
   Arturo: **Che che?**
   Franco: La cena con Silvia! Voglio dire, come è andata ieri?

2) Anna: Ho parlato con Mario.
   Rodolfo: **E quindi?** Che c'entra adesso Mario?
   Anna: Non mi avevi detto di chiedergli se vendeva la moto? Ha detto di sì, ma a me sembra un po' cara.

3) Silvio: Ho la macchina rotta: non ti posso accompagnare alla stazione.
   Luca: **E allora?**
   Silvio: E allora niente, vuol dire che prendi un taxi.

4) Antonio: Sono stufo di dover sopportare tutti i giorni i rimproveri e gli insulti del mio capoufficio! Non ce la faccio più ad andare così andare avanti così, devo far qualcosa!
   Lucia: **E cioè?** Che vuoi fare?
   Antonio: Dare le dimissioni e cercare un nuovo lavoro.

5) Marito: Ti ricordi quel vaso di porcellana che ci aveva regalato tua zia per il matrimonio? Quello che dicevi sempre che era ingombrante e che non sapevi dove metterlo? Be', da oggi in poi non avrai più problemi di spazio.
   Moglie: **Che!?**
   Marito: Stavo giocando con il cane e per sbaglio il vaso è caduto...Ma non sono stato io, è stato il cane!

II. COMPLETIAMO!

II-1. Completa i seguenti dialoghi scegliendo il segnale discorsivo opportuno tra quelli elencati nelle tre opzioni.

1) **Luciano:** Anna e Fabio si sposano.
   Maria: _____ . A me quei due non mi sono mai stati simpatici.
   Luciano: Neanche a me sono tanto simpatici, ma se ci invitano al matrimonio, dobbiamo andarci.

   a. Che che?   *b. Insomma*   *c. E allora?*

2) **Antonio:** Amore! Oggi ho vinto duecento euro alle corse dei cavalli!
   Anna: _____
   Antonio: Sì, ma poi ne ho persi trecento a poker...

   a. E cioè!   *b. Mah...*   *c. Che!?*

3) **Emanuele:** Domani devo essere in aeroporto alle cinque di mattina, il mio volo parte alle sei. Ma a quell'ora non ci sono autobus.
   Paolo: _____ Come pensi di fare?
   Emanuele: Be'... Diciamo che se qualcuno, ad esempio un caro amico, fosse così gentile da accompagnarmi, io gliene sarei infinitamente grato...

   a. E quindi?   *b. Niente...*   *c. Insomma*

4) **Mamma:** E allora che? Racconta!
   Figlio: _____
   Mamma: Il colloquio di lavoro! Che ti hanno detto, ti assumono?

   a. E quindi?   *b. Guarda*   *c. Che che?*

5) **Lara:** Ho parlato con Daniele. Ha detto che non si fa niente.
   Federica: _____ Che significa?
   Lara: Significa che niente settimana bianca quest'anno: i suoi genitori vogliono ristrutturare la casa in montagna, quindi non ci possiamo andare.

   a. Eh sì...   *b. E cioè?*   *c. Proprio così.*

III. ORA TOCCA A TE!

III-1. Scrivi i dialoghi seguendo le indicazioni fornite nelle tracce. Usa i segnali discorsivi opportuni tra quelli visti nell'esercizio 1-1 per chiedere all'interlocutore di essere più chiaro, di usare parole più semplici, oppure di spiegare le cause di un evento o di un atteggiamento.

1) Gianni: "Per fare la chiocciola devi cliccare Alt Gr e 2".
   Traccia: Mario, non molto esperto di informatica, non sa cosa significhi "cliccare" e Gianni riformula l'enunciato usando il verbo "premere".

   Mario: _____

   Gianni: _____

2) Datore di lavoro: "Da domani non è più richiesta la sua presenza in ufficio, resti a casa".
   Traccia: L'impiegato non ha capito perché non debba andare in ufficio e il datore di lavoro, spietato e insensibile, gli dice che lo ha licenziato.

   Impiegato: _____

   Datore di lavoro: _____

3) Padre: "Tuo nipote ha deciso di iscriversi all'università per studiare ingegneria genetica".
Traccia: La nonna non ha la più pallida idea di cosa sia l'ingegneria genetica e il padre le spiega che studia i geni e l'eredità biologica.

Nonna: _____

Padre: _____

4) Marito: "Mi sono dimenticato di andare alla posta".
Traccia: La moglie, che non sa perché il marito doveva andare alla posta, gli chiede cosa significa, dov'è il problema, e il marito le ricorda che oggi era l'ultimo giorno per pagare la bolletta del telefono.

Moglie: _____

Marito: _____

5) Marco: "Ho deciso: mi faccio francescano". Dario, stupito, gli chiede cosa vuole dire.
Traccia: Marco gli spiega che ha letto un libro sulla vita di San Francesco e che ne è rimasto talmente colpito che ha deciso di seguirne l'esempio.

Dario: _____

Marco: _____

6) Marito: "Ho perso centomila euro in borsa".
Traccia: La moglie, sconvolta, gli chiede di cosa sta parlando e il marito le spiega che il direttore della banca gli aveva consigliato di comprare delle azioni di una ditta e che lui si era fidato, ma ora quella ditta aveva appena dichiarato fallimento.

Moglie: _____

Marito: _____

5. CIOÈ... COSA DIRE E COME PIANIFICARE?

I. ENTRIAMO IN TEMA!

 I-1. Ascolta e poi leggi i seguenti dialoghi facendo attenzione ai segnali discorsivi evidenziati in neretto.

1) A: Senti, dovrei dirti una cosina... **sai, ecco, insomma,** ...
   B: Su, dai, non fare tante storie e dimmi tutto.

2) A: Vedo Piero un po' serio. Cosa ha? Gli è successo qualcosa?
   B: **Niente**... forse sarà stanco... o magari preoccupato per il lavoro.

3) A: Allora, mi vuoi dire cos'è successo alla festa?
   B: Sì, **be'**... ti ricordi no, di Roberta, la tua fidanzata? **Ecco**... io e lei... **cioè**... hai capito, no?

4) A: Hai mai visto la "Vita è bella"? Sai di che si tratta?
   B: **Praticamente** è la storia di un ebreo che si sposa con una ragazza, mette su famiglia e poi i nazisti li mandano in un campo di concentramento...

a) come riempitivo per guadagnare tempo e pianificare quello che si vuole dire, in un momento in cui il parlante incontra delle difficoltà linguistiche e discorsive;

b) come riempitivo per guadagnare tempo non a causa di problemi di pianificazione, ma per evitare di dire qualcosa che potrebbe essere non piacevole per l'interlocutore.

II. ORA TOCCA A TE!

II-1. A partire dalle seguenti situazioni comunicative, costruisci delle battute o repliche usando i segnali discorsivi visti nell'esercizio I-1.

1) **Situazione:** Sei in macchina e i vigili urbani ti fermano per un controllo; tu non solo sei senza patente perché l'hai persa il giorno prima, ma hai anche l'assicurazione scaduta perché ti sei dimenticato di rinnovarla; ti sequestrano la macchina e ti fanno una multa salatissima. Spiega ai tuoi genitori cosa è successo.

   Tu: _____

2) **Situazione:** Tua moglie ha trovato nella tua agendina il numero di telefono della tua ex. Dalle una spiegazione.

   Tu: _____

3) **Situazione:** Sei uscito con un tuo amico; in discoteca un tizio gli ha dato uno spintone e poi si è rifiutato di chiedergli scusa, il tuo amico allora si è arrabbiato e l'ha preso a pugni. Spiega alla sua fidanzata perché è tornato a casa con un occhio nero…

   Tu: _____

4) **Situazione:** In un negozio la commessa ti dice che la carta di credito con cui volevi pagare il DVD è scaduta. Tu, rosso dalla vergogna e in difficoltà, tenti di giustificarti e le dici che non te ne eri accorto.

   Tu: _____

5) **Situazione:** L'insegnante ti interroga su Darwin e la sua teoria sull'evoluzione delle specie. Tu, che non sei proprio un appassionato di biologia, non hai le idee chiare sul tema e cerchi di prendere tempo per rispondere.

   Tu: _____

6) **Situazione:** Tua nonna ti chiede come va l'organizzazione del tuo matrimonio e tu le dici che più o meno è tutto a posto, che hai già scelto il menu e spedito le partecipazioni.

   Tu: _____

6. VOGLIAMO ESSERE PRECISI?

I. ENTRIAMO IN TEMA!

I-1. Ascolta e poi leggi i seguenti dialoghi facendo attenzione ai segnali discorsivi in neretto.

1) A: Il telefonino, quanto l'hai pagato?
   B: L'ho pagato circa trecento euro, **anzi** di più, quasi quattrocento.
2) A: Vorrei un chilo di mele.

B: Sì, quali preferisce?
A: Quelle gialle lì, **cioè** le golden della Val di Non.

ma svolge anche altre funzioni. Nelle seguenti battute, indica in quali casi equivale a:
II-1.   A partire dalle seguenti situazioni comunicative, costruisci i dialoghi corrispondenti usando nella

a) *Correggersi* → *Mi correggo" / "Al contrario"*;

b) *Precisare e riformulare* → *"Per meglio dire"*;

c) *Proporre* → *"Ho un'idea".*

1) Mi porti un mojito... **Anzi** no, una caipirinha.
2) Vorrei prelevare 50 euro... **Anzi**, già che ci siamo, mi dia anche l'estratto conto.
3) Se mi è piaciuto il film? Come no!? **Anzi**, secondo me è un capolavoro.
4) Mi porti un caffè lungo, **anzi** no, meglio un espresso che muoio dal sonno.
5) Dodo è carino, **anzi**, è proprio un gran bel ragazzo.
6) Vorrei proprio andare a vedere il concerto dei Subatomici, **anzi**, perché non invitiamo anche i vicini?

a) *Precisare* → *"Intendo dire" / "Ossia"*;

b) *Spiegare un'affermazione precedente* → *"Vale a dire" / "In altre parole"*;

c) *Riformulare un enunciato, corregere* → *"O meglio" / "Piuttosto" / "Anzi no"*;

d) *Rafforzare ciò che si dice* → *"Ancora di più"*;

e) *Riempitivo* → *"Uhm".*

Indica le funzioni che svolge nelle seguenti battute.

1) Vorrei qualcosa di caldo, **cioè** un brodino o una zuppa... .
2) A me, ti dirò la verità, quel film non è che mi abbia entusiasmato tanto, **cioè** non mi è sembrato un granché...
   Cioè per vincere dieci oscar mi aspettavo qualcosa di meglio... .
3) Enrico per me è più di un amico, **cioè** è come un fratello.
4) La spesa la faccio io, **cioè** no, non posso, ho un appuntamento con il notaio.
5) Credo di aver esagerato con l'alcol, **cioè** sono un po' brillo e vedo doppio.
6) Hai saputo di Giorgio? **Cioè**... Non ti voglio spaventare, ma l'hanno ricoverato per fargli delle analisi. Ancora non si sa qual è il problema.

II. Sostituiamo!

Rifletti sulle funzioni che svolgono all'interno dell'interazione comunicativa. Da quale segnale discorsivo visto in precedenza possono essere sostituiti?

1) Paola non mi sta tanto simpatica, **ecco** non la reggo! Quei suoi modi da star, quella voce stridula, **insomma**, è insopportabile.
2) Il nonno di Carlo è rossonero, **ossia** milanista.
3) La mia collega è molto metodica, **voglio dire** che si alza, viene al lavoro, pranza e va a letto tutti giorni alle stesse ore.
4) Ieri sera mi sono slogato una spalla, **insomma** niente tennis per un bel po' di mesi.

III. ORA TOCCA A TE!

III-1. A partire dalle seguenti situazioni comunicative, costruisci le battute o repliche adeguate usando i segnali discorsivi visti in quest'unità.

1) Sei dal macellaio e chiedi un chilo di salcicce; all'improvviso ti ricordi che domani vengono a cena i tuoi due fratelli con le fidanzate e dici al macellaio che, invece di un chilo, ne vuoi due e sei bistecche di manzo.

   Tu: _____

2) Mentre stai guardando la televisione ti telefona il tuo amico Giulio per chiederti come mai non sei andato in palestra; tu gli dici che non stai tanto bene e specifichi che ti fa male la schiena.

   Tu: _____

3) Oggi sei da tua nonna; durante il pranzo ti chiede quale è il tuo sogno e tu le rispondi che sarebbe trovare un bravo ragazzo, sposarti in chiesa e festeggiare in un bel ristorante, in altre parole, vorresti un gran bel matrimonio.

   Tu: _____

4) Sei alla festa di compleanno di Paola; ti si avvicina un cameriere e ti offre un whisky; tu gli dici di no, che non solo non bevi superalcolici ma che il whisky in particolare non ti piace.

   Tu: _____

5) Telefoni al tuo amico Giuliano che non vedi da tanto tempo; lui ti chiede quando farai un salto a Milano e tu rispondi che hai molta voglia di vederlo, che hai già comprato il biglietto del treno e che andrai a trovarlo tra due settimane.

   Tu: _____

6) Sei dal meccanico per l'ennessima volta perché la tua vecchia cinquecento si è rotta di nuovo. Lui ti dice che dovresti cambiare macchina e tu gli rispondi che ha ragione, che è da parecchio che ci pensi e che hai deciso di comprare la nuova Alfa 159.

   Tu: _____

7) Sei in ufficio e telefoni al Signor Mardollini, direttore della casa editrice "Libri per tutti", che un anno fa ti aveva chiesto di preparare un libro sul rapporto tra esercizio e salute; lui ti dice che deve esserci stato un malinteso perché il libro doveva trattare del rapporto tra esercito e potere e quindi quello che hai preparato non sarà pubblicato. Tu, arrabbiato, dici al signor Mardollini che non è una persona seria, o ancora di più: è proprio un gran bel cretino perché ti ha fatto lavorare per un anno inutilmente.

   Tu: _____

7. SEGNALI CHE SONO VERBI

I. ENTRIAMO IN TEMA!

 I-1. Ci sono alcuni segnali discorsivi che dal punto di vista della categoria grammaticale sono forme verbali. Questi segnali possono svolgere varie funzioni, a seconda del contesto in cui vengono usati e dell'intonazione con cui vengono pronunciati.
Ascolta e poi leggi a voce alta i seguenti dialoghi. Successivamente, cerca di individuare la funzione svolta da ognuno dei segnali discorsivi evidenziati in neretto scegliendo tra le opzioni elencate quella che ritieni corretta.

1) A: **Guarda! Guarda!** Adesso tira eeeeee...... sì! Canestrooooo! E vai!
   B: Bene, adesso non ci ferma nessuno. Scudetto in tasca.

   a. presa di turno.
   b. richiesta d'attenzione.
   c. riempitivo.

2) A: Da qualche giorno Marina non mi rivolge la parola. Non capisco cosa ha.
   B: **Senti**, secondo me stai diventando un po' paranoico, pensi sempre che tutti ce l'abbiano con te. Marina è solo un po' nervosa perché non riesce a dormire: il marito russa.

   a. anticipatore di disaccordo.
   b. richiesta d'attenzione.
   c. anticipatore di affermazione.

3) A: Che botta! Mentre guardavo il cartellone pubblicitario della Bellucci sono andato a sbattere contro un lampione, tra le risate di mezza città. Che figura, ragazzi!
   B: È che sei scemo, **guarda**!

   a. rafforzativo
   b. mitigativo
   c. anticipatore di affermazione.

4) A: Nessuno mi vuole bene, nessuno mi cerca, sono sempre solo, sono brutto. Pensa che quando sono nato, a mia madre hanno detto: "Questo figlio, celibe di sicuro".
   B: Non fare così, **dai**! Sei proprio pessimista e poi ognuno ha la sua anima gemella...

   a. anticipatore di affermazione
   b. rafforzativo / incoraggiamento
   c. richiesta d'attenzione.

5) A: Me le presti sì o no le tue scarpe di Gucci?
   B: E **dai**! Allora insisti. Ti ho già detto di no.

   a. presa di turno.
   b. disaccordo-rifiuto.
   c. richiesta di spiegazione.

6) A: Hai saputo la novità? Lucia e Giulio stanno insieme! Lucia ce ne ha messo di tempo per conquistarlo, ma alla fine ce l'ha fatta.
   B: **Vedi?** Io l'ho sempre detto: chi la dura, la vince! Nella vita bisogna insistere!

   a. domanda retorica rafforzativa.
   b. anticipatore di disaccordo.
   c. riempitivo.

7) A: Perché non sei andato al concerto di Francesco De Gregori!? Un fan come te!
   B: E che vuoi!? **Sai**, quando si è sposati non sempre si può fare tutto quello che si vuole.

   a. riempitivo.
   b. mitigativo.
   c. richiesta di spiegazione.

8) A: Sei sempre il solito! Sono stufa di fare tutto io! Ti ricordo che anche tu vivi qui, quindi...
   B: **Sai**, mi hai proprio seccato! Se ti sei rotta, prendi le valigie e levati di torno.

   a. anticipatore di disaccordo-rifiuto.
   b. mitigativo.
   c. richiesta d'attenzione.

9) A: **Senti un po'.** Quando è che avrai il bambino?
   B: Tra due mesi, ma con il pancione che c'ho mi sa che anche prima.

   a. riempitivo.
   b. anticipatore di rifiuto.
   c. richiesta d'attenzione e/o anticipatore di domanda.

10) A: Domani ho appuntamento dal podologo per la pedicure, mi ci puoi accompagnare?
    B: **Vediamo**... Domani domani... No, non credo, caso mai ti faccio uno squillo.

    a. riempitivo.
    b. richiesta di spiegazione.
    c. richiesta d'attenzione.

II. COMPLETIAMO!

II-1. Completa i seguenti dialoghi selezionando il segnale discorsivo adeguato tra quelli elencati nel riquadro in base alla funzione indicata tra parentesi e sottolineata.

a. Senti	b. Guarda	c. Vediamo	d. Dai	e. Sa	f. Vedi!?	g. Guarda	h. Sai

1) A: _____ (richiesta di attenzione), com'è che ti sei vestito così tutto perbenino, e
   non con i soliti jeans e maglietta scolorita?
   B: È che oggi devo fare il padrino al battesimo del figlio di mia cugina Aurelia, che noia!

2) A: Allora, che ti ha detto Maria della cena di domani? Cosa dobbiamo portare?
   B: Ah sì, la cena... _____ (riempitivo) Sì! Mi ha detto di portare una bottiglia di vino
   e, se vogliamo, un dolce. Al resto ci pensa lei.

3) A: Hai visto Luca? Ieri muratore oggi imprenditore.
   B: _____ (domanda retorica rafforzativa). Lo dico sempre io: non si può mai sapere
   cosa ci aspetta nella vita.

4) A: Forza! Racconta! Sono proprio curiosa di sapere come è andata la cena con il tuo ex...
   B: _____ (mitigativo), ci sono cose che non si possono proprio raccontare, mi
   dispiace.

5) A: _____ (richiesta d'attenzione) chi c'è là! Quello seduto al bar, di spalle, con la
   maglietta gialla. Sembra Mario
   B: Eh sì, è proprio lui. Ma non si era trasferito a New York?

6) A: Questa volta è proprio finita, non gliela perdono. Ma com'è possibile che il mio ragazzo si sia dimenticato del nostro anniversario di fidanzamento!?
B: _____ (rafforzativo/incoraggiamento), non te la prendere! Non è poi così grave! Lo sai che in questo periodo è sotto stress per il lavoro.

7) A: Ragioniere Di Salvo, o stasera resta in ufficio per lavorare al progetto fino a quando non sarà terminato, oppure dovrò prendere provvedimenti.
B: _____ (anticipatore di disaccordo-rifiuto) cosa le dico!? Che non sono più disposto ad accettare ore ed ore di lavoro straordinario senza essere pagato. Qui i provvedimenti li prendo io: mi licenzio!

8) A: Ora sono stufo!! Mario la deve smettere di far sempre tutto di testa sua! Quando lo senti, glielo devi dire che così non si può andare avanti!
B: _____ (anticipatore di disaccordo), io di questa storia non ne voglio sapere niente. Sono affari vostri e ve la dovete vedere da soli, non mettermi in mezzo.

9) A: Ho chiuso la macchina e ho lasciato le chiavi dentro. E ora come faccio!?
B: Ma è possibile che ogni giorno ne combini una delle tue! Sei un disastro, _____ (rafforzativo).

III. A TE LA SCELTA!

III-1. Ti presentiamo ora dei nuovi segnali discorsivi appartenenti al gruppo dei segnali che sono verbi: si formano infatti con la forma verbale "capire", coniugata in modi e tempi diversi.
Nei dialoghi seguenti compaiono alcune forme con il verbo "capire": individua il modo e il tempo verbale usato nel segnale discorsivo e quale funzione esso svolge tra quelle elencate di seguito.

a) rafforzativo
b) anticipatore di negazione
c) ricezione e acquisizione di conoscenza e/o disaccordo.

1) A: Oggi niente televisione, devi studiare! Capito!?
B: Sì, **ho capito!** Sei un generale! Oh!

2) A: Fantastica la festa di Capodanno di Luigi! Tanti ragazzi e poche ragazze!
B: **Hai capito** la furbetta! Tu sì che ti sai divertire!

3) A: Ho un male allo stomaco, e poi mi fa malissimo la gamba...
B: Sì, **ho capito**, mi dai buca anche stasera.

4) A: Chissà quanto te la sei spassata questa Pasqua!
B: **Capirai!** Sono stato un paio di giorni al mare, ecco tutto.

IV. ORA TOCCA A TE!

IV-1. A partire dalle seguenti situazioni comunicative, costruisci delle battute usando i segnali discorsivi del riquadro.

a. Guarda	b. Senti un po'	c. Vedi	d. Vediamo	e. Ho capito	f. Capirai	g. Hai capito	h. Dai

1) **Situazione:** Stai passeggiando in centro con la tua amica Anna; passate di fronte a una vetrina e vedi una gonna che ti piace da morire. Attira l'attenzione di Anna e chiedile cosa pensa della gonna.

Battuta: _____

2) **Situazione:** Tua sorella è incinta, ma ancora non ha deciso il nome per la sua bambina e ti chiede di darle qualche suggerimento. Tu ci pensi po' cercando di prendere tempo e poi suggerisci Adele come la nonna o Gianna come la Nannini.

Battuta: _____

3) **Situazione:** Un tuo amico ti racconta che Enrico, un vostro compagno soprannominato "il pelato", dopo aver fatto un trattamento per i capelli sfoggia ora una chioma alla Bob Marley. Tu esprimi il tuo stupore chiamandolo ironicamente "capellone".

Battuta: _____

4) **Situazione:** In piscina incontri una tua vecchia amica che da poco si è fatta un piercing all'ombelico. Siccome vorresti farlo anche tu, attira la sua attenzione e chiedile dove lo ha fatto.

Battuta: _____

5) **Situazione:** Tuo cugino Sandro ti telefona per farti i complimenti per il tuo nuovo lavoro e ti dice che sei stato molto fortunato ad essere stato assunto da una grossa multinazionale, sottolineando che sicuramente guadagnerai un sacco di soldi. Tu gli rispondi che molti pensano che sia così ma che in realtà, almeno per i primi tempi, pagano pochissimo.

Battuta: _____

6) **Situazione:** Sei appena arrivato all'aeroporto di Roma, ma della tua valigia non c'è traccia. Vai all'ufficio smarrimenti per chiedere informazioni e l'impiegato inizia a dirti che ci sono stati problemi nello scarico dei bagagli e che devi avere un po' di pazienza. Tu, arrabbiato, ascolti la spiegazione ma ti lamenti di non essere stato avvertito prima: sei stato un'ora ad aspettare al nastro che trasportava i bagagli.

Battuta: _____

7) **Situazione:** Tuo nonno soffre di colesterolo alto, ma nonostante ciò è un divoratore di salumi. Tu gli ripeti sempre che deve stare attento all'alimentazione, ma lui non ti da' retta e ti risponde sempre che sta benissimo. Un giorno lo accompagni a fare le analisi e il medico gli dice che ha il colesterolo alle stelle. Tu gli fai notare ironicamente che lo avevi avvertito.

Battuta: _____

8) **Situazione:** Tua sorella ti chiede di dare da mangiare al tuo nipotino, ma lui fa i capricci e si rifiuta di aprire la bocca. Tu, paziente, cerchi di convincerlo a mangiare e lo incoraggi dicendogli che la minestrina è buonissima.

Battuta: _____

8. INSOMMA, QUANTE FUNZIONI!

I. ENTRIAMO IN TEMA!

 I-1. Ascolta e poi leggi i seguenti dialoghi facendo attenzione al segnale discorsivo in neretto. Sapresti individuare la funzione svolta da "insomma" in ognuno dei seguenti casi?

1) A: Cosa hai? Non ti senti tanto bene?
   B: No, niente, **insomma**, queste giornate grigie mi fanno venire una tristezza...

   a. mitigativo-anticipatore di spiegazione
   b. continuativo
   c. richiesta d'attenzione

2) A: Bella Sofia, eh?
   B: **Insomma**, non male, è la tipica mediterranea, ma a me piacciono di più le nordiche.

   a. rafforzativo
   b. riempitivo
   c. mitigativo

3) A: E basta! Sono stufo di essere sempre ai tuoi ordini!
   B: **Insomma**, ma che discorsi sono questi! Sono o non sono tuo padre!?

   a. richiesta di attenzione
   b. anticipatore di replica-rafforzativo di disaccordo
   c. conferma

4) A: Certo che non sei molto pratico di "fai da te": l'ultima volta che hai provato ad appendere un quadro hai fatto un buco gigantesco.
   B: **Insomma**, in poche parole, vorresti dire che sono un imbranato!

   a. riassuntivo
   b. continuativo
   c. richiesta di spiegazione

5) A: Ma **insomma**! Ma lo vuoi dire o no quando arrivi!?
   B: Appena so la data di partenza, giuro che sarai il primo a saperlo.

   a. anticipatore di domanda-rafforzativo
   b. fatismo
   c. richiesta d'attenzione

6) A: Come si fanno gli spaghetti aglio, olio e peperoncino?
   B: Niente, basta cuocere gli spaghetti, aggiungerci l'aglio, l'olio, il peperoncino soffritti, e se vuoi il formaggio, **insomma**, molto semplice. Persino tu li puoi preparare senza fare danni.

   a. attenzione in corso.
   b. riassuntivo.
   c. anticipatore di domanda.

7) A: Allora... **insomma**... che si fa?
   B: Boh, tu che dici?

   a. riempitivo.
   b. anticipatore di replica.
   c. continuativo.

8) A: Guarda, non so proprio cosa dirti... Per me va bene tutto... Decidi te, **insomma!**
   B: Va bene, allora ci vado io in agenzia e prenoto l'albergo per agosto.

   a. riempitivo.
   b. chiudere e cedere il turno.
   c. mitigativo.

II. ORA TOCCA A TE!

II-1. Ora crea delle battute con "insomma" secondo le tracce fornite, come nell'esempio.

Es.: A: Com'è andato l'esame?
   Traccia: B risponde che non è andato troppo bene e che probabilmente sarà bocciato.
   B: Eh, insomma... mica tanto bene. Qui mi sa che mi bocciano!

1) Il figlio: Che sonno!
   Traccia: Il padre chiede spiegazioni sul perché il figlio sia tornato alle 3 di notte.

   Il padre: _____

2) Antonio: Vado in Sardegna, speriamo che ci sia il sole.
   Traccia: Marco, appassionato di metereologia, gli dice che farà bel tempo ma che qualche perturbazione ci sarà.

   Marco: _____

3) Aurelia: Alice è troppo severa con i suoi figli: la sua disciplina è molto rigida e casa sua sembra una caserma.
   Traccia: La vicina di casa mitiga l'affermazione di Aurelia, dicendo che forse ha ragione, ma che un po' di disciplina ci vuole.

   Vicina di Aurelia: _____

4) Piero: Carlo è un bravo ragazzo, ma sai, non ha l'abitudine di fare la doccia, mettere il deodorante, non è molto pulito, ecco.
   Traccia: Gianni, compagno di palestra di Carlo, enfatizza e sintetizza il commento di Piero e dice che Carlo è un gran bel porcellone.

   Gianni: _____

5) Michele: Di cosa ho bisogno per fare un safari e andare in caccia in Somalia?
   Traccia: Il suo amico Samuel gli spiega in modo riassuntivo e sintetico l'occorrente per andare a caccia in Somalia: passaporto, vaccinazioni e permesso di caccia rilasciato dal governo somalo.

   Samuel: _____

9. ECCO È DAPPERTUTTO!

I. ENTRIAMO IN TEMA!

 I-1. Ascolta e poi leggi i seguenti dialoghi facendo attenzione al segnale discorsivo in neretto. Prova a stabilire le funzioni che svolge "ecco" in ognuno dei dialoghi.

1) B: Stasera non posso uscire perché devo studiare, ho un esame tra due giorni.
   A: **Ecco**, a proposito, quando è che ti laurei?
   B: Di esami me ne mancano pochi, ma anche la voglia di darli...

   a. rafforzativo
   b. riassuntivo
   c. presa di turno / anticipatore di domanda / richiesta d'attenzione

2) A: I signori vogliono ordinare?
   B: Sì **ecco**, per me una bistecca ai ferri e per mia moglie salmone al forno.

   a. richiesta di attenzione
   b. conferma
   c. riempitivo

3) A: La conferenza, come ti è sembrata?
   B: Mi sono addormentata, ti dico solo questo, **ecco**.

   a. continuativo
   b. riempitivo
   c. rafforzativo

4) A: Scusa, ti ho interrotto, continua pure.
   B: **Ecco**, come ti dicevo, ero in ufficio quando...

   a. riassuntivo
   b. riprendere il turno / continuativo dialogico
   c. minimizzare ciò che si sta per dire

5) A: Ieri macchina ingolfata, pullman in ritardo, capoufficio furioso e per finire in bellezza mia moglie ha prosciugato la carta di credito.
   B: **Ecco** una bella giornata del cavolo!

   a. presa di turno
   b. rafforzativo / riassuntivo
   c. guadagnare tempo per pensare

6) A: Direttore, non le pare che i Mussioli si comportino in maniera un po' strana?
   B: Certamente non sono come noi ... Sa, non sono ricchi di nascita, sono i tipici nuovi ricchi un tantino cafoni, **ecco**.

   a. richiesta d'attenzione
   b. esplicativo / cessione di turno
   c. presa di turno

7) A: E a Pierino, che giocattolo gli regaliamo?
   B: Boh... Non so cosa dirti, **ecco**. Decidi te.

   a. mitigativo
   b. conferma
   c. riassuntivo

II. Ora tocca a te!

II-1. A partire dalle seguenti situazioni comunicative, costruisci delle battute o repliche usando il segnale discorsivo "ecco".

1) Qualcuno ti chiede se inviterai al tuo matrimonio Gianni, il tuo ex, e tu gli rispondi che non ti sembra il caso visto che non vi siete lasciati da amici.
   Tu: _____

2) È da tanto tempo che vuoi dire al tuo vicino di casa di non lasciare le buste della spazzatura sul pianerottolo. Un giorno lo incontri nell'ascensore e finalmente glielo dici.
   Tu: _____

3) La guardia del supermercato ha visto come nascondi una bottiglia di whisky nel cappotto e ti chiede cosa hai in tasca, tu non sai cosa dire e cerchi di trovare una scusa.
   Tu: _____

4) Un tuo amico ha dei problemi muscolari e tu gli suggerisci di andare da un fisioterapista.
   Tu: _____

5) Stai raccontando a un tuo amico la trama di un film, lui ti interrompe per chiederti una spiegazione, e poi tu riprendi il turno e continui.
   Tu: _____

6) Vuoi attirare l'attenzione del ragazzo che è seduto al bancone accanto a te e gli fai la solita domanda banale: "Che fai nella vita, studi o lavori?".

Tu: _____

7) La segretaria del tuo psicoanalista ti telefona per darti appuntamento per lunedì prossimo; tu controlli la tua agenda e le dici che quel giorno ti va bene.

Tu: _____

8) Racconti alla tua coinquilina cosa hai fatto durante il fine settimana: venerdì sei andata in piscina, sabato discoteca e domenica pizza e cinema; concludi il tuo racconto riassumendo e cedendo il turno di parola alla tua coinquilina.

Tu: _____

10. FACCIAMO IL PUNTO DELLA SITUAZIONE

I. FORMULIAMO!

I-1. Formula un enunciato con ognuno dei segnali discorsivi contenuti nel riquadro tenendo conto della funzione discorsiva che il segnale deve svolgere e della traccia che ti forniamo.

ecco	infatti	allora	senti un po'	cioè	anzi	sai
	poi	insomma	appunto	scusa	guarda	

Es.:
Funzione del segnale discorsivo: richiesta di spiegazione.
Traccia: Vito dice a Don Bruno che pensa che i preti cattolici dovrebbero sposarsi; Don Bruno gli chiede di spiegargli perché la pensa così.
Don Bruno: Scusa, non ho capito, per quale motivo si dovrebbero sposare?

1) *Funzione del segnale discorsivo*: minimizzare un'affermazione.
Traccia: Antonio dice a Mario che, se trova l'imbecille che gli ha forato le gomme, lo ammazza e Mario gli dice che sta esagerando perché non è una cosa così grave.

Mario: _____

2) *Funzione del segnale discorsivo*: enfatizzare un'opinione o un'affermazione
Traccia: Il capo della lega antifumo dell'azienda è arrabbiato perché un suo collega, che ha sempre la sigaretta in bocca, gli chiede se gli dà fastidio il fumo; lui gli risponde di sì e gli dice che è un gran maleducato.

Il capo: _____

3) *Funzione del segnale discorsivo*: dire una cosa e poi ripensarci, riformulare.
Traccia: Andrea ordina al cameriere una birra e poi cambia idea e dice che sarebbe meglio una bibita dissetante, perché fa un caldo micidiale.

Andrea: _____

4) *Funzione del segnale discorsivo*: dire una cosa e poi riformulare lo stesso contenuto con altre parole.
Traccia: Antonella racconta a Silvana che è stata in un bar strapieno di figli di papà, ossia di gente snob.

Antonella: _____

5) *Funzione del segnale discorsivo*: fare o dire qualcosa e poi spiegarla di seguito.
   Traccia: Maurizio, durante una partita a carte con gli amici, dice che deve andare in bagno perché gli scappa la pipì.

   Maurizio: _____

6) *Funzione del segnale discorsivo*: usare un anticipatore di rimprovero o disaccordo.
   Traccia: Giulia accusa Ivano, detto "il fumato", di spacciare droga e di essere un delinquente.

   Giulia: _____

7) *Funzione del segnale discorsivo*: esprimere difficoltà per trovare la parola esatta.
   Traccia: Aurelio racconta a Biagio che gli sono stati tolti due punti dalla patente perché l'hanno beccato con l'apparecchio..., il coso..., l'autovelox, che andava a cento all'ora.

   Aurelio: _____

8) *Funzione del segnale discorsivo*: anticipatore di domanda e/o richiesta d'attenzione.
   Traccia: Alberto chiede a Luciano chi è stato l'avvocato matrimonialista che è riuscito a lasciarlo completamente al verde perché la moglie si è tenuta la casa in città, quella al mare e l'Alfa GT.

   Alberto: _____

9) *Funzione del segnale discorsivo*: riempitivo, guadagnare tempo per elaborare il discorso.
   Traccia: La moglie chiede al marito perché ha fatto l'abbonamento alla TV digitale e lui, in imbarazzo perché non vuole confessarle che lo ha fatto per vedere il calcio, stenta a rispondere e le parla dei grandi vantaggi della televisione a pagamento: bei film, grandi documentari, telenovelas, festival, ecc.

   La moglie: _____

10) *Funzione del segnale discorsivo*: continuativo, proseguire la narrazione.
    Traccia: Sei andato allo stadio a vedere la tua squadra di calcio preferita; il giorno dopo al bar racconti ai tuoi amici com'è andata la partita: primo goal della tua squadra al 15° minuto, pareggio al 33°, palo degli avversari al 42°, rigore e vittoria della tua squadra al 89° minuto.

    Tu: _____

II. ANDIAMO AL CINEMA!

II-1. "Ricordati di me"; 2004.

Regista: G. Muccino. **Attori principali**: F. Bentivoglio, L. Morante e M. Bellucci.
Contesto: Dopo una pesante discussione tra madre e figlia durante la cena, Francesco, il padre, si rivolge ai due figli adolescenti, Valentina e Paolo.

Francesco: Senti un po' Valentina, quest'estate, te e Paolo, come idea, non ci tornereste in vacanza con noi?
Paolo: Eh!?

- **Quale segnale discorsivo usa Francesco per attirare l'attenzione della figlia Valentina e anticipare che sta per farle una domanda?**

- **Quale segnale discorsivo usa il figlio Paolo per esprimere sorpresa e/o disaccordo di fronte alla domanda del padre?**

II-2. "Italia-Germania 4-3"; 1990.

Regista: A. Barzani. **Attori principali**: F. Bentivoglio, N. Brilli e M. Ghini.
Contesto: Francesco, il marito, ha organizzato a casa sua una serata con due vecchi amici per rivedere la mitica partita del campionato mondiale di calcio Messico 1970 tra Italia-Germania. Mentre apparecchia la tavola, arriva l'ex moglie Giulia dalla quale sta per divorziare.

Giulia: Eccoti le tue cornici.
Francesco: E le foto!?
Giulia: Mi avevi detto le cornici, non le foto.
Francesco: No, ti avevo detto anche le foto; cosa ci faccio io adesso con le cornici senza le foto!?
Giulia: Senti Francesco! Diamoci una calmatina, eh! È una settimana che mi strizzi con questa storia; lo vuoi capire che non me ne frega niente e poi sono amici tuoi, ricordi tuoi e fotografie tue!

- **Con quale funzione Giulia usa il segnale discorsivo "senti"?**
  a) attirare l'attenzione dell'ex marito e anticipare un rimprovero successivo;
  b) attirare l'attenzione di Francesco e anticipare che gli sta per fare una domanda.

- **C'è differenza tra il "senti" di Giulia e il "senti un po'" che usa Francesco nel film "Ricordati di me" nell'esercizio I-1? Quale?**

- **Quale segnale discorsivo usa Giulia per enfatizzare e rafforzare il rimprovero?**

II-3. "Fantozzi contro tutti"; 1980.

Regista: Neri Parenti. **Attori principali**: P. Villaggio e A. Mazzamauro.
Contesto: Il ragioniere Ugo Fantozzi esce dall'ufficio e trova la moglie Pina che lo sta aspettando; quando la vede la scambia per una barbona.

Ugo: Tenga buona donna.
Pina: Ma sono tua moglie, Ugo!
Ugo: Oh scusa Pina! Non ti avevo riconosciuta, scherzavo. Ma cosa sei venuta a fare, scusa!?
Pina: Ero venuta a prenderti; è tanto che non andiamo al cinema o a guardare le vetrine.
Ugo: Al cinema o a guardare vetrine! Tu sei diventata pazza! Dai, a casa! Monta! Dai, che perdo tutto! Dai, veloce!

- **Con quale segnale discorsivo Ugo rafforza la domanda con cui rimprovera la moglie Pina?**

- **C'è differenza tra il primo e il secondo "scusa" impiegato da Ugo? Quale?**

- **Con quale segnale discorsivo Ugo rafforza ed enfatizza gli "ordini" che dà alla moglie?**

Hai voluto la bicicletta...

SOLUZIONI DEGLI ESERCIZI

SEZIONE 1.
LOCUZIONI CENTRALI

1. Letterali, quasi nessun problema!
I-1. 1/b; 2/b; 3/b; 4/b; 5/a; 6/a; 7/a; 8/b; 9/b; 10/b.

2. Relazioni movimentate
I-1. 1/b; 2/b; 3/a; 4/b; 5/b; 6/b; 7/a; 8/b.
II-1. 1. buca; 2. piedi; 3. venti; 4. paese; 5. commedia; 6.pesce; 7. bianco; 8. vuoto.

3. Sostantivi carichi e sintetici
II-1. 1/b; 2/a; 3/e; 4/d; 5/c.

4. Che pazzia!
I-1. 1. Questa qua è veramente fuori dal mondo!; 2. È veramente più unica che rara; 3. Quello lì ultimamente è più fuori di un balcone; 4. Ti sei bevuto il cervello!?
II-1. 1/a; 2/c; 3/d; 4/b.

5. Ora si mangia!
I-1. 1/a; 2/b; 3/b; 4/a; 5/a; 6/b.
II-1. 1/a/a; 2/b/c; 3/c/d; 4/e/f; 5/f/e; 6/d/b.

6. Qualifico e sono crudele!
I-1. 1/a; 2/a; 3/b; 4/b; 5/b; 6/a.
II-1. 1. guastafeste/faccia tosta; 2. tutto un programma/una ficcanaso; 3. faccia tosta/un guastafeste; 4. pallone gonfiato/un leccaculo; 5. leccaculo/pallone gonfiato. 6. ficca-naso/tutto un programma.

7. Paragono
I-1. 1. botte; 2. volpe; 3. mattone; 4. pane; 5. rosa.
III-1. 1/a; 2/e; 3/b; 4/h; 5/c; 6/j; 7/f; 8/d.
IV-1. 1. elefante/maiale; 2. bue/mulo; 3. un'oca/un pollo; 4. talpa/campana; 5. maiale/bestia; 6. coniglio/talpa; 7. ippopotamo/maiale; 8. un'anatra/un'oca.

8. In cerca di lessemi
I-1. 1/b; 2/a; 3/j; 4/c; 5/k; 6/i; 7/f; 8/g; 9/h; 10/e.
II-1. 1/b; 2/i; 3/g; 4/a; 5/e; 6/f; 7/h; 8/c; 9/j; 10/d.

9. Binomi
I-1. 1/a; 2/b; 3/a; 4/b; 5/c; 6/b; 7/c; 8/b; 9/a; 10/b.

10. Locuzioni elative
II-1. 1/h; 2/c; 3/d; 4/a; 5/e; 6/f; 7/g; 8/i; 9/b

11. Colori
I-1. 1. rosso; 2. nero; 3. rosa; 4. bianco; 5. nera; 6. verde
II-1. 1. verdi/rossi; 2. rosso/nero; 3. rosa/nero; 4. corretta; 5. corretta; 6. rosa/verde.

12. Manca un pezzo
I-1. 1/a; 2/a; 3/b; 4/c; 5/b; 6/a.
II-1. 1/d; 2/f; 3/a; 4/c; 5/e; 6/b.

13. Ecco l'immagine e il perché!
I-1. 1/e; 2/b; 3/c; 4/g; 5/a; 6/h; 7/d; 8/f.
II-1. 1/h; 2/c; 3/f; 4/g; 5/e; 6/a; 7/d; 8/b.

14. Che strani termini!
I-1. 1/h; 2/i; 3/j; 4/b; 5/c; 6/g; 7/e; 8/f; 9/a; 10/d.
II-1. 1. sono andati a ruba; 2. ridere a crepapelle; 3. battere la fiacca; 4. vado a nanna; 5. ha fatto lo gnorri; 6. cadono nel dimenticatoio; 7. gridare a squarciagola; 8. è andato in tilt; 9. parlare a vanvera; 10. sono a iosa.

15. Essere o non essere?
II-1. 1/b; 2/a; 3/a; 4/b; 5/a.
II-1. 1. al fresco; 2. sulle spine; 3. al verde; 4. nel pallone; 5. alla frutta.

16. Gesti un po' di tutti!
II-1. 1/h; 2/a; 3/f; 4/d; 5/g; 6/a; 7/b; 8/c; 9/e.
III-1. 1. Marco si è mangiato le mani; 2. Marco fa l'occhiolino; 3. Marco incrocia le dita; 4. Marco gli fa l'ombrello; 5. Marco si mette le mani nei capelli; 6. Marco si morde la lingua; 7. Marco stringe i denti; 8. Marco incrocia le dita.

17. Far + verbo all'infinito
I-1. 1/b; 2/d; 3/c; 4/b; 5/f; 6/e; 7/g.
II-1. 1/a; 2/a; 3/a; 4/a; 5/a.

18. Facciamo il punto alla situazione
I-1. 1/b; 2/h; 3/c; 4/e; 5/f; 6/d; 7/a; 8/g.
II-1. Al passato di giocatore di azzardo di Franco / Rafforzare il fatto che un evento o una situazione appartiene al passato, è stato completamente dimenticato / Qualcosa che il parlante ha dimenticato completamente.
II-2. Su questo non ci piove! / Non ci sono dubbi su qualcosa / Rafforzare un'affermazione precedente.
II-3. Spregiativo / ma in che mondo siamo!?

SEZIONE 2.
LOCUZIONI IDIOMATICHE PRAGMATICHE

1. Cercasi significato nel discorso
I-1. Ti è morto il gatto; 2. Cos'hai, l'acqua in casa? (Avere l'acqua in casa); 3. Mica abitiamo al Colosseo! (Abitare al Colosseo); 4. Non ho scritto giocondo in fronte; 5. Ci sono i pinguini.
II-1. 1/b; 2/b; 3/b; 4/b; 5/a; 6/a; 7/a; 8/b; 9/a;10/b; 11/b; 12/a; 13/b; 14/b.

III-1. 1: A/L, B/I; 2: A/L, B/I; 3: A/L, B/I; 4: A/I, B/L; 5: A/I, B/L.

IV-1. 1/d; 2/a; 3/h; 4/c; 5/f; 6/j; 7/e; 8/b; 9/g; 10/i.

V-2. a-d-e-f; b-c.

2. Te lo dico chiaro e tondo!
I-1. 1/b; 2/d; 3/a; 4/b; 5/c; 6/a; 7/c.

I-2. a/6; b/3; c/4; d/2; e/1; f/5; g/7.

II-1. 1/b/b; 2/d/d; 3/c/c; 4/a/a.

3. Detto fatto!
I-2. a/1; b/8; c/4; d/5; e/6; f/9; g/2; h/7; i/3.

II-1. 1/h/i; 2/e/f; 3/f/g; 4/g/d; 5/d/e; 6/a/b; 7/c/c; 8/i/h; 9/b/a.

4. E ti pare poco!?
II-1. 1/a; 2/d; 3/e; 4/b; 5/c.

III-1. 1. C'è poco da ridere!; 2. Ma che fretta c'è!; 3. Buono a sapersi!; 4. È già qualcosa; 5. Contento te contenti tutti; 6. Non male, peggio!

5. Facile? Si fa per dire...
I-1. 1/a; 2/b; 3/b; 4/a.

II-1. a/4; b/3; c/2; d/1.

6. Sostantivi aggressivi
I-1. 1/a; 2/b; 3/a; 4/a.

II-1. a/F; b/F; c/F; d/F.

II-2. 1/aria; 2/faccia; 3/forza, bella; 4/buona notte.

7. Ci sono anche le anafore
I-1. 1/c; 2/a; 3/b; 4d; 5/c.

II-1. 1/c; 2/c; 3/b; 4/c; 5/c.

8. Le origini...
I-1. 1/a; 2/b; 3/b; 4/b; 5/a; 6/b.

II-1. 1/e; 2/c; 3/a; 4/f; 5/b; 6/d.

IV-2. 1/2/a; 2/1/b; 3/3/c.

9. Manco a dirlo... ecco altre locuzioni!
I-2. 1/b; 2/a; 3/d; 4/e; 5/c.

I-3. 1/d; 2/e; 3/c; 4/b; 5/a.

II-1. 1/d; 2/c; 3/b; 4/a; 5/e.

IV-2. 1/b; 2/c; 3/a.

10. Chi ti capisce è bravo!
I-1. 1. a(V)/b(F)/c(F); 2. a(F)/b(F)/c(V); 3. a(F)/b(F) /c(V); 4. a(F)/b(V)/c(F); 5. a(F)/b(F)/c(V).

II-1. 1/d; 2/e; 3/a; 4/b; 5/c.

11. Non te la prendere, ma...
I-1. 1/c; 2/e; 3/a; 4/b; 5/d.

II-1. a/5; b/2; c/1; d/4; e/3.

IV-1. 1(F); 2(F); 3(F).

IV-2. 1/c; 2/a; 3/b.

12. E per finire... in famiglia!
I-1. 1/c; 2/a; 3/b.

II-1. 1/a; 2/c; 3/b.

13. Facciamo il punto della situazione
I-1. 1/n; 2/d; 3/g; 4/m; 5/a; 6/f; 7/i; 8/h; 9/l; 10/e; 11/c.

II-1. Soddisfazione / Quando una persona si trova in una situazione gradevole nella quale prova piacere.

II-2. Rabbia / Quando a una persona capita una sfortuna, qualcosa di negativo che si aspettava potesse accadere.

II-3. Sorpresa / Quando una persona riceve una notizia che la stupisce.

SEZIONE 3.
ENUNCIATI IDIOMATICI PRAGMATICI ED ENUNCIATI PRAGMATICI

1. Tra il letterale e l'idiomatico
II-1. 1/b; 2/c; 3/b; 4/a; 5/d; 6/b.

III-1. 1. E chi te lo ha fatto fare!?; 2. Chi l'avrebbe mai detto!?; 3. Questa non ci voleva!; 4. Ci mancherebbe altro!; 5. Ci mancava solo lui!; 6. Ci mancava solo questo!.

V-2. a/2; b/3; c/1.

V-3. 1/c/c; 2/b/a; 3/a/b.

2. Cosa e cose, ma quali?
II-1. 1/e; 2/b; 3/c; 4/d; 5/a.

3. E tu... che vuoi di più dalla vita!?
I-2. 1/RS; 2/SD; 3/SD; 4/SD; 5/RS; 6/SD; 7/SD.

II-1. 1/e; 2/d; 3/a; 4/b; 5/c.

III-1. 1/b/a; 2/d/d; 3/c/b; 4/a/c.

IV-1. 1. E che vuoi!?; 2. E che vuoi farci!?; 3. E che ti aspettavi!?; 4. E che vuoi che ti dica!?; 5. E che vuoi che sia!?; 6. Ma che vuoi che succeda!?.

4. Si disloca a sinistra
I-1. 1/a; 2/d; 3/b; 4/c.

II-1. 1/d/b; 2/a/a; 3/b/c; 4/c/d.

5. Replico e come!
I-2. 1/b; 2/a; 3/b; 4/a; 5/a; 6/b; 7/a; 8/b; 9/b; 10/a.

6. Replico e dico!
I-1. 1. Ma che dici!?; 2. E lo dici a me!?; 3. Questo lo dici te!; 4. Se lo dici tu!; 5. E dici bene!; 6. Dici!?; 7. Non mi dire altro!; 8. E me lo dici così!?; 9. A te lo vengo a dire!.

II-1. 1/a; 2/b; 3/b; 4/c; 5/c; 6/c; 7/b; 8/b; 9/a.

7. E ridico!
II-1. 1/a; 2/b; 3/a; 4/b.

III-1. 1/a/c/; 2/b/d/; 3/d/a; 4/c/b.

8. Dico o non dico?

II-1. 1/b; 2/a; 3/b; 4/b; 5/a; 6/b; 7/a.
III-1. 1/b; 2/a; 3/c; 4/g; 5/d; 6/f; 7/e.

9. Solo o in compagnia?

I-3. 1/RP, RP; 2/RP, RP; 3/RP, RP; 4/SP, RP; 5/RP, RP;
6/SP, RP; 7/RP, SP.
II-1. 1/e/b; 2/a/c; 3/c/d; 4/g/e; 5/f/a; 6/d/f; 7/a/g.
IV-1. 1. Ma dimmi te!; 2. Ma pensa un po'!; 3. Ma
guarda te!; 4. Ma che ti credi!?; 5. E che è!?; 6. Ma
che fa?.

10. Io so tutto...

I-2. 1/a; 2/a; 3/a; 4/b; 5/b; 6/b; 7/b; 8/a.
II-1. 1/b/e; 2/c/a; 3/g/c; 4/e/b; 5/h/g; 6/a/d; 7/d/f; 8/f/h.

11. Ma che verbi e verbi!

II-1. 1/b; 2/b; 3/b; 4/b; 5/b; 6/b; 7/a; 8/a.
III-1. 1/h; 2/e; 3/c; 4/b; 5/a; 6/d; 7/g; 8/f.
V-2. 1. Direi!; 2. Capirai...!; 3. Ma andiamo!; 4. Sarà!

12. Bene, ma molto bene!

II-1. 1/b; 2/a, c; 3/a, c; 4/ c, d.
III-1. 1. Speriamo bene!; 2. Andiamo bene!; 3. Siamo
messi bene!; 4. Cominciamo bene!

13. Un solo enunciato pragmatico... ma con tante funzioni!

I-2. 1/d; 2/a; 3/c; 4/b.
II-1. 1/a/a; 2/b/c; 3/c/b; 4/d/d.
III-2. a/1; b/2; c/3.
III-3. 1/c/b; 2/b/c; 3/a/a.

14. Chi se ne frega!

I-2. a/4; b/1; c/3; d/5; e/2.
I-3. b.

15. Facciamo il punto della situazione

I-1. 1. Non mi dire che...? / b; 2. Che vuoi farci!? / c; 3. Fre-
gatene! / c; 4. Ma andiamo! / b; 5. Che vuoi che ti
dica!? / a.
III-1. Che cosa dici!? / b.
III-2. b / b
III-3. b / c
III-4. Pensa un po'!

SEZIONE 4.
FRASI IMPLICO-SITUAZIONALI

1. Non è come sembra...

II-1. c/1; a/2; d/3; b/4; f/5; e/6.
III-1. 1. Ora mi sente!; 2. Tu non mi hai visto!; 3. Io
sono io e te sei te!; 4. Non è come sembra; 5. Tu qui
non ci sei mai stato; 6. Tu ti sei visto!?.

2. Verbi e non solo!

I-1. 1/b; 2/a; 3/a; 4/b; 5/b.
II-1. 1/b; 2/e; 3/d; 4/a; 5/c.

3. Situazioni!

I-1. 1. Ma non hai niente da fare!?; 2. Non perde tempo quella!; 3. Non hai niente da dirmi?; 4. Tu che dici!?;
5. È così che ti voglio!; 6. Non fatevi riconoscere!;
7. Non sai quello che ti aspetta!; 8. E tu cosa ci fai qui?.
II-1. 1. Ma non hai niente da fare!?; 2. Non hai niente
da dirmi?; 3. È così che ti voglio!; 4. Non perde tempo
quello; 5. Non sai quello che ti aspetta!; 6. Non farti
riconoscere!; 7. Tu che ne dici!?; 8. E tu cosa ci fai qui!?

4. Ad ogni situazione la sua replica!

I-1. 1/b; 2/a; 3/b; 4/b; 5/a; 6/b; 7/b; 8/a.
II-1. 1/g; 2/h; 3/a; 4/e; 5/d; 6/c; 7/f; 8/b.

5. Sincero o bugiardo?

I-1. 1/b; 2/a; 3/a; 4/b.
I-2. a/non è sincero; b/non è sincero; c/non è sincero;
d)non è sincero.
II-1. 1/B2; 2/B1; 3/B2; 4/B1.

6. Ti conosco?

I-1. 1/a; 2/b; 3/a; 4/a; 5/b; 6/a; 7/a; 8/b.
II-1. 1/L; 2/I; 3/I; 4/L; 5/L; 6/I; 7/I; 8/L; 9/I; 10/L.
III-1. 1/a/b; 2/b/d; 3/d/a; 4/c/c.
III-2. 1/d; 2/b; 3/c/; 4/a.

7. Facciamo il punto della situazione

I-1. 1/h; 2/a; 3/c; 4/b; 5/f; 6/e; 7/d; 8/g.
II-1. Non ti riconosco più / Neanche io ti riconosco più.
II-1. E tu cosa ci fai qui!?

SEZIONE 5.
SCHEMA SINTATTICI FRASEOLOGICI PRAGMATICI

1. Strutture un po' particolari!

I-2. 1/1/a; 2/4/e; 3/3/c; 4/2/b; 5/5/d.
II-1. 1/a; 2/c; 3/b; 4/e; 5/g; 6/f; 7/d.
III-1. 1/I; 2/L; 3/I; 4/L; 5/L; 6/I; 7/I; 8/L; 9/L; 10/I.
IV-1. 1. E chi se lo ricorda!?; 2. Vuoi vedere che;
3. Vogliamo andare!?; 4. Chissà cosa preparerà!?;
5. Chiamalo concerto!.

2. Tautologie

I-1. 1/a; 2/c; 3/b; 4/f; 5/h; 6/e; 7/d; 8/k; 9/g; 10/i; 11/j.
III-1. 1. Un ospedale è un ospedale; 2. Un albergo a
cinque stelle è un albergo a cinque stelle; 3. Una
chiesa è una chiesa; 4. Una villa è una villa; 5. Le sei
del mattino sono le sei del mattino.
IV-1. 1/a; 2/d; 3/c; 4/b; 5/e.

3. Io qualche obiezione l'avrei...

I-2. a/3; b/5; c/1; d/2; e/4.

II-1. 1. Per essere pronto, sono pronto; 2. Sporca sporca non è; 3. Andare, andrei; 4. Proprio manager non è; 5. Mangiare mangia.

III-3. 1. Febbre febbre non ha; 2. Per essere magra è magra / Proprio anoressica non è; 3. Il colesterolo alto alto non è; 4. Pericoloso pericoloso non è; 5. Mangiarla, la può mangiare.

4. Continuo a ripetere

I-1. 1/b; 2/a; 3/b; 4/b; 5/b; 6/b; 7/b.

II-1. 1/a; 2/e; 3/b; 4/h; 5/f; 6/c; 7/d

5. Dico e rafforzo!

I-2. a/1; b/2; c/3; d/8; e/9; f/7; g/5; h/6; i/4.

6. Quale fisso e quale libero?

I-1. 1. Fisso: Forte / Libero: tuo nonno; 2. F. Mica sarai / L. razzista; 3. F. Per ... faccio questo e altro / L. Baglioni; 4. F. Senti, senti / L. il ragioniere; 5. F. Sì / L. L'ho visto; 6. F. Tu sì che / L. ci sai fare con donne.

II-1. 1/B2; 2/B1; 3/B1; 4/B1; 5/B1; 6/B2; 7/B1.

III-1. 1. Altro che bello!; 2. Lo sai che per te faccio questo e altro; 3. Mica sarai vegetariano!?; 4. Tu sì che te ne intendi di computer; 5. Senti, senti Aurelio!; 6. Forte il tuo cane!

7. Frasi-eco

I-1. 1/b; 2/a; 3/a; 4/a; 5/b; 6/b; 7/a; 8/b.

II-1. 1/h; 2/e; 3/c; 4/b; 5/d; 6/f; 7/g; 8/a.

8. Ripeto il verbo

I-1. 1/a; 2/c; 3/g; 4/h; 5/d; 6/f; 7/b; 8/e.

10. Facciamo il punto della situazione

I-1. 1/b; 2/e; 3/c; 4/f; 5/d; 6/a; 7/h; 8/g.

II-1. E che succede?

II-2. Siamo salvi un cazzo! / Cazzo / Cavolo.

II-3. E faccio bene sì! / E + verbo + (avverbio) + sì!

II-4. Passa passa...

II-5. Sei proprio un incosciente, sei! / Non c'hai un filo di ritegno, non c'hai! / Verbo + sostantivo o aggettivo + verbo.

II-6. Era vivo era vivo.

II-7. Ma chi tu sei!? Ma chi ti conosce!? / b.

SEZIONE 6.
SEGNALI DISCORSIVI

2. Ci sto! / Non ci sto!

II-1. 1/b/c; 2/c/g; 3/g/a; 4/e/d; 5/a/e; 6/f/f; 7/d/b.

III-1. 1. Eh già; 2. Proprio così; 3. Infatti; 4. Eh sì; 5. Perfetto; 6. Appunto; 7. Ecco.

V-2. 1. Proprio adesso che ho smesso con il tedesco e ho iniziato con l'italiano; 2. Perché non prendi anche una cotoletta alla milanese!?; 3. Così se fai un incidente, ti vengo a trovare in prigione; 4. Poi quando fai diciotto anni, ti compro anche la macchina!; 5. La cosmetica sì che ci aiuta a restare sempre giovani!

VI-2. 1/B2; 2/B1; 3/B2; 4/B1; 5/B1.

VI-3. 1/b/d; 2/d/e; 3/a/c; 4/e/b; 5/c/a.

3. Enfatizzo o minimizzo...

II-1. 1/e/b; 2/a/c; 3/b/e; 4/d/a; 5/c/d.

III-2. 1/e/b; 2/a/a; 3/b/e; 4/d/d; 5/c/c.

4. Non ho capito, spiegati meglio!

II-1. 1/c; 2/c; 3/a; 4/c; 5/b.

5. Cioè... Cosa dire e come pianificare?

I-2. 1/b; 2/a; 3/b; 4/a.

6. Vogliamo essere precisi!?

I-2. 1/a; 2/b; 3/b; 4/a; 5/b; 6/c.

I-3. 1/a; 2/a; 3/d; 4/c; 5/b; 6/e.

II-1. 1. anzi, cioè; 2. cioè; 3. cioè; 4. cioè.

7. Segnali che sono verbi.

I-1. 1/b; 2/a; 3/a; 4/b; 5/b; 6/a; 7/b; 8/a; 9/c; 10/a.

II-1. 1. senti; 2. vediamo; 3. vedi; 4. sai; 5. guarda; 6. dai; 7. sa; 8. guarda; 9. guarda.

III-1. 1/c; 2/a; 3/c; 4/b.

8. Insomma, quante funzioni!

I-1. 1/a; 2/c; 3/b; 4/a; 5/a; 6/b; 7/a; 8/b.

9. Ecco è dappertutto!

I-1. 1/c; 2/b; 3/c; 4/b; 5/b; 6/b; 7/a.

10. Facciamo il punto della situazione

II-1. Senti un po' / Eh!?

II-2. a. / Sì; Il "senti un po'" di Francesco è un segnale discorsivo per attirare l'attenzione dell'interlocutore e introdurre una domanda, mentre il "senti" di Giulia ha la funzione di anticipare e enfatizzare un rimprovero/ Eh!

II-3. Scusa / Il primo "scusa" è un verbo e il secondo "scusa" è una forma verbale che funziona come un segnale discorsivo / Dai.

Finito di stampare nel mese di giugno 2011
da Grafiche CMF - Foligno (PG)
per conto di Guerra Edizioni - Guru s.r.l.